检察业务技能丛书
JIANCHA YEWU JINENG CONGSHU

侦查监督 [修订版]
实务与技巧

ZHENCHA JIANDU
SHIWU YU JIQIAO

刘晴 / 主编

中国检察出版社

《侦查监督实务与技巧》
编委会

主 编 刘 晴

撰稿人（以姓氏笔画为序）

王 婷　王羲明　邓光荣　毛建平
李海燕　李 玲　刘昌强　陈 娅
张 涛　金光玉　段明学　黄鹏伟
彭世权　戴 萍

目录 Catalogue

第一章 审查逮捕的方法与技巧　　1

第一节 逮捕概述　　1
一、逮捕的含义及性质　　1
二、审查逮捕概述　　2
三、逮捕的条件　　3

第二节 审查逮捕的程序与方法　　9
一、审查批准逮捕、审查决定逮捕的工作流程　　9
二、逮捕案件的审查与判断　　12
三、听取辩护律师意见　　22
四、追捕的程序和方法　　25
五、备案审查的程序与方法　　27

第三节 对特殊犯罪嫌疑人的审查逮捕　　28
一、对外国籍、无国籍犯罪嫌疑人的审查逮捕　　28
二、对具有人大代表、政协委员身份的犯罪嫌疑人的审查逮捕　　37
三、对军内犯罪嫌疑人的审查逮捕　　40
四、对未成年犯罪嫌疑人的审查逮捕　　42

第四节 审查决定　　47
一、批准逮捕、决定逮捕　　47
二、附条件逮捕　　49
三、不批准逮捕、不予逮捕　　54
四、侦查机关撤回案件　　57

第五节 撤销原逮捕或不捕决定　　60
一、撤销原逮捕或不捕决定概述　　60
二、撤销原逮捕或不捕决定的程序与方法　　61
三、撤销原逮捕或不捕决定的法律后果　　65

第六节　羁押必要性审查　　　　　　　　　　66
　　一、羁押必要性审查概述　　　　　　　　66
　　二、羁押必要性审查的程序与内容　　　　67

第二章　立案监督的程序与技巧　　　　　71
第一节　线索来源　　　　　　　　　　　　71
　　一、控告申诉　　　　　　　　　　　　　72
　　二、检察机关自行发现　　　　　　　　　74
　　三、其他途径　　　　　　　　　　　　　75

第二节　监督内容　　　　　　　　　　　　77
　　一、对公安机关应当立案侦查而不立案侦查案件的监督　　77
　　二、对不应当立案侦查而立案侦查案件的监督　　84
　　三、对撤销案件不当的立案监督　　　　　89
　　四、对检察机关自侦部门的立案监督　　　90

第三节　监督程序　　　　　　　　　　　　95
　　一、线索受理　　　　　　　　　　　　　95
　　二、线索审查　　　　　　　　　　　　　96
　　三、立案监督的调查　　　　　　　　　　97
　　四、跟踪监督　　　　　　　　　　　　　99
　　五、备案审查　　　　　　　　　　　　　101

第四节　存在的问题及应对　　　　　　　　103
　　一、对立案不全面、不完全的处理　　　　103
　　二、实体审查中易出现的问题　　　　　　107
　　三、如何保障检察机关的知情权　　　　　112
　　四、刑事司法与行政执法衔接机制中的检察监督　　114

第三章　侦查活动监督的内容及技巧　　　118
第一节　侦查活动监督概述　　　　　　　　118
　　一、侦查活动监督的概念及特征　　　　　118
　　二、侦查活动监督的法律依据及性质　　　120
　　三、侦查活动监督的意义　　　　　　　　120

第二节　监督内容　　　　　　　　　　　　121
　　一、对侦查机关专门调查活动的监督　　　122
　　二、对侦查机关适用强制措施的监督　　　139

三、对侦查机关侦查羁押期限的监督　　　　　　　　　　150

第三节　监督的程序及方法　　　　　　　　　　　　　　　158
　　一、监督的途径　　　　　　　　　　　　　　　　　　158
　　二、口头通知纠正　　　　　　　　　　　　　　　　　163
　　三、书面通知纠正　　　　　　　　　　　　　　　　　164
　　四、追究刑事责任　　　　　　　　　　　　　　　　　165

第四节　侦查活动监督中的非法证据排除　　　　　　　　　166
　　一、非法证据排除概述　　　　　　　　　　　　　　　166
　　二、非法证据排除的启动　　　　　　　　　　　　　　169
　　三、非法证据的调查核实　　　　　　　　　　　　　　173
　　四、非法证据的排除处理　　　　　　　　　　　　　　176

第四章　审查逮捕引导侦查的技巧　　　　　　　　　　　185

第一节　审查逮捕引导侦查概述　　　　　　　　　　　　　185
　　一、审查逮捕引导侦查的依据　　　　　　　　　　　　185
　　二、审查逮捕引导侦查的概念及特征　　　　　　　　　188
　　三、引导原则　　　　　　　　　　　　　　　　　　　195
　　四、引导分类　　　　　　　　　　　　　　　　　　　200

第二节　审查逮捕前引导侦查的技巧　　　　　　　　　　　202
　　一、侦查阶段的证据收集缺陷及其原因　　　　　　　　202
　　二、引导目的　　　　　　　　　　　　　　　　　　　207
　　三、引导的案件范围　　　　　　　　　　　　　　　　210
　　四、介入时间　　　　　　　　　　　　　　　　　　　213
　　五、引导方式　　　　　　　　　　　　　　　　　　　214
　　六、引导程序　　　　　　　　　　　　　　　　　　　214
　　七、引导主体及其权限　　　　　　　　　　　　　　　215
　　八、分歧意见的解决　　　　　　　　　　　　　　　　216
　　九、引导技巧　　　　　　　　　　　　　　　　　　　217

第三节　审查逮捕中引导侦查的技巧　　　　　　　　　　　220
　　一、审查逮捕中证据的审查判断　　　　　　　　　　　220
　　二、审查判断证据后的引导　　　　　　　　　　　　　222
　　三、运用证据规则引导取证　　　　　　　　　　　　　223

第四节　审查逮捕后引导侦查的技巧　　　　　　　　　　　229

一、对因证据不足不予批准逮捕案件的引导侦查　　229
　　二、对批准逮捕案件的引导侦查　　230

第五节　侦、捕、诉的衔接技巧　　234
　　一、侦、捕的衔接　　234
　　二、捕、诉的衔接　　243
　　三、职务犯罪案件侦、捕、诉的衔接　　244

第一章
审查逮捕的方法与技巧

第一节 逮捕概述

一、逮捕的含义及性质

逮捕是指人民检察院或人民法院，为防止犯罪嫌疑人或被告人妨碍刑事诉讼的顺利进行，防止其继续危害社会，对有证据证明有犯罪事实，可能判处徒刑以上刑罚，采取取保候审尚不足以防止发生社会危险性，依法批准或决定暂时限制其人身自由予以羁押，并由公安机关执行的一种强制措施。

《刑事诉讼法》第78条规定："逮捕犯罪嫌疑人、被告人，必须经过人民检察院批准或者人民法院决定，由公安机关执行。"

人民检察院批准逮捕，是指公安机关、国家安全机关、军队保卫部门、监狱和走私侦查局等侦查部门[①]立案侦查的案件，对认为符合逮捕条件的犯罪嫌疑人，提请人民检察院批准逮捕；人民检察院决定逮捕，是指人民检察院对于自己立案侦查的案件，或公安机关移送起诉的案件，认为符合逮

[①] 在本章中，将公安机关、国家安全机关、军队保卫部门、监狱和走私侦查局等侦查部门统称为公安机关；侦查机关则不仅包括上述公安机关，还包括具有侦查权的检察机关侦查部门。

捕条件的犯罪嫌疑人，经侦查监督部门审查，由检察长或检察委员会决定逮捕；人民法院决定逮捕，是指人民法院在审理案件（包括自诉案件和公诉案件）的过程中，对符合逮捕条件的被告人，决定予以逮捕。

为了保证侦查、起诉和审判的顺利进行，防止犯罪嫌疑人或被告人继续实施危害社会的行为，《刑事诉讼法》规定公安机关、人民检察院或人民法院可以根据案件情况，按照法定程序，对现行犯、犯罪嫌疑人、被告人的人身自由暂时强行予以限制的方法和手段，包括拘传、取保候审、监视居住、拘留和逮捕五种，其中逮捕是最严厉的一种强制措施。正确适用逮捕，可以有效防止犯罪分子逃避侦查、起诉和审判，保证刑事诉讼的顺利进行；制止犯罪分子继续危害社会；有利于被害人如实陈述，证人大胆真实作证；有利于收集证据，证实犯罪；有利于震慑犯罪，攻破犯罪分子心理防线，分化瓦解犯罪分子。同时，也正因为逮捕是最严厉的一种强制措施，在一定时间内剥夺人身自由，如果适用不当，很容易侵害公民的合法权益。为此，我国宪法对逮捕权作了明确的界定，即《宪法》第37条第2款规定："任何公民，非经人民检察院批准或者决定或者人民法院决定，并由公安机关执行，不受逮捕。"可见，在我国只有公、检、法三机关可以行使逮捕权，并且公、检、法三机关之间的逮捕权也各不相同：公安机关享有执行逮捕的权力，但没有决定或批准逮捕的权力；人民检察院享有批准或决定逮捕的权力，但不享有执行权；人民法院享有决定逮捕的权力，但没有批准和执行权。公、检、法三机关之间逮捕权限的划分，一方面，是宪法关于三机关办理刑事案件实行"分工负责、互相配合、互相制约"原则在逮捕问题上的具体体现；另一方面，更重要的是在于保障公民的人身自由不受非法剥夺，防止可能出现的错误逮捕。因此，我们在司法实践中，一定要正确理解刑事诉讼法规定的逮捕的条件，充分运用宽严相济的刑事政策，严格把握、准确适用逮捕措施，切实保障刑事诉讼当事人的合法权益。

二、审查逮捕概述

审查逮捕，是指对于公安机关和人民检察院职务犯罪侦查部门立案侦查的案件以及人民检察院公诉部门审查起诉的案件，需要对犯罪嫌疑人实施逮捕时，统一由人民检察院侦查监督部门就案件事实、证据情况以及对犯罪嫌疑人是否应当逮捕进行审查，并报请检察长或检察委员会作出是否逮捕决定的一种诉讼活动。审查逮捕的任务，一是保证准确有力地打击犯罪；二是防止错捕无辜，保障公民权利。

审查逮捕分为审查批准逮捕和审查决定逮捕。审查批准逮捕是指对于公安机关立案侦查的案件，需要对犯罪嫌疑人实施逮捕时，由人民检察院侦查监督部门就案件事实、证据情况以及对犯罪嫌疑人是否应当逮捕进行审查，并报请检察长或检察委员会决定是否批准逮捕的诉讼活动。审查决定逮捕是指人民检察院对于自己立案侦查的案件中，或公安机关移送起诉的案件中，认为符合逮捕条件的犯罪嫌疑人，经侦查监督部门审查，由检察长或检察委员会决定是否逮捕的诉讼活动。

《刑事诉讼法》第3条规定："对刑事案件的侦查、拘留、执行逮捕、预审，由公安机关负责。检察、批准逮捕、检察机关直接受理的案件的侦查、提起公诉，由人民检察院负责。审判由人民法院负责。除法律特别规定的以外，其他任何机关、团体和个人都无权行使这些权力。"从上述规定可以看出，审查逮捕不仅是宪法和法律赋予人民检察院的一项重要的法律监督职权，而且也是人民检察院的一项主要的刑事诉讼活动。

《刑事诉讼法》第87条规定："人民检察院审查批准逮捕犯罪嫌疑人由检察长决定。重大案件应当提交检察委员会讨论决定。"《人民检察院刑事诉讼规则（试行）》第303条规定："人民检察院审查批准或者决定逮捕犯罪嫌疑人，由侦查监督部门办理。"第304条第1款规定："侦查监督部门办理审查逮捕案件，应当指定办案人员进行审查。办案人员应当审阅案卷材料和证据，依法讯问犯罪嫌疑人、询问证人等诉讼参与人、听取辩护律师意见，制作审查逮捕意见书，提出批准或者决定逮捕、不批准或者不予逮捕的意见，经部门负责人审核后，报请检察长批准或者决定；重大案件应当经检察委员会讨论决定。"从上述规定可以看出，审查逮捕案件由人民检察院侦查监督部门负责办理，并报请检察长或检察委员会决定是否逮捕。2005年5月11日，最高人民检察院朱孝清副检察长在全国检察机关第二次侦查监督工作会议上的报告中针对加强对主办检察官行使职权的监督制约问题特别强调："我国法律明确规定，逮捕权由检察长或者检察委员会行使。在（主办检察官）试点中，不能将逮捕权授予主办检察官，已经授予的，要依法收回。"原侦查监督厅杨振江厅长在报告中对侦查监督部门的工作职责也进行了强调："侦查监督部门担负的审查逮捕、立案监督和侦查活动监督三项职责既是法律监督职能的重要组成部分，也是刑事诉讼监督的主要形式，贯穿了从移送涉嫌犯罪案件、刑事立案到侦查终结的全过程，既包括对适用实体法的监督，也包括对适用程序法的监督。"

三、逮捕的条件

逮捕是最严厉的强制措施。人民检察院审查批准、决定逮捕犯罪嫌疑人，必须严格依照法律规定的逮捕条件，只有符合逮捕条件的犯罪嫌疑人，才能依法批准或者决定逮捕；对于不符合逮捕条件的犯罪嫌疑人，则不能批准或者决定逮捕。《刑事诉讼法》第79条规定：

"对有证据证明有犯罪事实，可能判处徒刑以上刑罚的犯罪嫌疑人、被告人，采取取保候审尚不足以防止发生下列社会危险性的，应当予以逮捕：（一）可能实施新的犯罪的；（二）有危害国家安全、公共安全或者社会秩序的现实危险的；（三）可能毁灭、伪造证据，干扰证人作证或者串供的；（四）可能对被害人、举报人、控告人实施打击报复的；（五）企图自杀或者逃跑的。

"对有证据证明有犯罪事实，可能判处十年有期徒刑以上刑罚的，或者有证据证明有犯罪事实，可能判处徒刑以上刑罚，曾经故意犯罪或者身份不明的，应当予以逮捕。

"被取保候审、监视居住的犯罪嫌疑人、被告人违反取保候审、监视居住规定，情节严重的，可以予以逮捕。"

《刑事诉讼法》将该条分三款，规定了三种情况下的逮捕。这三种不同的逮捕有相同的实质条件，也有各自的实质条件。根据它们各自的特性，我们暂且将这三种不同的逮捕分别命名为"裁量的逮捕"、"法定的逮捕"和"替代的逮捕"。[①]

关于第一种"裁量的逮捕"，《刑事诉讼法》第79条第1款明确了逮捕应同时具备三个条件，才能依法逮捕：第一，证据要件，即"有证据证明有犯罪事实"；第二，罪行要件，即对犯罪嫌疑人所实施的犯罪行为"可能判处徒刑以上刑罚"；第三，社会危险性要件（也即必要性要件），指犯罪嫌疑人实施对社会造成危害的行为的可能。上述三个条件必须同时具备，缺一不可。在具体办案中，应当结合最高人民检察院《人民检察院刑事诉讼规则（试行）》第139条、第140条、第141条、第142条、第144条的规定，对逮捕的三个条件全面把握、整体衡量。

（一）证据要件，即"有证据证明有犯罪事实"

1."有证据证明有犯罪事实"，是指同时具备以下情形：

（1）有证据证明发生了犯罪事实。该犯罪事实既可以是单一犯罪行为的事实，也可以是数个犯罪行为中任何一个犯罪行为的事实，并不要求查清全部犯罪事实。

（2）有证据证明犯罪事实是犯罪嫌疑人实施的。在共同犯罪中，有证据

[①] 陈国庆：《新刑事诉讼法与诉讼监督》，中国检察出版社2012年版，第205～207页。

证明实施犯罪行为的犯罪嫌疑人可能是一人，也可能是多人。

（3）证明是犯罪嫌疑人实施犯罪行为的证据已经查证属实的。

2. 正确理解"有证据证明有犯罪事实"还要注意把握以下内容：

（1）"有证据证明有犯罪事实"，一般是指证据所证明的事实已构成犯罪。对于现有证据所证明的事实已基本构成犯罪，认为经过进一步侦查能够收集到定罪所必需的证据、确有逮捕必要的重大案件的犯罪嫌疑人，可以附条件逮捕。① 因此，"有证据证明有犯罪事实"，要以"证据所证明的事实已构成犯罪"为原则，以"证据所证明的事实基本构成犯罪"为补充。

（2）"有证据证明有犯罪事实"，既是对实体事实的要求（即要"有犯罪事实"），也是对证据的要求（即要"有证据证明"）。所谓"有犯罪事实"，一是指发生了犯罪行为，二是指有明确的实施犯罪行为的犯罪嫌疑人。所谓"有证据证明"，既包括对证据质的要求，也包括对证据量的要求，即证明"有犯罪事实"的证据必须是合法的、客观的、有关联的。对证据质的要求，就是证明犯罪嫌疑人实施犯罪行为的证据经查证属实，且合法有效。对证据量的要求，就是证明犯罪嫌疑人实施犯罪行为的证据在客观真实、合法有效的前提下还要相互印证、相对充足。那么，如何理解"相互印证、相对充足"呢？一般情况下，在只有直接证据的案件中，单靠一个能证明犯罪嫌疑人实施了犯罪行为的直接证据还不能算是"相互印证、相对充足"，还必须要有其他直接证据或者间接证据相印证才能叫"相对充足"，才符合"有证据证明"的标准；在只有间接证据的案件中，则要求证据之间必须形成相互印证的链条。此外，无论是直接证据还是间接证据，如果在案件中有相反证据或者证据之间存在重大矛盾的，必须能够合理排除。当然，强调证据在量上达到一定程度，并不是说证据的数量越多越是"有证据证明"。是否"有证据证明"，不在于证据的多少，关键在于证据的证明力度。而且，因为不同性质的不同个案，各有特点，证据的数量无法规定。但在司法实践中我们只需要把握一条，即"要以相对充足的证据证明确实发生了犯罪，该犯罪系嫌疑人实施为原则"。

（3）最高人民检察院《人民检察院审查逮捕质量标准》第3条规定："具有以下情形之一的，不属于'有证据证明有犯罪事实'：（一）证据所证明的事实不构成犯罪的；（二）仅有犯罪嫌疑人的有罪供述，而无其他已查证属实的证据佐证的；（三）证明犯罪嫌疑人有罪和无罪的主要证据之间存在重大矛盾且难以排除的；（四）共同犯罪案件中，同案犯的供述存在重大矛盾，且无

---

① 参见本章第四节和《人民检察院审查逮捕质量标准》（2011年3月15日高检发〔2011〕5号）。

其他证据证明犯罪嫌疑人实施了共同犯罪行为的；（五）没有直接证据，而间接证据未形成相互印证链条的；（六）证明犯罪的证据中，言词证据系采取刑讯逼供暴力取证或者以威胁、引诱、欺骗等非法的方法取得依法予以排除后，其余的证据不足以证明有犯罪事实的；（七）现有证据不足以认定犯罪嫌疑人符合犯罪构成主观方面要件的；（八）证明未成年的犯罪嫌疑人在实施被指控的犯罪时达到刑事责任年龄的证据不足的；证明患有间歇性精神病的犯罪嫌疑人在实施被指控的犯罪时系精神正常的证据不足的；（九）虽有证据证明发生了犯罪事实，但无证据证明犯罪事实是该犯罪嫌疑人实施的；（十）其他不能证明有犯罪事实的情形。"

（二）罪行要件，即"可能判处徒刑以上刑罚"

"可能判处徒刑以上刑罚"，是指对有证据证明的犯罪事实和经查证属实的情节，依照刑法的规定进行衡量，认为犯罪嫌疑人可能判处徒刑以上刑罚。该条件是适用逮捕在犯罪严重程度方面的要求。犯罪程度是否达到可能判处徒刑以上刑罚，是捕与不捕之间加以选择的法律尺度。

根据这一条件，人民检察院在审查公安机关提请批准逮捕的犯罪嫌疑人或者直接立案侦查案件、公安机关移送起诉案件的犯罪嫌疑人应否逮捕时，应当根据犯罪嫌疑人所犯罪行结合刑法的规定，分析判断是否有可能判处徒刑以上刑罚。如果犯罪嫌疑人只可能被判处管制、拘役或者独立适用附加刑，不可能判处徒刑以上刑罚，则不应当对犯罪嫌疑人批准或者决定逮捕。同时，如果犯罪嫌疑人有可能判处徒刑以上刑罚，但根据其犯罪情节和悔罪表现，符合缓刑条件的，一般也不宜批准或者决定逮捕。刑事诉讼法之所以把"可能判处徒刑以上刑罚"规定为逮捕的条件之一，是根据罪刑相当原则提出的。确定对一人处以刑罚，要罪刑相当；同样，采取强制措施，也要考虑与其所实施的犯罪相当。逮捕是限制犯罪嫌疑人人身自由的最严厉的强制措施，如果被逮捕的犯罪嫌疑人被判处徒刑以上刑罚，逮捕的羁押期限要折抵刑期；但如果犯罪嫌疑人不可能被判处徒刑以上刑罚，在刑事诉讼中便没有必要把他逮捕羁押起来。

在司法实践中，对"可能判处徒刑以上刑罚"这一条件的理解和把握上我们还应当注意：一是这里的"可能判处徒刑以上刑罚"，是指犯罪嫌疑人在司法机关审查批准、决定逮捕时，已有证据证明的犯罪事实所可能受到的处罚；并不是指犯罪嫌疑人所触犯的罪名的全部量刑幅度，而是有证据证明的犯罪事实所可能判处的刑罚幅度，且没有减轻情节。二是该条件所要求的只是对犯罪嫌疑人"可能"判处徒刑以上刑罚，而不是必定判处徒刑以上刑罚。所谓"可能"只是一种不确定的判断。而且这种判断仅仅是在审查批捕阶段，根据当时的证据证明的犯罪事实,并在有限的时间范围内作出的。对于将来审判阶段可能出现的案件事实或者证据的变化,以及是否认定立功、自首等法定或者酌定情节,则难以预料。因此,也就难免出现批准或者决定逮捕时的判断与人民法院审理后实际判处的刑罚不相一致的情形。出现这种情形是正常的,不能由此便认为批准或决定逮捕错误。

（三）社会危险性要件

所谓社会危险性,是指犯罪嫌疑人给社会带来新的危害可能性,包括罪行危险性和人身危险性两个方面。罪行危险性是指基于犯罪嫌疑人的罪行因素致使犯罪嫌疑人可能给社会带来的危险性,人身危险性是指基于犯罪嫌疑人的人身因素可能给社会带来的危险性,二者共同构成社会危险性的法律内涵。[①]

《刑事诉讼法》第79条明确列出了社会危险性的五种具体情形,即（1）可能实施新的犯罪的;（2）有危害国家安全、公共安全或者社会秩序的现实危险的;（3）可能毁灭、伪造证据,干扰证人作证或者串供的;（4）可能对被害人、举报人、控告人实施打击报复的;（5）企图自杀或者逃跑的。如果犯罪嫌疑人的社会危险性不大,依法没有必要采取最为严厉的逮捕强制措施;反之,如果犯罪嫌疑人的社会危险性较大,则有必要对其适用逮捕措施,使其与社会隔绝,消除其发生社会危险性的客观条件。这符合我国一贯倡导的少捕政策,体现了保障公民人身自由的立法精神。

《人民检察院刑事诉讼规则（试行）》第139条对"社会危险性"的五种情形作了如下具体的解释:"（一）可能实施新的犯罪的,即犯罪嫌疑人多次作案、连续作案、流窜作案,其主观恶性、犯罪习性表明其可能实施新的犯罪,以及有一定证据证明犯罪嫌疑人已经开始策划、预备实施犯罪的;（二）有危害国家安全、公共安全或者社会秩序的现实危险的,即有一定证据证明或者有迹象表明犯罪嫌疑人在案发前或者案发后正在积极策划、组织或者预备实施危害国家安全、公共安全或者社会秩序的重大违法犯罪行为的;（三）可能毁灭、伪造证据,干扰证人作证或者串供的,即有一定证据证明或者有迹象表明犯罪嫌疑人在归案前或者在归案后已经着手实施或者企图实施毁灭、伪造证据,干扰证人作证或者串供行为的;（四）有一定证据证明或者有迹象表明犯罪嫌疑人可能对被害人、举报人、控告人实施打击报复的;（五）企图自杀或者逃跑的,即犯罪嫌疑人归案前或者归案后曾经自杀,或者有一定证据证明或者有迹象表明犯罪嫌疑人试图自杀或者逃跑的。"

---

① 童建明:《新刑事诉讼法理解与适用》,中国检察出版社2012年版,第104~105页。

从立法的本意而言，强化逮捕条件中的社会危险性要件审查，其实质就是强化对逮捕必要性的审查。①《人民检察院刑事诉讼规则（试行）》第144条在结合宽严相济的刑事司法政策的基础上，针对逮捕的必要性审查作出如下规定，即"犯罪嫌疑人涉嫌的罪行较轻，且没有其他重大犯罪嫌疑，具有以下情形之一的，可以作出不批准逮捕的决定或者不予逮捕：（一）属于预备犯、中止犯，或者防卫过当、避险过当的；（二）主观恶性较小的初犯，共同犯罪中的从犯、胁从犯，犯罪后自首、有立功表现或者积极退赃、赔偿损失、确有悔罪表现的；（三）过失犯罪的嫌疑人，犯罪后有悔罪表现，有效控制损失或者积极赔偿损失的；（四）犯罪嫌疑人与被害人双方根据刑事诉讼法的有关规定达成和解协议，经审查，认为和解系自愿、合法且已经履行或者提供担保的；（五）犯罪嫌疑人系已满十四周岁未满十八周岁的未成年人或者在校学生，本人有悔罪表现，其家庭、学校或者所在社区、居民委员会、村民委员会具备监护、帮教条件的；（六）年满七十五周岁以上的老年人。"

当然，要正确理解、全面把握社会危险性要件，除审查上述内容外，我们还应当结合具体案件情况，注意从以下两个方面对社会危险性进行分析：一是具有法律规定的社会危险性，二是有证据证明采取取保候审不足以防止发生上述情况的社会危险性。二者有机结合，才能完整地构成社会危险性的法律内涵。

上述裁量逮捕的三个条件是一个统一的、不可分割的整体。在司法实践中，我们必须把三个方面统一结合起来，树立关于逮捕条件的全局性观念，树立人权观念，重视逮捕必要性在批准、决定逮捕中的作用，从而正确适用逮捕措施。

关于第二种"法定的逮捕"，即《刑事诉讼法》第79条第2款规定："对有证据证明有犯罪事实，可能判处十年有期徒刑以上刑罚的，或者有证据证明有犯罪事实，可能判处徒刑以上刑罚，曾经故意犯罪或者身份不明的，应当予以逮捕。"由此可见，"法定的逮捕"也包括三种情形：一是可能判处十年有期徒刑以上刑罚的；二是可能判处徒刑以上刑罚，并且曾经故意犯罪的；三是可能判处徒刑以上刑罚，犯罪嫌疑人身份不明的。这三种情形均要求具备有证据证明有犯罪事实，这是逮捕的前提条件。后两种情形的另一个共同条件是可能判处徒刑以上刑罚。对于"法定的逮捕"，人民检察院应当决定或者批准逮捕，不存在裁量的余地。

---

① 孙谦、童建明主编：《检察机关贯彻新刑事诉讼法学习纲要》，中国检察出版社2012年版，第10页。

关于第三种"替代的逮捕",即《刑事诉讼法》第79条第3款规定:"被取保候审、监视居住的犯罪嫌疑人、被告人违反取保候审、监视居住规定,情节严重的,可以予以逮捕。"对于这种情形的逮捕,法律的规定仍有一定弹性,表现在两个方面:一个是"情节严重",另一个是"可以逮捕"。由于法律并未明确限定构成"情节严重"的具体条件和内容,需要侦查机关和人民检察院根据案件的具体情况以及犯罪嫌疑人违反取保候审、监视居住的情况特别是违反原因的分析,综合考量后作出决定。也就是说,并不是只要违反了取保候审、监视居住规定就应逮捕。根据立法精神,即使是违反规定情节严重的,也不是一定要逮捕。公安机关可以根据案件情况斟酌处理,检察机关也有权审查决定。

第二节 审查逮捕的程序与方法

一、审查批准逮捕、审查决定逮捕的工作流程

（一）审查批准逮捕的工作流程

审查批准逮捕又称审查逮捕或审查批捕,是检察机关对于公安机关提请批准逮捕的案件进行审查后,依据事实和法律,作出是否批准逮捕犯罪嫌疑人决定的一种诉讼活动。审查批准逮捕是检察机关一项重要的法律监督职能,是检察机关对公安机关的侦查活动开展侦查监督的途径之一。根据《刑事诉讼法》第88条的规定:"人民检察院对于公安机关提请批准逮捕的案件进行审查后,应当根据情况分别作出批准逮捕或者不批准逮捕的决定。"这里,即使是因证据不足需要补充侦查的案件,只要不符合逮捕条件,也要作出不批准逮捕的决定。

检察机关办理审查批准逮捕案件的工作流程如下：

公安机关提请批准逮捕案件或检察机关决定不捕后公安机关经补充侦查重新提请批准逮捕案件,由检察机关案件管理部门或者侦查监督部门内勤初步审查。

审查逮捕的全流程为:受理案件（由案件管理部门或者侦查监督部门内勤审查登记）→分案→承办人审查案卷→（1）不属于本院管辖的退回公安机

关；（2）属于本院管辖的，讯问犯罪嫌疑人并告知诉讼权利[①]（非必经程序）→审查和判断案件证据及事实→听取辩护律师意见[②]（非必经程序）→承办人制作《审查逮捕案件意见书》→部门负责人（或主办检察官）审查并提出批准逮捕或不批准逮捕的意见→侦查监督部门集体讨论（非必经程序）→检察长或检察委员会讨论作出决定。

检察长或检察委员会讨论决定的案件分四种情况：

1. 事实不清、证据不足的，决定不批准逮捕，制作不批准逮捕决定书和补充侦查提纲，送达公安机关执行，公安机关反馈执行情况。

2. 已涉嫌犯罪，但无逮捕必要的，决定不批准逮捕，制作不批准逮捕决定书和不捕理由说明书，送达公安机关执行，公安机关反馈执行情况。

3. 无犯罪事实或犯罪行为不是犯罪嫌疑人所为的，决定不批准逮捕，制作不批准逮捕决定书和不捕理由说明书，送达公安机关执行，公安机关反馈执行情况。

4. 符合逮捕条件的，批准逮捕，制作批准逮捕决定书，送达公安机关执行，并可以对收集证据、适用法律提出意见，公安机关反馈执行情况。

（二）审查决定逮捕的工作流程

审查决定逮捕是指人民检察院对于自己立案侦查的案件中，或公安机关移送起诉的案件中，对认为符合逮捕条件的犯罪嫌疑人，经侦查监督部门审查，由检察长或检察委员会决定是否逮捕的诉讼活动。

2009年9月4日，最高人民检察院下发了《关于省级以下人民检察院立案侦查的案件由上一级人民检察院审查决定逮捕的规定（试行）》（高检发〔2009〕17号）及《〈关于省级以下人民检察院立案侦查的案件由上一级人民检察院审查决定逮捕的规定（试行）〉的补充规定》（高检发办字〔2011〕24号），明确规定省级以下（不含省级）人民检察院立案侦查的案件，需要逮捕犯罪嫌疑人的，应当报请上一级人民检察院审查决定。同时，《人民检察院刑事诉讼规则（试行）》第340条还规定：“基层人民检察院，分、州、市人民检察院对直接受理立案侦查的案件进行审查起诉时，发现需要逮捕犯罪嫌疑人的，应当报请上一级人民检察院审查决定逮捕。报请工作由公诉部门负责。"

[①] 在《中华人民共和国刑事诉讼法》第86条，以及《人民检察院刑事诉讼规则（试行）》第305条、第306条、第331条、第332条，对审查逮捕过程中应当讯问犯罪嫌疑人的情形作出了明确规定；对于法律规定为可以讯问的，在条件允许的情况下，我们建议每案每犯罪嫌疑人均讯问。

[②] 详见本节中对"听取辩护律师意见"的专门阐述。

因此，审查决定逮捕的工作流程也就分为省级以下（不含省级）的、省级以上（含省级）的两种。

第一种，省级以下（不含省级）的审查决定逮捕的工作流程：

下级人民检察院报请决定逮捕案件或不予逮捕后下级人民检察院补充侦查重新报请决定逮捕案件（或者本院公诉部门移送自侦案件以外的审查逮捕案件）→上一级人民检察院案件管理部门或者侦查监督部门内勤初步审查→受理案件（移送的案卷材料和证据不齐全、法律手续不完备的，不受理案件）→内勤登记并分案→承办人审查案卷→讯问犯罪嫌疑人并告知诉讼权利（非必经程序）→审查和判断案件证据及事实→听取辩护律师意见（非必经程序）→承办人制作《审查逮捕案件意见书》→部门负责人（或主办检察官）审查并提出决定逮捕或不予逮捕的意见→侦查监督部门集体讨论意见（非必经程序）→检察长或检察委员会讨论决定案件。

第二种，省级以上（含省级）的审查决定逮捕的工作流程：

检察机关职侦部门移送决定逮捕案件或不予逮捕后职侦部门补充侦查重新移送决定逮捕案件（或者公诉部门移送审查逮捕案件）→侦查监督部门内勤初步审查→受理案件（移送的案卷材料和证据不齐全、法律手续不完备的，不受理案件）→内勤登记并分案→承办人审查案卷→讯问犯罪嫌疑人并告知诉讼权利（非必经程序）→审查和判断案件证据及事实→听取辩护律师意见（非必经程序）→承办人制作《审查逮捕案件意见书》→部门负责人（或主办检察官）审查并提出决定逮捕或不予逮捕的意见→侦查监督部门集体讨论意见（非必经程序）→检察长或检察委员会讨论决定案件。

检察长或检察委员会讨论决定的案件分四种情况：

1. 事实不清、证据不足的，决定不逮捕，制作不予逮捕决定书和补充侦查提纲，送达职侦（公诉）部门或下级人民检察院执行，职侦（公诉）部门或下级人民检察院反馈执行情况。

2. 已涉嫌犯罪，但无逮捕必要的，决定不逮捕，制作不予逮捕决定书和不捕理由说明书，送达职侦（公诉）部门或下级人民检察院执行，职侦（公诉）部门或下级人民检察院反馈执行情况。

3. 无犯罪事实或犯罪行为不是犯罪嫌疑人所为的，决定不予逮捕，制作不予逮捕决定书和不捕理由说明书，送达职侦（公诉）部门或下级人民检察院执行，职侦（公诉）部门或下级人民检察院反馈执行情况。

4. 符合逮捕条件的，决定逮捕，制作逮捕决定书，送达职侦（公诉）部门或下级人民检察院执行，职侦（公诉）部门或下级人民检察院反馈执行情况。

二、逮捕案件的审查与判断

《宪法》第37条第2款规定："任何公民，非经人民检察院批准或者决定或者人民法院决定，并由公安机关执行，不受逮捕。"《刑事诉讼法》第3条、第78条、第163条和《人民检察院组织法》第12条对此都作出了具体规定。因此，批准逮捕和决定逮捕是检察机关的一项重要职权，是宪法和法律赋予检察机关法律监督职能的重要体现。

（一）逮捕案件的形式审查与判断

1. 受理案件

审查批准、决定逮捕案件的形式审查与判断主要集中在受理案件阶段。受理提请批准、决定逮捕案件是检察机关审查批准、决定逮捕的基础性工作，是办理逮捕案件的必经程序。

（1）对公安机关提请批准逮捕案件的形式审查与判断

《刑事诉讼法》第85条规定："公安机关要求逮捕犯罪嫌疑人的时候，应当写出提请批准逮捕书，连同案卷材料、证据，一并移送同级人民检察院审查批准。"《公安机关办理刑事案件程序规定》第117条规定："需要提请批准逮捕犯罪嫌疑人的，应当经县级以上公安机关负责人批准，制作《提请批准逮捕书》一式三份，连同案卷材料、证据，一并移送同级人民检察院审查。"因此，公安机关向同级检察机关移送提请批准逮捕书、案卷材料和证据是检察机关审查批准逮捕案件的前提和基础。

对公安机关提请批准逮捕犯罪嫌疑人的案件，检察机关案件管理部门或者侦查监督部门内勤首先应当审查所移送的案卷材料和证据是否齐全，是否有合法有效的法律文书，法律手续是否齐备。具体如下：

①案件是否属于本院管辖，指定管辖或者移送管辖的案件，是否有指定或者移送管辖的相关文书；

②提捕案件是否经县级以上侦查机关负责人批准，提捕、报捕或者移送逮捕的法律文书是否一式三份，并加盖县级以上公安机关印章；

③侦查卷宗是否装订成册，加编号、目录、页码，册数是否与送达文书所列的数量相符；犯罪嫌疑人姓名、人数及案卷与提捕、报捕或者移送逮捕法律文书所列姓名、人数是否相符；

④立案、采取强制措施的法律手续和相关诉讼文书是否齐备；

⑤被拘留的犯罪嫌疑人的羁押处所、被取保候审的犯罪嫌疑人的居住地是否清楚；

⑥证据材料是否随案移送，案卷材料是否完整；

⑦是否有律师会见函或者委托书之类的书面材料。

检察机关案件管理部门或者侦查监督部门内勤在依法进行初步审查后，对符合上述条件的应当受理。发现上述②至⑥项问题的，应当要求公安机关及时补充有关材料；发现上述①项问题，不属于本院管辖的，应当不予受理，退回公安机关；发现上述⑦项内容的，及时通知律师案件已进入审查批捕环节，并告知律师有提出律师意见的权利。

（2）对下级人民检察院报请审查决定逮捕案件的形式审查与判断

下级人民检察院办理直接立案侦查的职务犯罪案件需要逮捕犯罪嫌疑人的，由下级人民检察院填写《报请逮捕犯罪嫌疑人意见书》，连同案卷材料一并移送上一级人民检察院案件管理部门或者侦查监督部门。

上一级人民检察院案件管理部门或者侦查监督部门受理下级人民检察院报请审查逮捕的案件，同受理公安机关提请批准逮捕犯罪嫌疑人的案件一样，应当认真进行审查。首先应当查明《逮捕犯罪嫌疑人意见书》（一式三份）及案卷材料、证据是否齐全，法律手续是否齐备。具体内容同对公安机关提请批准逮捕条件的受案审查内容。上一级人民检察院侦查监督部门的内勤在依法进行初步审查后，认为符合法定条件的，应当受理。如发现下级人民检察院送交的案卷材料不齐全、法律手续不齐备的，应当要求下级人民检察院补充移送。

（3）对本院职侦或者公诉部门移送审查决定逮捕案件的形式审查与判断

检察机关职务犯罪侦查部门办理直接立案侦查的职务犯罪案件需要逮捕犯罪嫌疑人的，或者公诉部门在办理审查起诉案件中认为需要逮捕犯罪嫌疑人的，由职务犯罪侦查部门或者公诉部门填写《逮捕犯罪嫌疑人意见书》，连同案卷材料一并移送本院侦查监督部门。

侦查监督部门受理本院职务犯罪侦查部门或者公诉部门移送审查逮捕的案件，同受理公安机关提请批准逮捕犯罪嫌疑人的案件一样，应当认真进行审查。首先应当查明《逮捕犯罪嫌疑人意见书》（一式三份）及案卷材料、证据是否齐全，法律手续是否齐备。具体内容同对公安机关提请批准逮捕条件的受案审查内容。侦查监督部门的内勤在依法进行初步审查后，认为符合法定条件的，应当受理。如发现本院侦查部门或者公诉部门送交的案卷材料不齐全、法律手续不齐备的，应当要求侦查部门或者公诉部门补充移送。

2. 受理案件后的形式审查与判断

检察机关案件管理部门或者侦查监督部门受理逮捕案件后，内勤应进行统一登记，案件管理部门或者侦查监督部门负责人根据案件性质或犯罪嫌疑人的身份，并结合具体的承办顺序分配案件，确定具体办案人员（如未成年犯罪嫌疑人可交专门的办案人员办理）进行案件的审查。承办人接手案件后，对逮捕案件从形式上要进行如下审查与判断：

（1）法定时限的审查与判断

法定时限的审查主要是审查和判断公安机关提捕、下级人民检察院报捕，或者本院自侦部门、公诉部门移送逮捕时间在程序上是否合法，这是侦查活动监督的必要内容。

①对公安机关提请或者公诉部门移送逮捕时间的审查和判断。根据《刑事诉讼法》第89条、《公安机关办理刑事案件程序规定》的规定，犯罪嫌疑人被拘留的，公安机关应当在拘留后的3日以内将案件送交同级人民检察院侦查监督部门审查批准，特殊情况下，经县级以上公安机关负责人批准，提请审查批准的时间可以延长1日至4日；对于流窜作案、多次作案、结伙作案的重大嫌疑分子，经县级以上公安机关负责人批准，提请审查批准的时间可以延长至30日。

②对检察机关自侦案件报请或移送逮捕时间的审查和判断。《人民检察院刑事诉讼规则（试行）》第136条规定："人民检察院拘留犯罪嫌疑人的羁押期限为十四日，特殊情况下可以延长一日至三日。"第329条规定："犯罪嫌疑人已被拘留的，下级人民检察院侦查部门应当在拘留后七日以内报上一级人民检察院审查逮捕。上一级人民检察院应当在收到报请逮捕书后七日以内作出是否逮捕的决定，特殊情况下，决定逮捕的时间可以延长一日至三日。犯罪嫌疑人未被拘留的，上一级人民检察院应当在收到报请逮捕书后十五日以内作出是否逮捕决定，重大、复杂案件，不得超过二十日。报送案卷材料、送达法律文书的路途时间计算在上一级人民检察院审查逮捕期限以内。"因此，犯罪嫌疑人被拘留的，自侦部门应当在拘留后的7日以内将案件送交本院审查逮捕部门审查。

③如果犯罪嫌疑人被刑事拘留的，需进一步审查刑事拘留的相关法律文书是否符合形式要件。如文书的文号是否符合规范，文书是否盖有决定机关的印章，文书的决定时间是否记录在案，对延长了刑事拘留时间的是否有延长刑事拘留的法律文书等。

④如果犯罪嫌疑人未被采取拘留等强制措施的，承办人应判断该案是否已过诉讼时效，在追诉时效以内的，进入下一步对案件的实质审查和判断；已过追诉时效的，向部门负责人汇报详细情况后将案件退回公安机关、下级人民检察院或本院自侦（公诉）部门。

（2）其他事项

承办人还应对全案卷宗在卷材料是否齐备进行形式上的审查。主要是进一步审查案卷内的相关法律文书、各种证据材料等是否随案移送。同时，要特别注意以下问题：一是提请批准逮捕意见书认定的犯罪事实及有关逮捕必要性的说明是否有相应的证据证明；二是扣押物证、书证的，应随案移送扣押物品清单及物证、书证的刑事摄像照片；三是已将赃款赃物退还失主的，应有失主领取赃款赃物的凭据；四是对犯罪嫌疑人的住所或有关涉案的场所进行过搜查的，应有搜查证和搜查记录；五是已让犯罪嫌疑人、证人或被害人进行辨认的，应当有辨认记录；六是已做精神病、伤害程度等鉴定的，应当有司法鉴定意见；七是有被害人死亡的，应当有被害人的尸检报告；八是已做勘验、检查或者侦查实验的，应当有勘验、检查或者侦查实验记录；九是实行同步录音录像的，应当有随案移送的同步录音录像资料；十是收集有电子数据的，应当对提取的技术手段及资格作出说明；十一是有律师会见函或者委托书之类的书面材料的，应当及时告诉案件管理部门或者侦查监督部门内勤，通知律师案件已进入审查批捕环节，并告知律师有提出律师意见的权利。

（二）逮捕案件的实质审查与判断

逮捕案件的实质审查与判断主要包括对证据的审查判断和对事实的审查判断。而对事实的审查判断是以对证据的审查判断为基础的，有了对证据的判定也就有了对事实的判定。

对证据的审查和判断，是检察机关侦查监督部门的承办人对公安机关、检察机关自侦部门在刑事侦查中收集的各种证据进行分析、鉴别，审查其是否合法、真实，与案件事实之间是否有直接或间接的联系，及对证实案件事实的证明力大小，进而就案件事实作出相应判断的活动。最高人民检察院《关于加强侦查监督能力建设的决定》指出：全面、正确地审查、分析、判断和运用证据，准确认定案件事实，是侦查监督人员必须具备的核心业务能力。要按照修改后刑事诉讼法的要求，进一步增强全面细致审查证据和依法排除非法证据的意识，善于通过审查案卷材料、讯问犯罪嫌疑人、询问诉讼参与人、听取律师意见等，对证据的真实性、关联性与合法性作出准确判断，并据之准确认定案件事实，正确作出司法判断，切实防止因证据审查把关不全面、不严格而导致事实认定错误，造成错捕、漏捕。

审查、判断证据的前提和基础是收集证据。审查判断证据的目的是运用证据证实犯罪，依法追究犯罪嫌疑人的刑事责任，同时保障无罪的人不受刑事追究。

1. 审查判断证据的原则

证据是证据形式与证据内容的统一。逮捕证据的审查和判断要坚持"全面、合法"的原则。"全面"，既要审查证明犯罪嫌疑人有罪的证据、符合逮捕条件的证据，又要审查犯罪嫌疑人无罪的证据、不符合逮捕条件的证据。

"合法",一是要依照《刑事诉讼法》和《人民检察院刑事诉讼规则(试行)》等有关法律、法规的规定,审查侦查机关收集证据的形式和程序是否合法;二是要审查逮捕证据内容的合法性。证据的合法性审查详见第三章侦查活动监督。

2. 审查逮捕阶段证据的特点

根据《刑事诉讼法》第79条的规定,逮捕的条件之一是"有证据证明有犯罪事实",因此,审查逮捕阶段的证据具有如下特点:

(1) 证据不够充分。逮捕只是为了保障刑事诉讼顺利进行的一种强制措施,不是对案件的最终处理。审查逮捕时,能证明案件全部犯罪事实、据以定罪量刑的证据尚不充分,一套完整的证明体系尚未形成。

(2) 证据的证明力弱。逮捕阶段,由于报捕的时间紧,内部实行侦审合一的侦查机关对报捕的案件缺乏必要的制约和质量把关,所收集的证据质量有待提高,证据的证明力弱。

(3) 部分证据的稳定性差。逮捕阶段的证据不够稳定,许多证据有待进一步调查核实。如一对一的言词证据,司法实践中往往在后续的刑事诉讼环节中存在变数,直接影响着案件的定性,这种主观言词证据稳定性较物证等其他客观证据差。

(4) 证据的最低限度性。《刑事诉讼法》对逮捕的证据条件不再强调审查逮捕阶段必须查清主要犯罪事实或全部犯罪事实,但必须是在"有证据证明有犯罪事实"的幅度内。如果证据的证明力不能满足这最低限度,那么对犯罪嫌疑人就不能作出逮捕决定。否则,就有可能造成错捕,侵犯被逮捕的犯罪嫌疑人的人身权利。

3. 审查逮捕阶段证据的证明标准

审查逮捕阶段证据的证明标准低于公诉、审判阶段证据的证明标准。根据最高人民法院、最高人民检察院、公安部、国家安全部、司法部、全国人大常委会法工委《关于刑事诉讼法实施中若干问题的规定》,以及《人民检察院刑事诉讼规则(试行)》第139条第2款规定,审查逮捕阶段证据的证明标准只需同时具备下列三种情形:第一,有证据证明发生了犯罪事实;第二,有证据证明犯罪事实是犯罪嫌疑人实施的;第三,证明犯罪嫌疑人实施犯罪行为的证据已经查证属实的。这里,犯罪行为不是指犯罪嫌疑人所实施的所有犯罪行为,它可以是犯罪嫌疑人实施的数个犯罪行为中的一个。

由于审查逮捕阶段证据尚未收集完全,要对所有的证据从实体上得出实质真实的判断几乎是不可能的。因此,审查逮捕阶段主要做到:第一,证据的收集程序是合法的;第二,被采纳的证据在内容上不存在明显的瑕疵;第三,被采纳的证据不是孤证，证据之间可以相互印证；第四，证据之间的矛盾能够得到合理的排除。

4. 对证据的综合审查判断

审查判断证据，必须坚持实事求是，具体情况具体分析，不能有罪推定，力戒主观片面。

（1）不同证据种类收集程序及实体内容的审查和判断

对证据收集程序的审查和判断，主要是根据证据的性质对侦查机关在收集证据时程序上是否合法进行鉴别。通过审查证据获取的程序，判断其是否符合刑事诉讼法的规定，手续是否完备。对那些明显虚假、毫无证明价值或者因其他原因依法不具有证据能力的证据材料，经过对证据的审查判断即可筛除，对违反法律规定取得的非法证据要坚决予以排除。

①言词证据。言词证据主要包括被害人陈述，犯罪嫌疑人、被告人供述和辩解，证人证言。审查言词证据时，主要是审查证据取证程序是否合法。如是否首次讯（询）问时间晚于破案时间，是否系两名侦查人员进行讯（询）问，是否存在某名侦查人员在同一时间段在两个不同的地点同时进行讯（询）问的违法情况，是否讯（询）问的起止时间记载规范、完整，是否每次讯（询）问时间不超过法定的最长时间，是否每份讯（询）问笔录的每页上都有被害人、犯罪嫌疑人、被告人或证人的签字及手印，是否笔录中修改过的地方均按有犯罪嫌疑人或证人的手印，等等。

关于言词证据的审查、复核方法，《刑事诉讼法》第86条规定："人民检察院审查批准逮捕，可以讯问犯罪嫌疑人……人民检察院审查批准逮捕，可以询问证人等诉讼参与人，听取辩护律师的意见；辩护律师提出要求的，应当听取辩护律师的意见。"《人民检察院刑事诉讼规则（试行）》第305条规定："侦查监督部门办理审查逮捕案件，可以讯问犯罪嫌疑人；有下列情形之一的，应当讯问犯罪嫌疑人：（一）对是否符合逮捕条件有疑问的；（二）犯罪嫌疑人要求向检察人员当面陈述的；（三）侦查活动可能有重大违法行为的；（四）案情重大疑难复杂的；（五）犯罪嫌疑人系未成年人的；（六）犯罪嫌疑人是盲、聋、哑人或者是尚未完全丧失辨认或者控制自己行为能力的精神病人的。讯问未被拘留的犯罪嫌疑人，讯问前应当征求侦查机关的意见，并做好办案安全风险评估预警工作。是否符合逮捕条件有疑问主要包括罪与非罪界限不清，据以定罪的证据之间存在矛盾的，犯罪嫌疑人的供述前后矛盾或者违背常理的，有无社会危险性难以把握的，以及犯罪嫌疑人是否达到刑事责任年龄需要确认等情形。重大违法行为是指办案严重违反法律规定的程序，或者存在刑讯逼供等严重侵犯犯罪嫌疑人人身权利和其他诉讼权利等情形。"

②鉴定意见。对鉴定意见的审查、判断，主要是从鉴定对象与送检材料是否一致、鉴定程序和方法是否科学正确、鉴定意见是否可靠、制作是否合法等方面进行。如鉴定人、鉴定机构是否具备鉴定资格，鉴定人员是否签名等。

③视听资料、电子数据。视听资料是指通过人的视觉、听觉来感知的录音录像材料，它是电子证据的一种。人们通常采用录音、录像、照相的方法来记录声音、图像等视听资料。视听资料可分为两类：与案件发生同步记录下来的案件发生过程的原始资料；案发后摄制的场所照片，讯问犯罪嫌疑人时的录音、录像等。电子数据是指除录音录像之外的计算机存储信息，包括磁盘、光盘、移动硬盘存储的电子邮件、电子数据交换、网上聊天记录、网络博客、手机短信、电子签名、域名等电子信息等。对视听资料、电子数据要注意判明其来源或制作主体是否合法；收集的程序是否合法，犯罪嫌疑人是否签字认可，侦查机关移送时是否有完整的封条；内容和制作过程是否真实；与案件事实有无关联性；形成的时间、地点、条件以及制作方法是否符合逻辑等。

④搜查、勘验、检查、辨认、侦查实验等笔录。针对搜查、勘验、检查、辨认、侦查实验笔录，主要是审查侦查机关在制作笔录时是否按照刑事诉讼法的相关规定进行。如辨认笔录有无侦查人员、辨认人、见证人的签名或者盖章，是否个别进行，主持辨别的侦查人员是否少于二人；搜查、勘验、检查时，笔录上是否记载有在场见证的第三人；搜查笔录上记载的搜查时间是否在搜查证签发时间之后；勘验、检查等笔录中记载的时间、地点、在场人员、现场方位、周围环境等情况，以及现场、物品、痕迹的文字记载、录像、照片等，与其他证据能否印证，有无矛盾等。

⑤物证、书证。对于物证、书证，应当注意重点审查以下内容：一是物证、书证是否为原物、原件，是否受到破坏或改变；如果系原物原件的照片、复制件、复印件等，要注意审查与原物原件是否相符。二是收集程序、方式是否合法。收集的内容是否全面，与案件事实有无关联性。

（2）对单个证据的审查判断

对单个证据的审查判断，主要是审查判断每一个证据本身是否真实可靠，是否与本案具有关联性，是否具有证明力，是否存在被逼供、诱供、逼证或故意编造、篡改的情况。

（3）对多个证据的审查判断

由于单个证据可能存在片面性，因此，还需在此基础上把案件中证明同一事实的两个或两个以上的证据材料进行比对，分析其内容所反映的案件事实是否客观、一致。如对同一犯罪嫌疑人或被害人、证人等就同一案件事实所作的多次供述（陈述）作比对，审查其供述（陈述）的内容有无矛盾，找出并分析证据之间的异同，判断是否符合客观实际、常情常理、法律逻辑。

(4) 对全案证据的审查判断

做完前几个步骤的审查判断工作后，承办人还需对在案的所有证据材料进行综合分析。承办人要在对单个证据和多个证据的审查判断基础上，继续查明各个证据、各类证据之间能否相互印证，能否还原出较为客观的案件事实。承办人综合所有对证据的判断得出案件是否达到逮捕证据的证明标准的结论，并依此结论作出捕或不捕的决定。

①对管辖权进行判定。根据《刑事诉讼法》的规定，我国刑事案件的管辖实行犯罪地管辖原则。因此，承办人要依据对在案证据的审查判断后得出的案件事实完成管辖权的判定工作。

其一，对单一犯罪嫌疑人犯罪案件的管辖判定。单人单次作案的，判定其作案的地点或犯罪结果发生地是否属本院管辖。单人多次作案的，对同一地点依单人单次作案进行判定；对多个地点的，按主要犯罪地判定是否属本院管辖。

其二，对共同犯罪案件的管辖判定。只有一次共同犯罪的，依犯罪发生地判定是否属本院管辖。对多次共同犯罪且犯罪发生地或犯罪结果发生地在不同地方的，依主要犯罪地来判定是否属本院管辖，或者以主要犯罪地兼顾主犯的犯罪实施地来判定管辖地。

②对犯罪嫌疑人的行为是否构成犯罪进行判定。这里，要先判定涉案的行为是否系犯罪嫌疑人所为。对不是现场抓获的犯罪嫌疑人，在审查时要特别注意查明被羁押的犯罪嫌疑人是否为真正的作案者，有无张冠李戴的可能等特殊情况，以防止错捕现象的发生。如确定系犯罪嫌疑人实施的行为，承办人要对涉嫌的具体罪名从刑法上对主观、客观、主体、客体要件所要求的条件进行综合评判。如果达到刑法对入罪规定的最低标准，那么，可以判定犯罪嫌疑人的行为构成犯罪；反之，则不构成犯罪。

③对是否有社会危险性及逮捕必要进行判定。对是否有社会危险性及逮捕必要进行判定，是承办人综合全案的事实、证据及犯罪嫌疑人认罪悔罪的态度，考虑后续刑事诉讼程序能否顺利进行等因素，对犯罪嫌疑人是否采取逮捕这一强制措施的一种认知活动。关于社会危险性及逮捕必要性的正确理解和把握详见本章第一节逮捕的条件。

5. 审查判断证据的方法

司法实践中，审查判断证据的方法很多，主要有直接鉴别法、分析判断法、相互印证法、综合分析法等。

由于我们审查和判断逮捕证据,最终是为了解决是否对犯罪嫌疑人采取逮捕强制措施,因此,关键是把握好罪与非罪的界限。承办人应重点围绕提请批准逮捕或者报请(移送)审查逮捕罪名的犯罪构成要件来进行证据的审查和判断,并据此作出是否逮捕的决定。

(1) 主体方面证据的审查判断

行为人是否具有相应的主体资格,是审查逮捕案件必须查明的问题。

①刑事责任年龄的审查和判断。刑法规定的完全刑事责任年龄是年满16周岁,相对刑事责任年龄是年满14周岁。但后者只对《刑法》第17条规定的八大重罪承担刑事责任,前者却是广泛适用于所有刑法规定的罪名。承办人要多角度审查犯罪嫌疑人的真实年龄,尤其要加强对边缘年龄的审查,以免出现错案。

②特殊身份主体的审查和判断。根据涉案的罪名在刑法上是否要求特殊身份(如贪污罪要求行为人具有国家工作人员的身份),承办人要对犯罪嫌疑人是否具备特殊主体资格进行审查。对能够证实犯罪嫌疑人特殊身份的材料要仔细辨明真伪。

③对达到刑事责任年龄的犯罪嫌疑人,承办人还需对犯罪嫌疑人是否具有刑事责任能力、有无不适宜羁押的情况进行审查。根据犯罪嫌疑人的言行、思维状况,判定犯罪嫌疑人是否系可能的精神病患者;通过对犯罪嫌疑人身体状况及女性犯罪嫌疑人的审查,判断犯罪嫌疑人是否存在不宜羁押的严重疾病或者是在怀孕、哺乳自己婴儿的妇女等特殊情况。

基于对主体证据的审查和判断,当行为人达到相应的刑事责任年龄,具有刑事责任能力,不存在不适宜羁押的特殊情形,我们可以判断已符合逮捕对主体的证据要求。

(2) 主观方面证据的审查判断

①明确刑法对涉案罪名主观的具体规定是故意还是过失,如不存在故意或过失,是否属于意外事件,是否属于正当防卫或者紧急避险。

②查明犯罪嫌疑人主观方面的内容是故意还是过失,要注意有些犯罪只能由故意构成,有些犯罪只能由过失构成,不能混淆。

③注意刑法分则规定有的故意犯罪须同时具有的目的要件,即刑法对某些犯罪规定犯罪嫌疑人主观上除了具有故意外,还必须同时具备目的要件。如合同诈骗罪,法律规定必须以"非法占有为目的"为其必备要件;否则,主观上虽有故意,但不是以非法占有为目的,就不构成合同诈骗罪。

④注意对主观"明知"的审查。刑法对部分罪名规定其主观必须是

"明知"，如行为人否认自己明知，则应当查明其辩解是否合乎逻辑或情理。承办人可以充分利用犯罪嫌疑人前后自相矛盾的供述、不合常理的解释，从中发现端倪。同时，还可以充分运用其他间接证据来证明犯罪嫌疑人是否明知。

⑤注意共同犯罪的主观内容。如果是共同犯罪，各犯罪嫌疑人主观上必须具有共同的犯罪故意，即对共同实施犯罪行为的性质以及危害结果存在共识，并且各共同犯罪人希望危害结果的发生。承办人尤其要注意存在策划、预备、实行、帮助不同分工的共同犯罪，这种情况必须经事先通谋；无事先通谋的，不构成共同犯罪，分别以各犯罪嫌疑人的行为单独认定犯罪。

（3）客观方面证据的审查判断

犯罪嫌疑人承担刑事责任的依据主要是犯罪嫌疑人在客观上实施的危害社会的行为，并且造成的危害社会的结果。对客观方面证据的审查判断主要包括：

①犯罪行为是否是犯罪嫌疑人所为，可以从犯罪嫌疑人有无作案时间、有无实施该种犯罪的能力等进行审查。

②危害社会的结果是否已达到刑法入罪的要求。针对不同的罪名，法律及司法解释规定了相应的入罪数额或情节上的标准，承办人要依这些标准对具体案件进行判断。如数额犯，法律要求必须达到法定的犯罪金额，否则不构成该罪。

③犯罪嫌疑人实施的危害社会的行为与危害结果之间是否存在刑法上的因果关系。假如危害行为不是危害结果发生的直接原因，行为与结果之间仅仅是事实上的因果关系，就不能要求行为人承担刑事责任。

（4）客体方面证据的审查判断

犯罪客体揭示了犯罪危害社会的本质。在刑法理论上按照犯罪行为侵犯社会关系范围大小的不同，将犯罪客体分为一般客体、同类客体和直接客体三个层次。它们之间是一般与特殊、共性与个性的关系。任何一种犯罪都必须同时具备一般客体、同类客体和直接客体。承办人在分析某一危害行为时，首先要分析该行为是否侵犯了犯罪的一般客体。如果该行为侵犯了一般客体，说明该行为具有严重的社会危害性，就是犯罪行为；反之，则不是犯罪行为。在确定了行为的犯罪性质后，要进一步分析该行为是侵犯了哪一类客体，属哪一类的犯罪。这是确定该行为侵犯同类客体的过程。最后，还要分析该行为侵犯了哪一类直接客体，根据犯罪直接客体的内容，再去确定具体犯罪的罪名。

经审查，承办人只有对同时具备犯罪构成的四要件，符合《刑事诉讼法》第79条规定的逮捕条件的犯罪嫌疑人，才能依法作出逮捕的决定。否则，缺少任何一个犯罪构成要件，对犯罪嫌疑人都只能作出不批准逮捕或不予逮捕的决定。

6. 审查批捕阶段对疑罪的处理

审查批捕阶段的疑罪是指审查逮捕时，犯罪嫌疑人构罪的证据材料既得不到充分证实，也得不到充分证明其存伪。《刑事诉讼法》第12条规定："未经人民法院依法判决，对任何人都不得确定有罪。"对疑罪，承办人可分情况建议采取不同的方式处理：一是附条件逮捕。这种情况主要是承办人通过审查全案证据材料，认为犯罪嫌疑人的行为已基本构成犯罪，并且可以通过进一步的侦查能够收集到定案证据。这种情况下，承办人必须加强对案件的引导侦查取证。关于附条件逮捕详见本章第四节内容。二是不批准逮捕或不予逮捕。这种情况主要是承办人经审查全案，认为进一步侦查取得证据排除疑点的可能性小，此时，不宜批准逮捕或者决定逮捕。

7. 对非法证据的处理

详见第三章第四节有关非法证据排除的内容。

8. 案件事实的审查和判断

承办人完成了对逮捕案件证据的审查和判断后，还要根据审查认定的证据重组案件事实。对重组后的案件事实，承办人要进行如下判断：

（1）犯罪嫌疑人的行为是否构成犯罪；

（2）侦查机关认定的犯罪嫌疑人所犯罪行的性质、涉及刑法分则所规定的罪名及适用法律条款是否正确；

（3）犯罪嫌疑人是否符合逮捕的条件；

（4）有无遗漏应当逮捕的共同犯罪嫌疑人或其他犯罪事实。承办人如认为遗漏应当逮捕的犯罪嫌疑人或其他犯罪事实的，应建议公安机关提请批准（报请审查）逮捕或补充侦查，在防止错捕的同时防止漏捕，从而保证审查逮捕工作质量。

三、听取辩护律师意见

（一）相关法律规定

《刑事诉讼法》第79条对逮捕犯罪嫌疑人、被告人所必备的三个条件，即本章第一节所阐述的"证据要件"、"罪行要件"和"社会危险性要件"，进行了明确的规定。特别是"社会危险性"这一要件，清楚地表明了逮捕措施只能在为了保证诉讼顺利进行不得不用时才能决定适用。过去，我们的审查批捕结论往往是在听取了侦查机关（部门）单方面的意见就作出的。作为一种司法审查结论,在没有听取辩护律师意见,有的甚至连被逮捕人的意见和申辩都没有听取就断然作出,显然不利于对犯罪嫌疑人权利的保护,也与犯罪嫌疑人权利保护的国际规则不相符。为了最大限度地保护犯罪嫌疑人的合法权利,刑事诉讼法对检察机关在办理刑事案件过程中,在审查逮捕环节,对于听取辩护律师意见,作出了明确的规定。

《刑事诉讼法》第86条第2款规定:"人民检察院审查批准逮捕,可以询问证人等诉讼参与人,听取辩护律师的意见;辩护律师提出要求的,应当听取辩护律师的意见。"第170条规定:"人民检察院审查案件,应当讯问犯罪嫌疑人,听取辩护人、被害人及其诉讼代理人的意见,并记录在案。辩护人、被害人及其诉讼代理人提出书面意见的,应当附卷。"第269条第1款规定:"对未成年犯罪嫌疑人、被告人应当严格限制适用逮捕措施。人民检察院审查批准逮捕和人民法院决定逮捕,应当讯问未成年犯罪嫌疑人、被告人,听取辩护律师的意见。"最高人民法院颁布的《关于执行〈中华人民共和国刑事诉讼法〉若干问题的解释》、《律师法》相关规定,以及最高人民检察院颁布的《人民检察院刑事诉讼规则(试行)》、《关于检察工作中防止和纠正超期羁押的若干规定》、《关于人民检察院保障律师在刑事诉讼中依法执业的规定》等规范性文件,对听取律师意见作出了更加详细的规定。

(二)制度设置的意义

审查批捕听取辩护律师意见制度的实施不仅可以使检察机关作出审查批捕结论的依据更全面、更科学,审查批捕案件的质量更高,还可以避免大量无羁押必要的人被较长时间监禁、减少错捕,有利于充分实现对犯罪嫌疑人人权的保护。由于律师具备专门的法律知识,对犯罪嫌疑人是否涉嫌犯罪、有无社会危险性、侦查取证活动是否违法等能够从不同于侦查机关的角度提出专业性意见,特别是刑事诉讼法明确了律师在侦查阶段的辩护人身份并完善了相应的诉讼权利,为律师发挥辩护作用提供了更大的空间,因此,检察机关审查逮捕时听取辩护律师意见,就显得尤为重要。刑事诉讼法的上述规定,既有对检察机关"可以听取"的授权规定,为检察机关根据案件具体情况决定是否听取律师意见提供了可能性,又有在特定情况下"应当听取"的义务要求,以充分发挥律师在审查逮捕阶段的辩护作用,充分体现了尊重和保障人权的精神。

(三)程序设置

关于在审查批捕环节听取辩护律师意见制度的具体操作规程,如怎样启动程序、律师提出意见的形式和内容、向谁提出、由谁受理、对律师意见的处理程序、是否反馈意见、如何反馈等问题,《刑事诉讼法》、《律师法》和《人民检察院刑事诉讼规则(试行)》均没有具体规定,司法实践对此也处于探索阶段。根据《刑事诉讼法》和《人民检察院刑事诉讼规则（试行）》对制度的框架性要求，结合检察机关侦查监督工作实际，以及各地检察机关的一些经验做法，我们建议对该项制度的程序设置作以下建构：

1. 程序的启动

检察机关案件管理部门或者侦查监督部门内勤，在收到公安机关提请批准逮捕（或者下级人民检察院报请，本院侦查部门、公诉部门移送审查逮捕）的案件后，及时查阅案卷材料，如果发现案卷材料里有律师会见函或者委托书之类的书面材料则表明犯罪嫌疑人已经聘请了律师，案件管理部门或者侦查监督部门内勤应当及时通知律师案件已进入审查批捕环节，并告知律师有提出律师意见的权利。按照相关规定，犯罪嫌疑人已聘请律师的材料应附卷。因此，如果检察机关的相关工作人员没有在案卷内发现这样的材料，就说明犯罪嫌疑人没有聘请律师，也不需要再专门向侦查机关核实。

2. 律师意见的提出

律师在得知案件进入审查批捕环节后，有权决定是否提出律师意见。决定提出的，应当及时告知检察机关案件管理部门（或者侦查监督部门内勤），并在审查逮捕期限内提出律师意见。实践中有的律师通过其他途径（如公安机关的有关职能部门或者案件承办人员）了解到案件将向检察机关提请批捕，而在检察机关收到案件之前或者检察机关收到案件但还未通知律师之前就向检察机关提出了律师意见。对于前一种情况，我们认为检察机关应当拒受，因为这起码违背了"先有控后有辩"这一基本诉讼规律；对于后一种情况应当允许，因为既然是律师的一项权利，无论是以主动方式还是以被动方式都可以行使，只要在规定的时间范围内以规定的方式进行都不违反程序。

关于律师意见提出的形式，实践中有书面形式也有口头形式提出。为了保证律师意见提出的严肃性和规范性，我们建议采用书面形式提出。对于确实需要以口头形式当面与检察机关交换意见，且检察机关同意的，检察机关应派出至少两名检察工作人员，在规定的会见地点听取律师意见，并制作专门的《听取辩护律师意见笔录》，将会见参与人姓名、人数、会见时间、会见地点、律师意见等内容作为必填项，使会见内容和会见程序规范化，保证实现"无理隔离"。

关于律师意见的内容，律师可以就犯罪嫌疑人是否涉嫌犯罪、涉嫌犯罪的证据是否确实充分、有无社会危险性、有无逮捕必要、侦查取证活动是否合法以及法律适用等方面的问题提出意见和建议，并说明理由和法律依据。

3. 对律师意见的审查

律师意见由检察机关案件管理部门或者侦查监督部门内勤签收，签收后交案件承办人。案件承办人就律师意见与案件一并审查,并将律师意见内容详细记入《审查逮捕意见书》,然后结合具体案件事实和证据,对律师提出的主张和理由逐一分析,最后提出是否采纳的处理意见。对于律师意见,无论采纳与否承办人都应当阐述理由。承办人对案件和律师意见提出处理意见和理由后,再按照前面所述的内部工作程序,逐级审批。部门负责人或者主办检察官在审批案件的同时对律师意见一并审核,并提出处理意见,如果不同意承办人的意见,应当阐述理由,最后交分管检察长批示。分管检察长可以直接对承办人和部门负责人意见进行批示,如果认为有必要,也可以提交检察委员会讨论。

4. 对律师意见的采纳

对于律师意见,检察机关经案件承办人审查、分析,部门集体讨论,最终由检察长或者检察委员会作出是否采纳的决定,并在案件审结之日将意见的采纳情况以书面形式反馈给律师。我们认为,反馈意见以书面形式作出,以充分体现检察机关作出决定的严肃性、权威性和规范性。当然,对于律师意见的采纳,可以是全部采纳也可以是部分采纳,可以是证据、理由、意见同时采纳,也可以只是其中之一,这些检察机关都应该在反馈意见中注明,但不需要说明理由。因为,如果要说明理由,那么必然要对案件事实、证据或者犯罪的主客观方面进行分析,也就等于主动向律师暴露案件事实和证据,这是违反刑事诉讼法和检察官法有关规定的;其次,审查批捕时案件尚处于侦查工作的前期,大量的事实待查,过多披露案情可能影响侦查工作的正常进行。

四、追捕的程序和方法

追捕又叫纠正漏捕,或者建议提请批准逮捕、直接决定逮捕,是检察机关根据现有案件证据材料对侦查机关应提捕而未提捕的犯罪嫌疑人,建议侦查机关提捕;在侦查机关不能提出不报捕的充分理由时,检察机关可以直接作出逮捕决定,送达侦查机关执行的一种监督活动。《刑事诉讼法》第94条规定:"人民法院、人民检察院和公安机关如果发现对犯罪嫌疑人、被告人采取强制措施不当的,应当及时撤销或者变更。"《刑事诉讼法》的这一规定就是追捕的法律依据所在。《人民检察院刑事诉讼规则(试行)》第321条、第335条和第346条也正是依据刑事诉讼法的这一规定明确了对追捕的相关规定。这是法律赋予检察机关的一项重要职权,也是检察机关防止遗漏犯罪嫌疑人,确保刑事诉讼顺利进行的有效措施。

(一)追捕的审查和判断

审查批捕中,检察机关如发现应当逮捕,而公安机关未提请批准逮捕犯罪嫌疑人的,应当建议公安机关提请批准逮捕;如公安机关不提请批准逮捕的理由不能成立的,检察机关也可以直接作出逮捕决定,送达公安机关执行。

对应当逮捕而下级人民检察院未报请上一级人民检察院逮捕犯罪嫌疑人的,上一级人民检察院侦查监督部门应当通知下级人民检察院报请逮捕犯罪嫌疑人。下级人民检察院如果不同意,应当说明理由;如果理由不成立,上一级人民检察院可以作出逮捕决定。

对应当逮捕而本院侦查部门未移送审查逮捕犯罪嫌疑人的,本院侦查监督部门应当向侦查部门提出移送审查逮捕犯罪嫌疑人的建议。如建议不被采纳,侦查监督部门可以报请检察长提交检察委员会决定。

(二) 决定的作出

《人民检察院刑事诉讼规则(试行)》第321条规定:"人民检察院办理审查逮捕案件,发现应当逮捕而公安机关未提请批准逮捕的犯罪嫌疑人的,应当建议公安机关提请批准逮捕。如果公安机关仍不提请批准逮捕或者不提请批准逮捕的理由不能成立的,人民检察院也可以直接作出逮捕决定,送达公安机关执行。"

该条规定表明,侦查监督部门的承办人审查逮捕案件,在审查公安机关提请批准逮捕的犯罪嫌疑人是否符合《刑事诉讼法》第79条规定的逮捕条件的同时,还要审查公安机关未提请批准逮捕的涉案人员以及在提请批准逮捕意见书上注明"在逃"、"另行处理"的人员是否应当逮捕。如发现应当逮捕而公安机关未提请逮捕犯罪嫌疑人的,首先应当建议公安机关提请批准逮捕,如公安机关不提请逮捕的理由不能成立,或者建议提请逮捕的意见未被采纳的,检察机关可直接作出逮捕的决定。

《人民检察院刑事诉讼规则(试行)》第335条规定:"对应当逮捕而下级人民检察院未报请逮捕的犯罪嫌疑人,上一级人民检察院应当通知下级人民检察院报请逮捕犯罪嫌疑人。下级人民检察院不同意报请逮捕犯罪嫌疑人的,应当说明理由。经审查理由不成立的,上一级人民检察院可以依法作出逮捕决定。"第346条规定:"对应当逮捕而本院侦查部门未移送审查逮捕的犯罪嫌疑人,侦查监督部门应当向侦查部门提出移送审查逮捕犯罪嫌疑人的建议。如果建议不被采纳,侦查监督部门可以报请检察长提交检察委员会决定。"上述规定表明,上一级人民检察院对下级人民检察院应当逮捕而未报请逮捕犯罪嫌疑人的,以及同一检察机关内部侦查监督部门对应当逮捕而侦查部门未移送审查逮捕犯罪嫌疑人的,均具有监督权。

检察机关侦查监督部门在建议侦查机关提请批准逮捕、报请审查逮捕或移送审查逮捕时,应制作《应当逮捕犯罪嫌疑人意见书》。

五、备案审查的程序与方法

（一）备案审查的概念

备案审查制度是最高人民检察院制定的《人民检察院刑事诉讼规则（试行）》中规定的一项制度。所谓备案审查，是指上级人民检察院通过对下级人民检察院办理的审查批准、决定逮捕犯罪嫌疑人案件的备案材料的审查，及时了解下级人民检察院审查批准、决定逮捕工作情况，发现和纠正错捕和漏捕问题，确保办案质量，进行业务指导的一项工作制度。

当然，备案审查制度是最高人民检察院为了保障检察机关内部的监督与制约，实现上级人民检察院领导下级人民检察院工作这一组织原则而作出的专门性规定。这项规定对于上级人民检察院开展对下级人民检察院的业务指导，督促检查工作，及时发现问题，促进规范执法，提高案件质量等，都起到行之有效的作用。据此，重庆市人民检察院于2011年7月制定的《重庆市检察机关检察业务工作手册》第七章第一节对备案审查的范围、内容、程序和方法进行了专门的规范。

（二）备案审查的范围

《人民检察院刑事诉讼规则（试行）》第312条第3款规定："外国人、无国籍人涉嫌本条第一款规定以外的其他犯罪案件（第1款规定的即危害国家安全犯罪的案件或者涉及国与国之间政治、外交关系的案件以及在适用法律上确有疑难的案件），决定批准逮捕的人民检察院应当在作出批准逮捕后四十八小时以内报上一级人民检察院备案，同时向同级人民政府外事部门通报。上一级人民检察院对备案材料经审查发现错误的，应当依法及时纠正。"第313条规定："人民检察院办理审查逮捕的危害国家安全的案件，应当报上一级人民检察院备案。上一级人民检察院对报送的备案材料经审查发现错误的，应当依法及时纠正。"根据上述规定，需要备案审查的案件主要有以下两类：一是批准逮捕的涉外案件；二是审查逮捕的危害国家安全的案件。其中前一类仅限于批准逮捕的案件，未批准逮捕的案件不需要备案审查，而后一类则包括了逮捕和不逮捕的案件。

（三）备案审查的程序

1. 审查的权限

根据《刑事诉讼法》有关案件管辖的原则及和管辖权的具体规定，以及《人民检察院刑事诉讼规则（试行）》的相关规定，备案审查的案件因性质不同，其审查权限也不相同。

（1）对于外国人、无国籍人涉嫌危害国家安全犯罪的案件或者涉及国与国之间政治、外交关系的案件以及在适用法律上确有疑难案件以外的案件（以下简称涉外案件），其备案审查权在作出批准逮捕决定的上一级人民检察院。当然，由最高人民检察院自行审查批准逮捕的涉外案件也就不存在检察机关内部上报备查的问题。

（2）对于危害国家安全的案件，因由中级以上（含中级）人民检察院管辖，其备案审查由上一级人民检察院负责，也即省级以上（含省级）人民检察院才能对此类案件行使备查权。

2. 审查的内容和方法

有备案审查权限的人民检察院，首先，应当审查备案材料是否在规定的时限内报送，报送的材料是否齐备。根据相关规定，报送的备案材料应当包括：(1)《提请批准逮捕书》或《报请逮捕书》、《逮捕犯罪嫌疑人意见书》；(2)《审查逮捕案件意见书》；(3)《批准逮捕决定书》（《逮捕决定书》）或者《不批准逮捕决定书》（《不予逮捕决定书》）；(4)《审查逮捕案件备案报告书》（涉外案件为《批准逮捕外国籍犯罪嫌疑人备案报告书》）。其次，应当指定专人对上述备案材料进行审查，并填写《逮捕案件备案审查表》，提出是否同意下级人民检察院决定的审查意见，报部门负责人审批。经审查，如果发现下级人民检察院作出的决定有错误，应当在报经检察长或者检察委员会决定后，书面通知下级人民检察院纠正，或者由上一级人民检察院直接作出相关决定，通知下级人民检察院执行。

第三节　对特殊犯罪嫌疑人的审查逮捕

本节所指特殊犯罪嫌疑人，系外国籍、无国籍的犯罪嫌疑人，具有人大代表、政协委员身份的犯罪嫌疑人，军内犯罪嫌疑人和未成年犯罪嫌疑人四类犯罪嫌疑人。特殊犯罪嫌疑人的审查逮捕是指由于提请审查逮捕的犯罪嫌疑人身份的特殊性，依照法律的有关规定，应当按照特殊的程序进行审查，才能作出逮捕或不予逮捕的决定。

一、对外国籍、无国籍犯罪嫌疑人的审查逮捕

国籍是确定公民资格的唯一条件，是一个人属于某国公民的一种法律上的身份。在国际公法上，国籍是国家对本国公民予以管辖和保护的凭证。按照国际公法的原则，国籍是一个国家的国内管辖事项。我国检察机关要对犯罪嫌疑人适用特殊的审查逮捕程序，必须根据我国有关国籍的规定对犯罪嫌疑人的外

国籍、无国籍予以审查、认定。

1980年9月10日第五届全国人民代表大会第三次会议通过的《中华人民共和国国籍法》(以下简称《国籍法》),在赋予原始国籍上采取血统主义和出生地主义相结合原则,也就是以血统主义为主、以出生地主义为辅的原则。血统主义原则,是指父母双方为中国公民的,子女不论出生在中国或外国都具有中国国籍。出生地主义原则,是指父母无国籍或国籍不明但定居在中国、本人出生在中国的,具有中国国籍。中国不承认中国公民具有双重国籍,如外国人被批准加入中国国籍,或曾有过中国国籍的外国人被批准恢复中国国籍,不得再保留外国国籍。

根据《国籍法》的规定,公民具有以下几种情形之一的,将自动丧失中国国籍或不具有中国国籍:

1. 父母双方或一方为定居在外国的中国公民,本人出生时,按照出生地国法律自动具有外国国籍的,不具有中国国籍。

2. 定居外国的中国公民,自愿加入或取得外国国籍的,即自动丧失中国国籍。

3. 中国公民申请退出中国国籍获得批准的,即丧失中国国籍。

4. 父母只有一方具有中国国籍,另一方依照其本国法律规定其所生子女不论出生地在任何国家境内,本人出生时即具有该国国籍的,本人不具有中国国籍。

(一) 对外国籍、无国籍犯罪嫌疑人身份的审查

对外国籍、无国籍犯罪嫌疑人身份的判断,最高人民法院《关于适用〈中华人民共和国刑事诉讼法〉的解释》第394条规定:"外国人的国籍,根据其入境时的有效证件确认;国籍不明的,根据公安机关或者有关国家驻华使、领馆出具的证明确认。国籍无法查明的,以无国籍人对待,适用本章有关规定,在裁判文书中写明'国籍不明。'"《公安机关办理刑事案件程序规定》第347条也规定:"外国籍犯罪嫌疑人的国籍,以其在入境时持用的有效证件予以确认;国籍不明的,由出入境管理部门协助予以查明。国籍确实无法查明的,以无国籍人对待。"因此,结合《国籍法》的有关规定,检察机关对于需要确认外国籍犯罪嫌疑人身份的,应当按照我国与该犯罪嫌疑人所称的国籍国签订的有关司法协助条约、国际公约的规定,或者通过外交途径、国际刑警组织渠道查明其身份。

检察机关在审查犯罪嫌疑人是否具有外国籍、无国籍时,同时结合《国籍法》的有关规定,区别不同情况予以确认:

1. 犯罪嫌疑人持有合法有效的外国护照或身份证明的,按其所持护照或

证明认定其为具有某国国籍的外国人。

2. 犯罪嫌疑人持有多国护照的,以其入境时使用的护照所记载的国籍为其国籍。

3. 犯罪嫌疑人既持有有效的外国护照,同时又持有中国护照或居民身份证的,如果其取得中国护照或居民身份证的时间在取得外国护照的时间之后,按照《国籍法》的规定,外国人经批准取得中国国籍后,不得保留外国国籍,按中国公民对待。如果其取得中国护照或居民身份证的时间在取得外国护照的时间之前,按照《国籍法》的规定,中国公民取得外国国籍时自动丧失中国国籍,按其取得的外国国籍认定其外国人身份。

4. 犯罪嫌疑人持有的外国护照、身份证明,经查证有伪造、涂改或系非法购买的,对护照、证明上记载的国籍不予认定。如果确实无法查清或者有关国家拒绝协助的,只要有证据证明有犯罪事实,可以按照犯罪嫌疑人自报的姓名提请人民检察院批准逮捕。侦查终结后,对于犯罪事实清楚、证据确实、充分的,也可以按其自报的姓名移送人民检察院审查起诉。此时,对具有明显外国人生理特征,犯罪嫌疑人又不能提供其他真实有效的护照、证明的,以无国籍人论。对具有明显中国人生理特征的,参照《刑事诉讼法》第 158 条的规定,按不讲真实姓名、住址,身份不明的中国公民对待。

(二)我国刑事法对外国籍、无国籍犯罪嫌疑人的管辖权

1. 我国刑事法对外国籍、无国籍犯罪嫌疑人的空间管辖权

《刑法》第 6 条至第 11 条对空间管辖权作了全面系统的规定。根据这些规定,我国刑法在空间管辖上采取的是以属地管辖原则为主,以属人管辖原则、保护管辖原则和普遍管辖原则为补充。我国刑法对外国籍、无国籍犯罪嫌疑人的空间管辖主要有以下几种情形:

(1)根据属地管辖原则,凡是在中华人民共和国领域内犯罪的外国籍、无国籍犯罪嫌疑人,除法律有特别规定的,一律适用我国刑法。

《刑法》第 6 条第 1 款规定:"凡在中华人民共和国领域内犯罪的,除法律有特别规定的以外,都适用本法。"该款即是我国刑法空间效力的属地管辖原则。基于主权原则所产生的刑事案件的属地管辖原则,我国司法机关对处于我国领域内的所有外国籍、无国籍犯罪嫌疑人(除法律有特别规定外)都享有刑事案件管辖权。这里的"领域"是指我国主权所及的全部区域。其具体范围主要包括:

①领陆。领陆是我国领域的最主要的组成部分,它是指我国国境线以内的陆地及其地下层。《中华人民共和国领海及毗连区法》第 2 条第 2 款规定:"中华人民共和国的陆地领土包括中华人民共和国大陆及其沿海岛屿、台湾及

其包括钓鱼岛在内的附属各岛、澎湖列岛、东沙群岛、西沙群岛、中沙群岛、南沙群岛以及其他一切属于中华人民共和国的岛屿。"

②领水。领水包括内水和领海。内水系我国国境内的江、河、湖泊、内海及与他国之间的界河的一部分。界河通常是以河流中心或主航道中心线为界。领海系根据国际公法的惯例,滨海国家所享有的沿岸一定宽度的海水域。《中华人民共和国领海及毗连区法》第3条第1款明确规定:"中华人民共和国领海的宽度从海基线量起为12海里。"

③领空。领空是指我国领陆和领水之上的空间。一般认为,一个国家的领空只及于空气空间,不包括该国领陆和领水之上的外层空间。

④我国的船舶和航空器。这是我国刑法拟制的领土,是为了从法律上解决刑事管辖权问题所作的一种假设。根据国际惯例,一国在悬挂其国旗的船舶和航空器内享有主权。因此,凡是悬挂着我国国旗的船舶和航空器,不论是军用的,还是民用的;不论是处于航行途中的,还是处于停泊、停飞状态的;不论是航行于外国领海或领空的,还是航行于公海或公海上空的;不论是停泊、降落于我国的港口和机场,还是停泊、降落于外国的港口和机场,外国人、无国籍犯罪嫌疑人在其内的犯罪都是在我国领域内犯罪,均适用我国刑法,我国司法机关对该外国人、无国籍人的犯罪行为享有管辖权。

我国属地管辖原则中"法律有特别规定的",是指《刑法》第11条的特别规定,即享有外交特权和豁免权的外国人的刑事责任,通过外交途径解决。这条特别规定并不意味着享有外交特权和豁免权的外国人在我国境内不受我国刑法约束,它只表明对此类外国人在我国领域内犯罪以后的刑事责任以特殊方式处理。根据国际惯例和国家间平等互利的原则,对享有外交特权和豁免权的外国犯罪嫌疑人,只能由我国政府要求其派遣国召回,或者建议其派遣国依法处理,或者宣布其为不受欢迎的人,限期离境。

(2) 我国对外国籍、无国籍人在我国领域外对我国国家或公民的犯罪享有限制的刑事管辖权。

作为属地管辖原则的补充,我国《刑法》第8条规定了保护管辖原则,即"外国人在中华人民共和国领域外对中华人民共和国国家或者公民犯罪,而按本法规定的最低刑为3年以上有期徒刑的,可以适用本法,但是按照犯罪地的法律不受处罚的除外。"根据该条规定,外国籍、无国籍人在我国领域外犯罪,必须符合以下三个条件方能适用我国刑法:一是所实施的犯罪必须是针对我国国家或者公民,即侵害了我国的利益,这是前提条件;二是依照我国刑法的规定,其所犯之罪的最低刑为3年以上有期徒刑,这是对罪行轻重的限制;三是其行为不仅触犯了我国刑法,而且按照犯罪地的法律也要构成犯罪,这是双重犯罪限制条件。如果犯罪地法律不认为是犯罪，就不能适用我国刑法。虽然现有的司法实践尚未有行使该条保护管辖权的先例，但如果外国籍、无国籍人在我国领域外对我国国家利益和公民的利益进行侵害，我国即可依法行使管辖权。

（3）我国对外国籍、无国籍人的国际犯罪实行有限制的普遍管辖权。

作为属地管辖原则的又一补充，《刑法》第9条规定了普遍管辖原则，即"对于中华人民共和国缔结或者参加的国际条约所规定的罪行，中华人民共和国在所承担条约义务的范围内行使刑事管辖权的，适用本法。"根据该条的规定，我国要对外国籍、无国籍人在我国领域外实施的犯罪行为行使刑事管辖权，只有同时符合三个条件，不论该犯罪行为发生在哪个国家的领域，也不论该犯罪侵害的是哪个国家的利益，我国司法机关均享有普遍的刑事管辖权。一旦外国籍、无国籍犯罪嫌疑人进入我国境内，除依照我国缔结或参加的国际条约或者双边条约实行引渡的以外，都可以适用我国刑法，追究其相应刑事责任。这三个条件为：一是行为人所犯之罪为性质严重的危害国际社会整体利益的犯罪。这是适用普遍原则的前提。二是我国系规定该国际犯罪的国际条约之缔约国或参加国。根据我国缔结或参加的国际条约，我国承担了制裁灭绝种族罪、劫持航空器罪、劫持人质罪、海盗罪、反和平罪、反人道罪、战争罪、非法使用武器罪和走私、贩卖、运输、制造毒品罪等国际犯罪的义务。三是对该罪行行使刑事管辖权是在我国所承担条约义务的范围内，不包括我国声明保留的义务。

（4）我国刑法对外国籍、无国籍犯罪嫌疑人在我国领域外犯罪的例外规定。

我国刑法对外国籍、无国籍犯罪嫌疑人在我国领域外犯罪的空间效力，这里还有一个问题需要引起注意。即外国籍、无国籍犯罪嫌疑人在我国领域外犯罪后，已经受到了犯罪地国家的刑罚处罚的，是否还能适用我国刑法追究其刑事责任？这涉及我国刑法中的一项例外规定。针对这种情况，《刑法》第10条明确规定："凡在中华人民共和国领域外犯罪，依照本法应当负刑事责任的，虽然经过外国审判，仍然可以依照本法追究，但是在外国已经受过刑罚处罚的，可以免除或者减轻处罚。"这一规定表明，作为一个独立自主的主权国家，我国拥有独立的刑事管辖权，不受外国法院判决的约束。即使犯罪分子在外国已经就同一犯罪执行了刑罚，我国司法机关仍可适用我国刑法再行审判，只是考虑到已经受过处罚的实际情况，可以免除或者减轻其处罚。如此规定既维护了我国的主权，又合情合理，体现了原则性与灵活性的统一。

2. 外国人、无国籍人犯罪案件的管辖分工

我国刑法对外国籍、无国籍犯罪嫌疑人的空间管辖，解决的是我国对外国籍、无国籍犯罪嫌疑人的刑事管辖权问题。根据我国《刑事诉讼法》的规定，在我国对外国籍、无国籍犯罪嫌疑人拥有刑事管辖权的前提下，我们还要解决一个级别管辖的问题，即应该由哪一级的司法机关代表国家启动、运转刑事诉讼程序对外国籍、无国籍犯罪嫌疑人进行刑事追究。

根据1996年《刑事诉讼法》第20条的规定，外国人犯罪的刑事案件一律由中级人民法院审理。随着改革开放的深入和发展，中外交流日益频繁。外国人来华人数、次数越来越多，外国人在中国犯罪的发案数量也在急剧增加。将外国人犯罪案件，无论轻重，一律交由中级人民法院一审，令一些地方的中级人民法院感到"力不从心"。随着基层人民法院审判能力逐步加强，基层人民法院有能力审理外国人犯罪案件。因此，修改后的《刑事诉讼法》取消了外国人犯罪案件由中级人民法院审理的规定。最高人民法院《关于适用〈中华人民共和国刑事诉讼法〉的解释》第393条规定："第一审涉外刑事案件，除刑事诉讼法第二十条至第二十二条规定的以外，由基层人民法院管辖。必要时，中级人民法院可以指定辖区内若干基层人民法院集中管辖第一审涉外刑事案件，也可以依照刑事诉讼法第二十三条的规定，审理基层人民法院管辖的第一审涉外刑事案件。"与审判管辖相对应，对外国籍、无国籍犯罪嫌疑人的审查逮捕案件应由基层人民检察院或者分、州、市人民检察院办理。

(三) 办理外国籍、无国籍犯罪嫌疑人案件的审查程序

办理外国籍、无国籍犯罪嫌疑人案件的审查程序，按照本章第二节"审查逮捕的程序和方法"的有关规定处理。但是，由于犯罪嫌疑人身份的特殊性，本节就在审查外国籍、无国籍犯罪嫌疑人犯罪案件中需要特别注意的事项进行阐述。

1. 案件的受理

检察机关侦查监督部门受理侦查机关移送的涉及外国籍、无国籍犯罪嫌疑人的案件时要注意以下几点：

首先，应查明立案侦查的机关和提请批准逮捕的机关是否符合《刑事诉讼法》有关管辖的规定。

其次，经审查案件提请批准逮捕的机关合法后，还应查明涉案的外国籍犯罪嫌疑人是否享有外交特权和豁免权。因为我国《刑法》第11条规定了享有外交特权和豁免权的外国人的刑事责任通过外交途径解决，《刑事诉讼法》第16条也规定了享有外交特权和豁免权的外国人犯罪应当追究刑事责任的，通过外交途径解决。因此，一旦查明外国籍犯罪嫌疑人享有外交特权和豁免权，

只能由有权机关通过外交途径来解决。

根据1986年9月5日《中华人民共和国外交特权与豁免条例》、1990年10月30日《中华人民共和国领事特权与豁免条例》、《维也纳外交关系公约》和《维也纳领事关系公约》，享有外交特权、豁免权的外国籍人主要包括以下人员：各国驻我国的大使、公使、代办、参赞、武官、三等以上秘书、使馆行政技术人员以及与他们共同生活的配偶及未成年子女；应邀来我国访问的外国国家元首、政府首脑、外交部长及其他具有同等身份的官员；各国驻我国的领事代表和其他领事馆人员；根据与我国签订的条约或协定而享有一定外交特权与豁免权的商务代表；途经或临时留在我国境内的各国驻第三国的外交官；各国派来我国参加会议的代表；各国政府派来我国的高级官员等。

最后，经审查外国籍犯罪嫌疑人不享有外交特权和豁免权后，还应查明涉案犯罪嫌疑人的具体国籍、案由、关押的场所、采取的强制措施种类等，并同时报告上一级人民检察院侦查监督部门。

2. 提前介入、引导取证

依照最高人民检察院《关于人民检察院审查批准逮捕外国籍犯罪嫌疑人程序的规定》第7条的规定，检察机关要加强与公安机关的配合，适时介入公安机关的侦查活动，熟悉案情，做好审查批准逮捕的准备工作。

3. 讯问犯罪嫌疑人

审查批准逮捕外国籍、无国籍犯罪嫌疑人应当讯问犯罪嫌疑人。讯问前，受理案件的分、州、市人民检察院应根据涉案犯罪嫌疑人的国籍和使用语种等情况，聘请好翻译人员，并将拟提审的时间提前通知上级人民检察院侦查监督部门。必要时，上级人民检察院侦查监督部门可指派承办人参与下级人民检察院的讯问。

4. 办案期限

《人民检察院刑事诉讼规则（试行）》第316条规定："对公安机关提请批准逮捕的犯罪嫌疑人，已被拘留的，人民检察院应当在收到提请批准逮捕书后的7日以内作出是否批准逮捕的决定；未被拘留的，应当在收到提请批准逮捕书后的15日以内作出是否批准逮捕的决定，重大、复杂的案件，不得超过20日。"因此，根据不同情况，审查逮捕外国籍、无国籍犯罪嫌疑人犯罪案件的办案期限分别为：犯罪嫌疑人已经被刑事拘留的办案时间为7天，犯罪嫌疑人未被刑事拘留的办案时间为15天。

5. 强制措施的变更

根据最高人民检察院《关于人民检察院审查批准逮捕外国籍犯罪嫌疑人程序的规定》第8条的规定，审查批准逮捕外国籍、无国籍犯罪嫌疑人，因特殊原因，不能在上述法定期限内作出决定的，受理案件的检察机关应当及时通知有关侦查机关依法改变强制措施。

6. 案件的审批及（不）批准逮捕决定的作出

根据《人民检察院刑事诉讼规则（试行）》第 312 条、《关于人民检察院审查批准逮捕外国籍犯罪嫌疑人程序的规定》、1998 年 1 月 12 日最高人民检察院《关于对危害国家安全案件批捕起诉和实行备案制度等有关事项的通知》等有关规定，人民检察院在审查逮捕外国籍、无国籍犯罪嫌疑人犯罪案件时，因案件情况的不同，审查和批准的权限不尽相同：

（1）外国籍、无国籍人涉嫌危害我国国家安全犯罪的案件，或者涉及国与国之间政治、外交关系的案件，以及在适用法律上确有疑难的案件，认为需要逮捕犯罪嫌疑人的，按照《刑事诉讼法》第 19 条、第 20 条的规定，分别由基层人民检察院或者分、州、市人民检察院审查并提出意见，层报最高人民检察院审查。

①最高人民检察院经审查认为需要逮捕的，经征求外交部意见后，作出批准逮捕的批复，经审查认为不需要逮捕的，作出不批准逮捕的批复。

②基层人民检察院或者分、州、市人民检察院根据最高人民检察院的批复，依法作出批准或者不批准逮捕的决定。批准逮捕后应立即制作《批准逮捕决定书》，送侦查机关执行。

需要注意的是，层报过程中，上级人民检察院经审查认为不需要逮捕的，应当作出不批准逮捕的批复，报送的人民检察院根据批复依法作出不批准逮捕的决定。基层人民检察院或者分、州、市人民检察院经审查认为不需要逮捕的，可以直接作出不批准逮捕的决定。

（2）外国籍、无国籍犯罪嫌疑人涉嫌除《人民检察院刑事诉讼规则（试行）》第 312 条第 1 款规定的其他犯罪的案件，决定批准逮捕的，应当在作出批准逮捕决定后 48 小时以内报上一级人民检察院备案，同时向同级人民政府外事部门通报。上一级人民检察院对备案材料经审查发现错误的，应当依法及时纠正。决定不批准逮捕的，可以直接作出不批准逮捕的决定，由基层人民检察院或者分、州、市人民检察院送侦查机关执行。

人民检察院办理审查逮捕的危害国家安全的案件，应当报上一级人民检察院备案。上一级人民检察院对报送的备案材料经审查发现错误的，应当依法及时纠正。

7. 案件的复议、复核

侦查机关对不批准逮捕外国籍、无国籍犯罪嫌疑人案件可以提请复议、复核。受理复议、复核的人民检察院按照办理普通刑事案件的复议、复核程序办理。须特别注意的是：

（1）复议。承办人经复议认为须改变原不批准逮捕决定的，应在3日内提出审查意见，按照审查批准逮捕外国籍、无国籍犯罪嫌疑人案件的特殊程序办理。

（2）复核。上一级人民检察院承办人审查侦查机关提请复核的案件后，认为需要作出变更决定的，应及时将普通审查程序变更为特殊程序办理。上一级人民检察院的检察长或检察委员会认为需要改变原决定的，由上一级人民检察院直接作出批准逮捕决定，或上报最高人民检察院审查决定。逮捕决定由上一级人民检察院通知下级人民检察院送达提请复核的侦查机关执行。

8. 材料的报送

检察机关审查批准逮捕无国籍、外国籍人犯罪案件的材料一律使用密码电传报送。

（四）对外国籍、无国籍犯罪嫌疑人共同犯罪案件的处理

对外国籍、无国籍犯罪嫌疑人参与的共同犯罪案件应当区别不同情况分别处理：

1. 涉案的犯罪嫌疑人全部为外国籍、无国籍人的案件，有两种情况：

（1）受案的基层人民检察院或者分、州、市人民检察院经审查后认为涉案的犯罪嫌疑人都不需要采取逮捕强制措施的，可以直接作出不批准逮捕决定。

（2）受案的基层人民检察院或者分、州、市人民检察院经审查后认为涉案的犯罪嫌疑人至少有一人需要批准逮捕的，应对全案犯罪嫌疑人分别提出处理意见，报上一级人民检察院审查决定。

2. 涉案的犯罪嫌疑人中部分是外国籍、无国籍人，部分是非特殊身份犯罪嫌疑人的案件，有两种情况：

（1）受案的基层人民检察院或者分、州、市人民检察院经审查后认为需要对外国人批准逮捕的，应对全案犯罪嫌疑人分别提出处理意见，层报上一级人民检察院审查决定。

（2）受案的基层人民检察院或者分、州、市人民检察院经审查后认为：对中国公民需要批准逮捕，而对外国籍、无国籍犯罪嫌疑人不需要批准逮捕的，可以直接作出对外国人不批准逮捕和对中国公民批准逮捕的决定。

3. 在办理上述共同犯罪案件中，凡涉嫌危害国家安全的案件或者涉及国与国之间政治、外交关系的案件以及在适用法律上确有疑难的案件，需要逮捕外国人的，按照《刑事诉讼法》第19条、第20条的规定，分别由基层人民检察院或者由分、州、市人民检察院审查并对全案犯罪嫌疑人提出处理意见，

层报最高人民检察院审查决定。

二、对具有人大代表、政协委员身份的犯罪嫌疑人的审查逮捕

（一）法律赋予人大代表、政协委员的权利（力）及执行职务保障

人民代表大会制度是我国的根本政治制度，政治协商制度是中国人民根据革命历史和现实国情在政治生活中创造的，是中国特色的社会主义政治制度的重要组成部分。为此，我国在刑事法律及司法实践中对涉嫌犯罪的人大代表、政协委员的拘留、逮捕作了一些特殊规定和要求。

1. 法律赋予人大代表的权利（力）及执行职务保障

（1）法律赋予人大代表的权利（力）

人民代表大会在我国的政治体制框架中居于核心地位，人大代表是在人民普选的基础上产生的，是人民权力的受托者和人民意志的表达者，是国家权力的直接行使者。根据《宪法》等法律的规定，全国和地方各级人大代表享有相当广泛的权利和权力。即人大代表在人大各种会议上的发言和表决不受法律追究；享有与会权、提案权、批评建议权、质询权、询问权、获得津贴权、视察权等。人大代表还可以向人民代表大会及其常务委员会、人民政府反映群众的意见和要求。人大代表还可以监督行政、司法部门的工作。

（2）法律赋予人大代表执行职务的保障

国家对人大代表在执行代表职务时依法赋予特殊的职务保障。根据《中华人民共和国全国人民代表大会和地方各级人民代表大会代表法》（以下简称《代表法》）第5条规定："代表依照本法的规定在本级人民代表大会会议期间的工作和在本级人民代表大会闭会期间的活动，都是执行代表职务。国家和社会为代表执行代表职务提供保障。"人大代表执行职务的保障主要有：

①言论免责。《代表法》第31条规定："代表在人民代表大会各种会议上的发言和表决，不受法律追究。"这是人大代表享有的各项职务保障权利中的一项重要内容。任何机关、单位和个人都不得引用任何法律、法规、规章来处理人大代表在国家权力机关各种会议上的发言和表决，更不能追究其法律责任。

②人身特别保护。《代表法》第32条规定："县级以上各级人民代表大会代表，非经本级人民代表大会主席团许可，在本级人民代表大会闭会期间，非经本级人民代表大会常务委员会许可，不受逮捕或刑事审判。如果因为是现行犯被拘留，执行拘留的机关应当立即向该级人民代表大会主席团或人民代表大会常务委员会报告。对县级以上各级人民代表大会代表如果要采取法律规定的其他限制人身自由的措施，应当经该级人民代表大会主席团或者人民代表大会

常务委员会许可。乡、民族乡、镇的人民代表大会代表,如果被逮捕、受刑事审判或者被采取法律规定的其他限制人身自由的措施,执行机关应当立即报告乡、民族乡、镇的人民代表大会。"

③物质帮助。《代表法》第 34 条规定:人大代表按照《代表法》第 33 条的规定执行代表职务,其所在单位按正常出勤对待,享受所在单位的工资和其他待遇。无固定工资收入的人大代表执行代表职务,根据实际情况由本级财政给予适当补贴。

④时间保障。《代表法》第 33 规定:人大代表在本级人民代表大会闭会期间,参加由本级人民代表大会或者其常务委员会安排的代表活动,代表所在单位必须给予时间保障。

⑤其他保障。《代表法》第 37 规定:县级以上人大常委会应当为人大代表执行代表职务提供服务,并采取多种方式同人大代表保持联系。第 44 条规定:对阻碍人大代表执行职务的,应根据情节给予批评教育、行政处分、治安处罚或追究刑事责任。

2. 政协委员的权利及保障

我国《宪法》规定了中国共产党领导的多党合作和政治协商制度是我国的一项基本政治制度,将长期存在和发展。中国共产党是执政党,各民主党派是参政党。政协委员是由各政党、各人民团体、社会各界经过协商、推选或特别邀请的代表人物,在国家政权体系和政治生活中占有重要的地位。对国家机关的活动依法进行民主监督是党和人民赋予政协组织和政协委员的权利。

中央明确把政协的民主监督纳入了社会主义监督体系,这是政协加强和改进民主监督工作的重要保证,也是政协委员履行职务的重要保障。

(二)对人大代表的审查逮捕程序

对人大代表的审查逮捕程序,按照本章第二节"审查逮捕的程序与方法"的有关规定办理。本节仅就需要特别注意的程序进行阐述。

1. 许可程序

我国对具有县级或者县级以上人大代表资格的犯罪嫌疑人的逮捕实行许可程序。对符合逮捕条件的县级或者县级以上人大代表,经检委会讨论后,分别制作相关文书,按照以下程序报请许可,经该代表所属人大主席团或人大常委会许可,方可作出逮捕决定。

(1)对同级人大代表逮捕时,应直接向本级人大主席团或人大常委会报请许可。报请许可由侦查机关负责。

(2)对下级人大代表逮捕时,可直接或委托该代表所属的人民代表大会同级的人民检察院向该级人大主席团或人大常委会报请许可。

（3）对上级人大代表逮捕时，应层报该代表所属的人民代表大会同级的人民检察院向该级人大主席团或人大常委会报请许可。

（4）对异地人大代表逮捕时，应委托该代表所属的人民代表大会同级的人民检察院向该级人大主席团或人大常委会报请许可。

（5）对担任两级或两级以上人大代表逮捕时，应当按照直接报请、层报报请、委托报请的程序，分别报请许可。受委托的人民检察院应当根据委托的人民检察院提供的主要犯罪事实及证据、《委托提请许可逮捕人大代表书》等材料制作《提请许可逮捕人大代表书》，向同级人大主席团或人大常委会提请许可。

2. 报告程序

我国对担任乡级人大代表的犯罪嫌疑人的逮捕实行报告程序。即人民检察院对担任乡、民族乡、镇的人大代表批准或决定逮捕后，由县级检察院向乡、民族乡、镇人民代表大会报告；如果系分、州、市及其以上人民检察院批准或决定逮捕的，应指令该代表所属县的人民检察院向该乡、民族乡、镇的人民代表大会报告。如果批准或决定逮捕的乡级人大代表系异地的，应委托该代表所属县的人民检察院向该乡、民族乡、镇的人民代表大会报告。

需注意的是，对于人民检察院立案侦查的案件，需要逮捕担任各级人民代表大会代表的犯罪嫌疑人的，下级人民检察院侦查部门应当按照规定报请许可，在获得许可后，向上一级人民检察院报请逮捕。

（三）对政协委员的审查逮捕程序

对政协委员的审查逮捕程序，按照本章第二节"审查逮捕的程序与方法"的有关规定办理。本节仅就需要特别注意的通报程序进行阐述。

为了保障政协组织充分发挥职能作用，维护各级政协委员的合法权益，调动他们参政议政的积极性，进一步做好统战工作，根据中共中央政法委员会《关于对政协委员采取刑事拘留、逮捕强制措施应向所在政协党组通报情况的通知》的规定，各级公安机关、国家安全机关、人民检察院、人民法院依法对有犯罪嫌疑的政协委员采取刑事拘留、逮捕强制措施前，应向该委员所在的政协党组通报情况；情况紧急的，可同时或事后及时通报，以利于政协党组及时掌握情况，采取相应的配合措施，保证案件的顺利查处。因此，对担任政协委员职务的犯罪嫌疑人经审查需要逮捕的，应及时以书面方式向该委员所在的政协党组通报情况后，方可作出逮捕决定。若情况紧急，如该政协委员已被行事拘留等也可同时或事后及时通报。

具体通报的方式，可以参照本节对人大代表报请许可的程序进行，即对同级或下级政协实行直接通报，对上级政协实行层报通报，对异地政协实行委托通报，对涉及两级或两级以上政协的，分别通报。

三、对军内犯罪嫌疑人的审查逮捕

（一）对军内犯罪嫌疑人身份的认定

军内犯罪嫌疑人是指涉嫌刑事犯罪的人民解放军、人民武装警察部队现役军官、文职干部、士兵和具有军籍的学员、在编职工以及由军队管理的离休、退休人员。

下列人员如涉嫌犯罪，不具有军内犯罪嫌疑人身份：

1. 已经办理转业或者退伍手续的县（市）人民武装部的人员；

2. 已经办理转业、复员、退伍手续，离开军队营区到地方单位报到途中的人员；

3. 已经批准入伍尚未与部队履行交接手续的新兵；

4. 军队非编职工或者随军的军人家属、子女在部队营区作案的。

（二）对军内犯罪嫌疑人的管辖

根据《刑事诉讼法》第290条的规定，军队保卫部门对军队内部发生的刑事案件行使侦查权，即军内案件管辖具有专属性。如军内人员在地方作案被当场抓获的，地方公安机关可以先将其拘留，但必须移交其所在部队保卫部门处理。

1. 军队保卫部门、军事检察院、军事法院按照下列规定，管辖刑事案件

第一，军级以下单位的保卫部门按照《刑事诉讼法》侦查权限分工，管辖副团职、专业技术八级、文职副处级以下人员犯罪的案件；副大军区级单位的保卫部门管辖正团职、专业技术七级、文职正处级以下人员犯罪的案件；军级和副大军区级单位的军事检察院、军事法院分别管辖上述人员犯罪可能被判处无期徒刑以下刑罚的案件。

第二，大军区级单位的保卫部门管辖上述第一项规定以外的正团职、副师职、专业技术七级至四级、文职正处级和副局级人员犯罪的案件；大军区级单位的军事检察院、军事法院管辖上述人员犯罪的案件，以及第一项所列人员犯罪可能被判处死刑的案件。

第三，总直属队的军事检察院、军事法院管辖副师职、专业技术四级、文职副局级以下人员犯罪的案件。

第四，正师职、专业技术三级、文职正局级以上人员犯罪案件的管辖，由总政治部保卫部、解放军军事检察院、解放军军事法院决定。

第五，犯罪嫌疑人、被告人兼有行政职务和专业技术等级职务的，按照其中较高的行政职务或者专业技术等级确定案件的管辖。

第六，属于军队保卫部门管辖的刑事案件，涉及两个以上单位的，涉案单位的保卫部门应当共同查清犯罪事实，由犯罪嫌疑人所在单位的保卫部门依法处理。

属于军事检察院管辖的刑事案件，涉及两个以上单位的，比照前款规定执行。管辖有争议的，由争议双方共同的上级保卫部门或者军事检察院指定管辖。

第七，上级保卫部门、军事检察院在必要的时候，可以直接侦查下级保卫部门、军事检察院管辖的刑事案件，也可以将本级管辖的刑事案件交由下级保卫部门、军事检察院侦查。

第八，军内人员利用职权实施的不属于军事检察院立案侦查的重大犯罪案件，需要由军事检察院直接受理时，经解放军军事检察院决定，可以由有管辖权的军事检察院立案侦查。

2. 军地互涉案件的管辖

根据最高人民法院、最高人民检察院、公安部、总政治部《关于军队和地方互涉案件几个问题的规定》，最高人民检察院、公安部、总政治部《关于军队和地方互涉案件侦查工作的补充规定》，在受理军内人员逮捕案件时，应按照属人原则重点把握以下五个方面：

（1）凡是属于军队现役军官、文职干部、士兵和具有军籍的军员、在编职工以及由军队管理的离休、退休人员无论是在部队营区内犯罪还是在营区外犯罪，均属军事检察院管辖范围。

（2）凡是在军队营区内发生的刑事案件，在未明确是否为军内人员作案时，均应以军队保卫部门为主进行侦查。对需要提请逮捕犯罪嫌疑人时，由军事检察院受理。待查清犯罪事实后，按身份分别由军队或地方起诉审判。

（3）凡是在军队营区内发生的刑事案件，已明确非军内人员作案的，应由地方公安机关受理，军队保卫部门协助。

（4）现役军人入伍前在地方上作案的，由地方公安机关提供犯罪证据材料，由军队保卫部门审查，确认应依法追诉的，由保卫部门拘留，在提请有关部门办理退役手续后，移交有关地方司法机关处理。

（5）军人退役后，发现其在服役期内作案，依法应当追诉的，由军队保卫部门、军事检察院、军事法院负责查清犯罪事实，将案卷材料移送其所在县以上司法机关处理；属于在服役期间犯下军人违反职责罪的，仍应由军队处理，需要审查逮捕的，由军事检察院受理。

3. 香港、澳门驻军人员犯罪案件的管辖

按照《中华人民共和国香港特别行政区驻军法》和《中华人民共和国澳

门特别行政区驻军法》的有关规定，香港、澳门驻军人员犯罪的案件由军事司法机关管辖。需要审查逮捕的，由军事检察院受理。但是：

（1）香港、澳门驻军人员非执行职务的行为，侵犯香港、澳门居民，香港、澳门驻军以外的其他人员的人身权、财产权以及其他违反香港、澳门特别行政区法律构成犯罪的案件，分别由香港、澳门特别行政区司法机关管辖。

（2）军事司法机关和香港或澳门特别行政区司法机关对各自管辖的驻军人员犯罪的案件，如果认为由对方管辖更为适宜，经双方协商一致后，可以移交对方管辖。

（3）军事司法机关管辖的香港或澳门驻军人员犯罪的案件中，涉及的被告人中有香港或澳门居民、香港或澳门驻军人员以外的其他人，由香港或澳门特别行政区法院审判。

（4）香港或澳门特别行政区执法人员依法拘捕的涉嫌犯罪的人员，查明是香港或澳门驻军人员的应当移交香港或澳门驻军羁押。被羁押的人员所涉及的案件，依照前述规定确定管辖。

（三）对军内犯罪嫌疑人的审查逮捕程序

对军内犯罪嫌疑人的审查逮捕程序参照普通刑事案件的审查逮捕程序。

按照有关规定，在中央军委总政治部内设立的解放军军事检察院，受中央军委、总政治部和最高人民检察院领导，行使省、自治区、直辖市人民检察院职能；在中国人民武装警察部队总部，解放军大军区级单位、总直属队设立的军事检察院，行使分、州、市人民检察院职能；在军级和副大军区级单位设立的军事检察院，行使县级人民检察院的职能。这里需要注意的是，军内犯罪嫌疑人犯罪案件中涉嫌军队机密的，经批准只能委托军队律师为其辩护。

四、对未成年犯罪嫌疑人的审查逮捕

（一）处理未成年人犯罪案件的原则

1. 教育为主、惩罚为辅原则

修改后的《刑事诉讼法》第266条规定："对犯罪的未成年人实行教育、感化、挽救的方针，坚持教育为主、惩罚为辅的原则。""人民法院、人民检察院和公安机关办理未成年人刑事案件，应当保障未成年人行使其诉讼权利，保障未成年人得到法律帮助，并由熟悉未成年人身心特点的审判人员、检察人员、侦查人员承办。"

对犯罪的未成年人实行"教育、感化、挽救"的方针，坚持"教育为主、惩罚为辅"的原则，尽管之前相关法律已经对该方针、原则作出了规定，但首次在《刑事诉讼法》中明确规定，仍具有重大意义。对办理未成年人刑事案件确定这个方针、原则，是由未成年人案件的特殊性决定的。未成年人犯罪的动机相对简单，犯罪行为带有很大的盲目性和随意性，很多是由于意志薄弱或者是感情冲动造成的，主观恶性不深，再加之未成年人智力、身心发育尚未成熟，对外界事物的重新认识和对内心世界的自我评价具有较大的可塑性。因此，对他们实行"教育、感化、挽救"的方针和"教育为主、惩罚为辅"的原则，更有助于他们回归社会，取得更好的效果。

未成年人刑事案件的办案人员应当熟悉未成年人的特点、善于做未成年人的教育工作，要具备一定的专业化水准，这不仅是贯彻好对犯罪的未成年人实行"教育、感化、挽救"方针和"教育为主、惩罚为辅"原则对办案人员的基本素质要求，而且这一要求与联合国司法准则是一致的。《联合国少年司法最低限度标准规则》（北京规则）第22条第1款规定："应利用专业教育、在职培训、进修课程以及其他各种适宜的授课方式，使所有处理少年案件的人员具备并保持必要的专业能力。"

2. 分案处理原则

分案处理原则是指将未成年人案件与成年人案件在程序上分离，对未成年人和成年人分别关押、分别执行。《刑事诉讼法》第269条第2款规定："对被拘留、逮捕和执行刑罚的未成年人与成年人应当分别关押、分别管理、分别教育。"分案处理原则的立法目的，主要是为了切实保护未成年人的身心健康，避免未成年人受到其他在押人员尤其是成年人犯的交叉感染。根据分案处理原则的要求，在对未成年人适用强制措施时应当与成年人分开关押、管理；在处理未成年人和成年人的共同犯罪案件时，尽量分别适用不同的诉讼程序，有条件的法院要设立专门机构、指派专门人员办理；对未成年犯执行刑罚时，也应与成年犯分开。当然，分案处理也不能绝对化，如果由于分案而使得案件无法正常办理，则应当合并审理，不宜机械分案，关键是要根据案件具体情况加以判断，以有利于保护未成年人的合法权益和不妨碍诉讼的正常进行为原则。

3. 保障未成年人依法享有的诉讼权利原则

司法机关在处理未成年人刑事案件的过程中，应当充分保障未成年犯罪嫌疑人、被告人依法享有的各项诉讼权利。根据《刑事诉讼法》的规定，未成年犯罪嫌疑人、被告人除依法享有成年被告人的一切诉讼权利外，还享有下列特殊的诉讼权利：一是法定代理人在场权和补充陈述权；二是获得指定辩护权。

4. 全面调查原则

《刑事诉讼法》第268条规定："公安机关、人民检察院、人民法院办理未成年人刑事案件，根据情况可以对未成年犯罪嫌疑人、被告人的成长经历、犯罪原因、监护教育等情况进行调查。"全面调查原则的价值主要体现在三个方面：第一，全面调查是对未成年人实施个别化处理的基础，有助于对未成年人科学、合理地量刑，保护这一特殊群体的合法权益。第二，全面调查是正确处理未成年人刑事案件的重要前提。未成年人犯罪尽管有其自身的原因，但家庭、社会亦负有不可推卸的责任，全面调查有助于查明案件真相，有助于法院作出公正的审判。第三，司法机关通过全面调查，了解犯罪的原因，有助于对症下药，对未成年人进行思想教育，有效引导其认罪悔改。

5. 迅速简易原则

迅速处理案件有利于感化和挽救未成年人。处理未成年人刑事案件不应拘泥于普通案件诉讼程序的限制，尽可能从简。公安机关应尽量缩短对未成年人的羁押时间和办案期限，超期不能办结的，应及时变更强制措施。检察院、法院也应尽量迅速处理，不应拖延。当然，简易不等于省略，在简化后的诉讼程序中应当保证未成年人获得特别的帮助和保护，保障他们的诉讼权利。

此外，处理未成年人刑事案件还应当遵循不公开审理原则等。鉴于此原则主要适用于审判程序，本书不予赘述。

（二）未成年犯罪嫌疑人的审查逮捕程序及应注意的问题

对未成年犯罪嫌疑人的审查逮捕程序有别于成年犯罪嫌疑人的审查逮捕程序。

1. 对未成年犯罪嫌疑人犯罪案件要设立专门机构或指定专人办理

1991年9月，第七届全国人大常委会通过了《中华人民共和国未成年人保护法》，其中对司法机关成立专门未成年人刑事案件审理机构的做法予以肯定，2012年对该法作了修订，第55条规定："公安机关、人民检察院、人民法院办理未成年人犯罪案件和涉及未成年人权益保护案件，应当照顾未成年人身心发展特点，尊重他们的人格尊严，保障他们的合法权益，并根据需要设立专门机构或者指定专人办理。"《刑事诉讼法》第266条第2款规定："人民法院、人民检察院和公安机关办理未成年人刑事案件，应当保障未成年人行使其诉讼权利，保障未成年人得到法律帮助，并由熟悉未成年人身心特点的审判人员、检察人员、侦查人员承办。"目前全国各地检察机关普遍都设立了专门机构或指定专人负责办理未成年人犯罪案件。

2. 严格审查未成年犯罪嫌疑人的年龄

按照《刑法》对完全刑事责任能力、限制刑事责任能力和无刑事责任能力的规定，未成年人应否承担刑事责任与其实际年龄的大小紧密相关。《刑法》第17条规定："已满16周岁的人犯罪，应当负刑事责任。已满14周岁不满16周岁的人,犯故意杀人、故意伤害致人重伤或者死亡、强奸、抢劫、贩卖毒品、放火、爆炸、投毒罪的,应当负刑事责任。"根据《刑法修正案(三)》及有关司法解释的规定,投毒罪已更改为投放危险物质罪,因此对于已满14周岁不满16周岁的人涉嫌投放危险物质罪的,也要负刑事责任。为此,检察机关在审查批准逮捕过程中,一定要按照法律的有关规定,查清未成年犯罪嫌疑人的实际真实年龄,并在查清年龄的同时查明其实施的行为涉嫌的罪名是否属于《刑法》规定的应承担刑事责任的罪名。

在对未成年犯罪嫌疑人的犯罪事实予以查明的同时,应当把是否已满14、16、18周岁的临界年龄作为重要事实予以查清。对难以判断未成年犯罪嫌疑人实际年龄、影响案件认定的,应当作出不批准逮捕的决定,退回公安机关补充侦查。

(1)准确掌握"周岁"的界限。《刑法》上的刑事责任年龄是法律规定的行为人对自己实施的《刑法》所禁止的危害社会的行为负刑事责任所必须达到的年龄。即承办人计算未成年犯罪嫌疑人作案时的实际年龄时,应当按照"周岁"计算。"周岁"是从当年出生之第二日起至第二年的出生之日止为一周岁,那么,"已满"就是从生日的第二天算起。

(2)注意对年龄材料的审查和判断。对于未成年犯罪嫌疑人刑事责任年龄的审查,应着重对能够证明未成年犯罪嫌疑人年龄的具体材料如户籍证明、户籍资料、身份证等进行审查。确实查清未成年犯罪嫌疑人的出生年、月、日,准确判断其实施犯罪行为时的年龄,特别要把是否已满14周岁、16周岁作为必要事实进行审查。如果证据不足或证据相互矛盾,无法判断其真实年龄的,应当作出不批准逮捕的决定,连同补充侦查提纲一并退回公安机关。

3. 依法保障未成年犯罪嫌疑人的诉讼权利

《刑事诉讼法》第267条规定:"未成年犯罪嫌疑人、被告人没有委托辩护人的,人民法院、人民检察院、公安机关应当通知法律援助机构指派律师为其提供辩护。"在侦查、起诉和审判阶段,如果犯罪嫌疑人、被告人不满18周岁,且没有委托辩护人,办案机关就有责任及时通知法律援助机构,由法律援助机构指派律师为未成年犯罪嫌疑人、被告人提供法律援助。检察机关在审查批捕时,要注意审查公安机关在侦查阶段是否为未委托辩护人的未成年犯罪嫌疑人提供法律援助。

4. 依法讯问未成年犯罪嫌疑人,听取辩护律师的意见

《刑事诉讼法》第269条规定:"人民检察院审查批准逮捕和人民法院决定逮捕,应当讯问未成年犯罪嫌疑人、被告人,听取辩护律师的意见。"第270条第1款规定:"对于未成年人刑事案件,在讯问和审判的时候,应当通

知未成年犯罪嫌疑人、被告人的法定代理人到场。无法通知、法定代理人不能到场或者法定代理人是共犯的，也可以通知未成年犯罪嫌疑人、被告人的其他成年亲属，所在学校、单位、居住地基层组织或者未成年人保护组织的代表到场，并将有关情况记录在案。到场的法定代理人可以代为行使未成年犯罪嫌疑人、被告人的诉讼权利。"第3款规定："讯问女性未成年犯罪嫌疑人，应当有女工作人员在场。"

根据这些规定，人民检察院审查批准逮捕案件，应当讯问未成年犯罪嫌疑人，听取辩护律师的意见。讯问和听取辩护律师意见的目的是为进一步了解核实案情和有关情况以及逮捕未成年人的必要性。在讯问时，应当通知未成年犯罪嫌疑人、被告人的法定代理人到场。无法通知、法定代理人不能到场或者法定代理人是共犯的，可以通知未成年犯罪嫌疑人、被告人的其他成年亲属，所在学校、单位、居住地基层组织或者未成年人保护组织的代表到场，并将有关情况记录在案。值得注意的是，通知法定代理人之外的合适成年人不是法定要求，而是酌定要求，即"可以"通知，而非"应当"通知。此外，上述特定情形的出现，以及合适成年人到场的改变，均应有书面记录，以便监督。讯问女性未成年犯罪嫌疑人，应当有女工作人员在场。

5. 严格适用逮捕措施

《刑事诉讼法》第269条规定："对未成年犯罪嫌疑人、被告人应当严格限制适用逮捕措施。"据该条规定，对未成年犯罪嫌疑人、被告人尽量不适用逮捕措施，对于可捕可不捕的不捕。检察机关在适用逮捕措施时，应当根据未成年犯罪嫌疑人涉嫌犯罪的事实、主观恶性、有无监护与社会帮教条件等，综合衡量其社会危险性，确定是否有逮捕必要，慎用逮捕措施，可捕可不捕的不捕。对于罪行较轻，具有有效监护条件或者社会帮教措施，没有社会危险性或者社会危险性较小，不会防害诉讼正常进行的未成年犯罪嫌疑人，一般不予批准逮捕。对于罪行较重，但主观恶性不大，不会妨害诉讼正常进行的一些未成年犯罪嫌疑人，根据有关条件也可以依法不予逮捕。当然，"严格限制适用"不等于不适用，对法律的这个规定不要机械地理解为对未成年犯罪嫌疑人、被告人无论犯什么罪都不能采取逮捕措施。对于惯犯、累犯、共同犯罪或者集团犯罪中的首犯、主犯、杀人、重伤、抢劫、强奸、放火等严重破坏社会秩序的未成年犯罪嫌疑人，采取取保候审、监视居住等方法，仍不足以防止发生社会危险性，确有逮捕必要的，应当予以逮捕。

检察机关审查批准逮捕案件，根据情况可以对未成年犯罪嫌疑人的成长经历、犯罪原因和监护教育等情况进行调查。需注意的是，社会调查的内容主要是反映未成年犯罪嫌疑人、被告人的成长经历和接受帮教的条件等，而不是直接反映案件本身的犯罪事实。社会调查不是一项强制性义务，检察机关可以根据案件情况决定是否开展社会调查。

第四节 审查决定

《刑事诉讼法》第88条规定："人民检察院对于公安机关提请批准逮捕的案件进行审查后，应当根据情况分别作出批准逮捕或者不批准逮捕的决定。对于批准逮捕的决定，公安机关应当立即执行，并且将执行情况及时通知人民检察院。对于不批准逮捕的，人民检察院应当说明理由，需要补充侦查的，应当同时通知公安机关。"《人民检察院刑事诉讼规则（试行）》第304条第1款规定："侦查监督部门办理审查逮捕案件，应当指定办案人员进行审查。办案人员应当审阅案卷材料和证据，依法讯问犯罪嫌疑人、询问证人等诉讼参与人、听取辩护律师意见，制作审查逮捕意见书，提出批准或者决定逮捕、不批准或者不予逮捕的意见，经部门负责人审核后，报请检察长批准或者决定；重大案件应当经检察委员会讨论决定。"从上述规定可以看出，人民检察院侦查监督部门在审查逮捕案件后，应当依据事实和法律，提出是否逮捕犯罪嫌疑人的处理意见，报请检察长或检察委员会作出是否逮捕的决定。审查逮捕的结果包括批准逮捕（决定逮捕）和不（予）批准逮捕（决定不予逮捕）。在检察工作机制改革试点中，地方各检察院也有部分将附条件逮捕和侦查机关撤回作为检察机关对审查逮捕案件的处理方式。对此，我们也将进行专门的阐述。

一、批准逮捕、决定逮捕

（一）批准逮捕

批准逮捕是指人民检察院对公安机关提请批准逮捕的案件进行审查后，依据事实和法律，对符合逮捕条件的犯罪嫌疑人作出的、要求公安机关执行的暂时限制犯罪嫌疑人人身自由并予以羁押的一种决定。

《刑事诉讼法》第79条规定："对有证据证明有犯罪事实，可能判处徒刑以上刑罚的犯罪嫌疑人、被告人，采取取保候审尚不足以防止发生下列社会危险性的，应当予以逮捕：（一）可能实施新的犯罪的；（二）有危害国家安全、公共安全或者社会秩序的现实危险的；（三）可能毁灭、伪造证据，干扰证人作证或者串供的；（四）可能对被害人、举报人、控告人实施打击报复的；（五）企图自杀或者逃跑的。对有证据证明有犯罪事实，可能判处十年有期徒刑以上刑罚的，或者有证据证明有犯罪事实，可能判处徒刑以上刑罚，曾经故意犯罪或者身份不明的，应当予以逮捕。被取保候审、监视居住的犯罪嫌疑人、被告人违反取保候审、监视居住规定，情节严重的，可以予以逮捕。"《人民检察院刑事诉讼规则（试行）》第318条规定："对公安机关提请批准逮捕的犯罪嫌疑人，人民检察院经审查认为符合本规则第一百三十九条、第一百四十条、第一百四十二条规定情形的，应当作出批准逮捕的决定，连同案卷材料送达公安机关执行，并可以对收集证据、适用法律提出意见。"从上述规定可以看出，对于公安机关提请批准逮捕的犯罪嫌疑人，经审查，凡符合《刑事诉讼法》第79条规定的逮捕条件的，人民检察院应当或者可以作出批准逮捕决定，并制作《批准逮捕决定书》，经检察长签发后，加盖院印，连同案卷材料、证据，一并移送提请批准逮捕的公安机关执行。

在制作《批准逮捕决定书》时应注意以下几点：（1）前三联的内容由检察机关填写并加盖印章，第四联（即回执联）的内容由侦查机关填写，注意其中的副本联和回执联需要附侦查监督内卷；（2）正确填写法律文书的字、号，并与审查逮捕意见书的文号相对应，不要遗漏；（3）必须填写每联之间中缝的内容，并加盖骑缝章；（4）要求逮捕执行机关在法定时限内返回回执联，并注意审查回执联的内容是否合法，是否加盖执行机关印章。

（二）决定逮捕

决定逮捕是指人民检察院对于自侦案件、公安机关移送审查起诉而公诉部门认为需要逮捕犯罪嫌疑人的案件，经侦查监督部门审查，依据事实和法律，认为符合逮捕条件的，提出审查意见由检察长或检察委员会作出是否逮捕决定的诉讼活动。

《刑事诉讼法》第163条规定："人民检察院直接受理的案件中符合本法第七十九条、第八十条第四项、第五项规定情形，需要逮捕、拘留犯罪嫌疑人的，由人民检察院作出决定，由公安机关执行。"《人民检察院刑事诉讼规则（试行）》第327条规定："省级以下（不含省级）人民检察院直接受理立案侦查的案件，需要逮捕犯罪嫌疑人的，应当报请上一级人民检察院审查决定。监所、林业等派出人民检察院立案侦查的案件，需要逮捕犯罪嫌疑人的，应当报请上一级人民检察院审查决定。"第333条规定："上一级人民检察院决定逮捕的，应当将逮捕决定书连同案卷材料一并交下级人民检察院，由下级人民检察院通知同级公安机关执行。必要时，下级人民检察院可以协助执行。"第340条规定："基层人民检察院，分、州、市人民检察院对直接受理立案侦查的案件进行审查起诉时，发现需要逮捕犯罪嫌疑人的，应当报请上一级人民检察院审查决定逮捕。报请工作由公诉部门负责。"第342条规定："最高人民检察院、省级人民检察院办理直接受理立案侦查的案件，需要逮捕犯罪嫌疑人的，由侦查部门填写逮捕犯罪嫌疑人意见书，连同案卷材料、讯问犯罪嫌疑人录音、录像一并移送本院侦查监督部门审查。"第375条规定："公诉部门经审查认为需要逮捕犯罪嫌疑人的，应当参照本规则第十章的规定移送侦查监督部门办理。"

从上述规定可以看出，为了提高办案质量，加强检察机关内部的监督和制约，尽可能减少和防止错捕、漏捕现象的发生，检察机关内部也制定了相应的制约机制。即对于检察机关直接立案侦查或者公安机关移送起诉的案件，认为需要逮捕犯罪嫌疑人时，先由负责案件侦查或者起诉的下级人民检察院或者本院业务部门提出逮捕犯罪嫌疑人的意见和理由，制作《报请逮捕书》或者《逮捕犯罪嫌疑人意见书》，连同案卷材料一并移交上一级人民检察院或者本院的侦查监督部门审查。上一级人民检察院或者本院侦查监督部门在对案件事实和证据情况进行审查后，按照相关的法律依据，提出应否逮捕犯罪嫌疑人的意见，报请检察长或检察委员会作出是否逮捕的决定。对于符合《刑事诉讼法》第79条规定的逮捕条件并决定逮捕的，应当制作《逮捕决定书》，经检察长签发后，加盖院印，连同案卷材料、证据交侦查部门或者公诉部门，由侦查部门或者公诉部门通知公安机关执行，必要时人民检察院侦查部门可以协助执行。

在制作《逮捕决定书》时应注意以下几点：（1）第一联（存根联）中"送达机关"应填写执行逮捕的公安机关；（2）第三联系送达执行机关执行的，应附被执行的犯罪嫌疑人基本情况；（3）第四联（回执联）的内容应由执行机关按照执行逮捕的情况如实填写，加盖印章后返回检察机关侦查监督部门附卷。

二、附条件逮捕

附条件逮捕，是指人民检察院在办理审查逮捕案件中，对现有证据所证明的事实已基本构成犯罪、认为经过进一步侦查能够收集到定罪所必需的证据、确有逮捕必要的重大案件的犯罪嫌疑人，经检察长或者检察委员会决定作出批准或者决定逮捕，并附相应的补充侦查取证条件的一种限制犯罪嫌疑人人身自由并予以羁押的措施。

最高人民检察院《人民检察院审查逮捕质量标准》第13条规定："现有证据所证明的事实已基本构成犯罪，认为经过进一步侦查能够收集到定罪所必需的证据、确有逮捕必要的重大案件的犯罪嫌疑人，经检察长或者检察委员会决定批准逮捕后，应当采取以下措施：（一）向侦查机关发出补充侦查提纲，列明需要查明的事实和需要补充收集、核实的证据，并及时了解补充取证情况；（二）批准逮捕后三日以内报上一级人民检察院备案；（三）侦查机关在逮捕后二个月的侦查羁押期限届满时，仍未能收集到定罪所必需的充足证据的，应当撤销批准逮捕决定。"第33条规定："对于人民检察院直接立案侦查案件的审查逮捕，依照本标准执行。"

在司法实践中，最高人民检察院的这一项规定尚处于探索阶段，地方各级人民检察院对它的理解和执行标准也不统一。按照最高人民检察院上述规定的原则，可以从以下几个方面对附条件逮捕进行规范：

（一）适用附条件逮捕的案件范围

逮捕毕竟是最严厉的限制人身自由的强制措施，在"慎用逮捕权"执法理念的指导下，适用附条件逮捕方式更需要慎重考虑，其对象首先应该是重大刑事案件的犯罪嫌疑人，而不是无论什么案件的犯罪嫌疑人都可以适用附条件逮捕。因此，必须对适用附条件逮捕的案件范围作一些限制性规定。根据社会危害性、危险性的大小不同，可作如下限制，即对于有下列情形之一的犯罪嫌疑人，可以适用附条件逮捕：

1. 杀人、抢劫、强奸、绑架、爆炸、故意伤害等严重暴力犯罪致人死亡或者多人重伤的犯罪嫌疑人；

2. 危害国家安全、暴力恐怖活动、黑恶势力犯罪、重大毒品犯罪的犯罪嫌疑人；

3. 有重大社会影响、群众反映强烈案件的犯罪嫌疑人；

4. 重大职务犯罪案件的犯罪嫌疑人。①

（二）适用附条件逮捕的事实、证据、刑罚适用和必要性要件

根据《刑事诉讼法》第79条对逮捕条件的规定，结合具体的司法工作实践，我们对适用附条件逮捕的案件在事实、证据、刑罚适用和必要性方面，可以作如下规定，即适用附条件逮捕的案件应当同时具备下列条件：

1. 有证据证明有犯罪事实发生，且该犯罪事实属于严重刑事犯罪或者其他罪行严重、社会影响重大的犯罪事实；

2. 有证据基本证明犯罪嫌疑人实施了犯罪行为，但证据有所欠缺的；

3. 有进一步收集、补充、完善定罪所必需的证据的条件，且侦查机关（部门）已有明确、具体的补充侦查方案的；

4. 侦查机关已经采取刑事拘留强制措施，采取取保候审、监视居住等方法尚不足以防止发生社会危险性，确有逮捕必要的。

---

① 此为重庆市检察机关掌握的地方标准，有一定的参照价值（详见重庆市人民检察院于2011年7月制定的《重庆市检察机关检察业务工作手册》第二章第十五节第179条）。

(三) 适用附条件逮捕的程序及法律后果

为了严格把握附条件逮捕案件的质量和效果，充分保障刑事诉讼当事人的合法权益，对于附条件逮捕案件的办理程序，必须遵守下列规定：

1. 人民检察院侦查监督部门案件承办人审查案件后，认为符合上述适用范围和事实、证据、刑罚适用、必要性规定，需要附条件逮捕的，应当在受理案件后三日内制作《审查逮捕案件意见书》，经部门集体讨论，由部门负责人或者主办检察官审批，报检察长或检察委员会决定是否对犯罪嫌疑人适用附条件逮捕。（据最高人民检察院《人民检察院审查逮捕质量标准》第20条第3款："对于批准逮捕的案件，根据案件的具体情况，可以向侦查机关发出提供法庭审判所需证据材料意见书。"）

2. 人民检察院在批准（决定）逮捕的同时，应当制作《附条件逮捕案件告知书》（《补充侦查提纲》或者《提供法庭审判所需证据材料意见书》），列明需要查明的事实和需要补充收集、核实的证据，送达侦查机关（部门），侦查机关（部门）应当按照《附条件逮捕案件告知书》的要求补充完善证据。

《刑事诉讼法》第88条和《人民检察院刑事诉讼规则（试行）》第319条规定，人民检察院对于案件事实不清、证据不足需要补充侦查的案件，在作出不予批准逮捕决定的同时，必须提出补充侦查提纲作为侦查机关继续侦查的依据，对于提高侦查质量、及时查处犯罪、保护公民合法权益具有重要作用。《不予批准逮捕案件补充侦查提纲》是检察引导侦查的重要形式。

3. 对附条件逮捕的案件，应当建立单独台账，并在作出批准（决定）逮捕后三日内将相关材料［《提请批准逮捕书》（《报请逮捕书》或者《逮捕犯罪嫌疑人意见书》）、《审查逮捕案件意见书》、《批准逮捕决定书》（《逮捕决定书》）及《附条件逮捕案件告知书》（《补充侦查提纲》或者《提供法庭审判所需证据材料意见书》）］报上一级人民检察院侦查监督部门备案。人民检察院侦查监督部门同时应将情况通报相应的公诉部门，争取公诉部门配合共同监督侦查机关（部门）进行补充侦查活动。

4. 对附条件逮捕的案件，人民检察院侦查监督部门案件承办人应当定期向侦查机关（部门）了解补充取证情况，引导和督促侦查机关（部门）在侦查期限内按照《附条件逮捕案件告知书》（《补充侦查提纲》或者《提供法庭审判所需证据材料意见书》）中所列补充侦查事项的要求补充、完善证据。

5. 侦查监督部门案件承办人应当督促侦查机关（部门）在移送审查起诉7日前，将案卷及补充侦查的证据材料移送人民检察院侦查监督部门审查。承办人审查后应当制作《补充证据材料审查意见书》，按照有关规定分别作出如下处理：

（1）对侦查机关（部门）在侦查羁押期限未满时准备移送审查起诉的案件，未按照《附条件逮捕案件告知书》（《补充侦查提纲》或者《提供法庭审判所需证据材料意见书》）的要求补充证据材料的，应当建议侦查机关（部门）继续侦查，补齐证据。

（2）侦查机关（部门）在逮捕后2个月的侦查羁押期限届满时，仍未能收集到定罪所必需的充足证据的，应当提出撤销逮捕决定的建议，经部门集体讨论，报检察长或检察委员会决定。作出撤销逮捕决定的，应当制作《撤销强制措施决定书》送达侦查机关（部门）执行，同时在3日内将《补充证据材料审查意见书》和《撤销强制措施决定书》报上一级人民检察院侦查监督部门备案。

（3）对经审查认为侦查机关（部门）已取得定罪所必需的充足证据的，经检察长同意后，向侦查机关（部门）通报情况。

6. 附条件逮捕的案件，一般不得延长侦查羁押期限。

7. 对于附条件逮捕的案件，侦查机关对于人民检察院撤销批准（决定）逮捕不服的，可以与人民检察院交换意见，但不能要求人民检察院复议或者复核。

8. 除上述规定外，其他适用于逮捕案件或犯罪嫌疑人的相关法律规定同样适用于附条件逮捕的案件或犯罪嫌疑人。如果本规定与相关法律规定、司法解释相抵触或相违背的，应当适用相关法律规定和司法解释。

（四）适用附条件逮捕案例和数据分析

最高人民检察院制定的《人民检察院审查逮捕质量标准》第13条对附条件逮捕案件作出相应规定，就是为了检察机关在侦查监督环节全面贯彻落实宽严相济的刑事司法政策，打击与保护并重，充分体现宽严的标准，正确把握宽严的尺度，提高逮捕工作质量，保障刑事诉讼的顺利进行，促进司法公正和司法和谐。

从近几年的司法工作实践来看，附条件逮捕方式对于加强人民检察院对侦查活动的监督、严厉打击严重刑事犯罪、保障逮捕工作质量、提高诉讼效率等确实起到了重要的作用。我们可以通过一些数据和案例对附条件逮捕的实施情况进行大致的了解。

如某市检察机关2008年逮捕刑事案件总数为13406件18536人，其中附条件逮捕案件为108件152人，分别占总数的8.06‰和8.2‰。加上2007年的75人，我们对这两年附条件逮捕的227人进行分析，发现附条件逮捕后因侦查机关在侦查期限届满时仍没有补充到定罪所必需的证据，而撤销逮捕的有16人，占附条件逮捕总人数的7%；变更逮捕强制措施有4人，占附条件逮总人数的 2%。已经判决并诉讼终结的 192 人中，判处 10 年有期徒刑以上刑罚的有 42 人，占已终结人数的 22%；判处 10 年有期徒刑以下刑罚的有 131 人，占已终结人数的 68%；没有无罪判决的案件（据检察机关案件管理系统及报表统计数据）。从以上数据可以看出，检察机关对附条件逮捕的适用进行了严格的把控，并取得了较好的社会法律效果。

从适用罪名看，也是针对一些社会危害较大的严重刑事犯罪。如汪某、王某运输毒品案。2010 年 6 月，汪某、王某通过电话联系的方式与云南一贩毒上家"李某"（在逃）联系购买毒品麻古，并约定由"李某"将麻古藏在茶叶或保健品包装盒中，通过邮寄的方式从云南寄至汪某、王某所在地重庆。然后，汪某、王某借用他人的银行卡将 8.2 万元购毒资金打入"李某"指定的银行卡上。收到购毒款后，"李某"按约将 6000 颗 578 克麻古分 8 袋装入茶叶包装盒，用包裹从云南邮寄到汪某、王某指定的重庆某小区。当汪某在一旁等候，王某从该小区物业管理中心收取该包裹后准备离开时被民警抓获，并同时抓获汪某，民警从该包裹内查获藏匿的麻古。当公安机关以汪某、王某涉嫌运输毒品罪提请批准逮捕时，因"李某"在逃，汪某为零口供，在案证据仅有现场查获的毒品麻古、王某的有罪供述和对汪某的指控。检察机关认为，指控汪某的证据有所欠缺，但证明汪某的行为基本构成犯罪，经过进一步侦查能够收集到定罪所必需的证据，且该案系特别重大的毒品犯罪，汪某拒不供述、释放后有逃跑等妨害诉讼活动的可能，确有逮捕必要，经检察委员会研究决定对汪某实施附条件逮捕，并附相应的补充侦查提纲，积极引导侦查。在侦查羁押期限届满前，公安机关收集到了汪某借他人银行卡给"李某"打购毒款及毒资来源的相关证据，并移送起诉。经审判，法院以运输毒品罪判处汪某有期徒刑 15 年。

又如严某受贿案。1998 年至 2009 年，严某负责某市一燃气公司的物资采购工作。2000 年起，严某利用职务之便收受该市某中高压阀门公司按业务总金额 10% 支付的回扣，仅 2009 年一年，就收受该阀门公司回扣 7 万余元。在审查逮捕阶段，严某辩解其按照公司财务规定将所收受回扣按比例上缴主管领导，不应当认定为受贿。因查实公司确有相关财务规定，而侦查人员当下不便与其主管领导接触获取相关口供，严某的辩解不能排除。因侦查监督部门考虑到此案系该市燃气公司系列串案、窝案，审查逮捕阶段证据反映出严某还涉嫌收受其他众多供应商巨额回扣，可能牵涉其他重大案件的处理。尽管此案当时证据有所欠缺，但进一步补充、完善证据可能性大，符合附条件逮捕的条件，遂作出附条件逮捕决定，同时出具《附条件逮捕案件告知书》，列明补充侦查事项，并在侦查过程中积极引导，定期审查、监督，按期侦查终结并移送起诉。后严某被以受贿罪、行贿罪判处，合并执行有期徒刑 12 年 6 个月。

三、不批准逮捕、不予逮捕

(一) 不批准逮捕

根据《刑事诉讼法》第 88 条的规定，人民检察院对于公安机关提请批准逮捕的犯罪嫌疑人，根据案件事实和证据，审查后对于不符合逮捕条件的犯罪嫌疑人，应当作出不批准逮捕决定。《人民检察院刑事诉讼规则（试行）》第 319 条规定："对公安机关提请批准逮捕的犯罪嫌疑人，具有本规则第一百四十三条和第一百四十四条规定情形，人民检察院作出不批准逮捕决定的，应当说明理由，连同案卷材料送达公安机关执行。需要补充侦查的，应当同时通知公安机关。"

在司法实践中，我们将不批准逮捕分为不构成犯罪不捕、证据不足不捕和无逮捕必要不捕三种情形。无论是哪一种情形的不批准逮捕，人民检察院在作出不批准逮捕决定的同时，应制作相应的《不批准逮捕决定书》并说明理由，经检察长签发后，加盖院印，连同案卷、证据材料，不捕理由说明或者补充侦查提纲，一并移送提请批准逮捕的公安机关执行。最高人民检察院《人民检察院审查逮捕质量标准》第 20 条规定："对于不批准逮捕的案件，应当说明理由。对于不批准逮捕但需要补充侦查的案件，应当同时通知侦查机关补充侦查，并附补充侦查提纲，列明需要查清的事实和需要收集、核实的证据。"《公安机关办理刑事案件程序规定》第 135 条规定："对人民检察院不批准逮捕而未说明理由的，公安机关可以要求人民检察院说明理由。"

《人民检察院刑事诉讼规则（试行）》第 320 条规定："对于人民检察院决定不批准逮捕的，公安机关在收到不批准逮捕决定书后，应当立即释放在押的犯罪嫌疑人或者变更强制措施，并将执行回执在收到不批准逮捕决定书后的 3 日以内送达作出不批准逮捕决定的人民检察院。"《公安机关办理刑事案件程序规定》第 136 条规定："对于人民检察院决定不批准逮捕的，公安机关在收到不批准逮捕决定书后，如果犯罪嫌疑人已被拘留的，应当立即释放，发给释放证明书，并将执行回执送达作出不批准逮捕决定的人民检察院。"

1. 不构成犯罪的不批准逮捕

不构成犯罪的不批准逮捕是指具有《刑事诉讼法》第 15 条规定情形之一的：(1) 情节显著轻微、危害不大，不认为是犯罪的；(2) 犯罪已过追诉时效期限的；(3) 经特赦令免除刑罚的；(4) 依照刑法告诉才处理的犯罪，没有告诉或者撤回告诉的；(5) 犯罪嫌疑人、被告人死亡的；(6) 其他法律规定免予追究刑事责任的。

实践中，对具有下列情形之一的，应当对犯罪嫌疑人作出不构成犯罪的不批准逮捕的决定：（1）没有犯罪事实存在或者有证据证明犯罪行为不是犯罪嫌疑人所为的；（2）犯罪嫌疑人的行为，法律无明文规定为犯罪的；（3）依照《刑法》第17条关于刑事责任年龄、第18条关于刑事责任能力的规定不负刑事责任的；（4）属于刑法规定的"不可抗力"、"正当防卫"、"紧急避险"等不负刑事责任情形的；（5）应由民事、行政、经济等法律法规调整的或者有一般违法行为但尚未构成犯罪的；（6）情节显著轻微、危害不大，不认为是犯罪的；（7）犯罪已过追诉时效期限的；（8）依照刑法告诉才处理的犯罪，没有告诉或者撤回告诉的。①

对于不构成犯罪不批准逮捕的，人民检察院应当制作《不批准逮捕决定书》并说明理由，连同案卷、证据材料送达提请批准逮捕的公安机关执行。

2. 证据不足的不批准逮捕

有下列情形之一的，应当认定为现有证据不足以证明犯罪嫌疑人涉嫌犯罪，需要进一步补充完善证据，承办人应当提出作出不予批准逮捕的意见：（1）尚无确实证据证明犯罪嫌疑人实施犯罪或者证据尚未查实的；（2）虽有一定的证据证明犯罪嫌疑人实施或参与了犯罪行为，但证据之间存有矛盾或无法排除犯罪嫌疑人合理辩解的；（3）无充分证据证明犯罪嫌疑人已达到刑事责任年龄的；（4）现有证据不足以认定犯罪嫌疑人有主观罪过的；（5）现有证据不能证明犯罪嫌疑人的社会危险性的。

对于证据不足不批准逮捕的，人民检察院应当制作《不批准逮捕决定书》并说明理由。经检察长签发后，加盖院印，连同案卷、证据材料和《补充侦查提纲》（或者《提供法庭审判所需证据材料意见书》），送达提请批准逮捕的公安机关执行并通知补充侦查。《公安机关办理刑事案件程序规定》第134条规定："对于人民检察院决定不批准逮捕并通知补充侦查的，公安机关应当按照人民检察院的补充侦查提纲补充侦查。公安机关补充侦查完毕，认为符合逮捕条件的，应当重新提请批准逮捕。"

3. 无逮捕必要的不批准逮捕

无逮捕必要的不批准逮捕，是指对有证据证明有犯罪事实，但犯罪嫌疑人的犯罪情节较轻，可能被判处3年有期徒刑以下刑罚或者适用缓刑，或具备取保候审、监视居住条件的，可以作出不批准逮捕的决定。对符合以下几种情形，有证据证明有犯罪事实，但犯罪嫌疑人的犯罪情节较轻，可能被判处3年

---

① 参见《重庆市检察机关办理审查逮捕案件流程（试行）》（2006年10月15日渝检侦监〔2006〕6号）。

有期徒刑以下刑罚或者适用缓刑，或具备取保候审、监视居住条件的，可以作出不批准逮捕的决定：（1）盗窃、诈骗等一般侵犯财产案件犯罪嫌疑人，犯罪数额刚过或刚达到起刑点的；（2）预备犯、中止犯、未遂犯、防卫过当、避险过当的；（3）主观恶性较小的初犯，共同犯罪中的从犯、胁从犯或者犯罪后投案自首，有立功表现的；（4）过失犯罪的嫌疑人，犯罪后确有悔罪表现，尽力减少损失或者赔偿损失的；（5）因邻里、亲友纠纷等引发的轻伤害等轻微犯罪的嫌疑人，犯罪后向被害人道歉认错，赔偿损失，取得被害人谅解的；（6）老年人或者残疾人涉嫌犯罪，身体状况不适宜羁押的；（7）应当逮捕，但患有严重疾病，或者是正在怀孕、哺乳自己婴儿的妇女；（8）根据《刑法》规定可能适用缓刑或判处拘役以下刑罚的；（9）犯罪嫌疑人在当地有固定住所或固定工作单位，具备取保候审条件，能够保证诉讼顺利进行的；（10）未成年犯罪嫌疑人依照有关规定可以不批准逮捕的；（11）其他无逮捕必要的情形。具有下列情形之一且可以直接起诉的，可以作出无逮捕必要的不批准逮捕的决定：（1）犯罪嫌疑人正在被劳动教养、强制戒毒，人身自由已受限制，而案件事实清楚，可能适用简易审程序或在较短时间内可以审结的；（2）案件事实清楚，犯罪情节较轻，可能适用缓刑，而犯罪嫌疑人也有悔改表现，未被采取刑事拘留措施的。

对于无逮捕必要不批准逮捕的，人民检察院应当制作《不批准逮捕决定书》，经检察长签发后，加盖院印，连同案卷、证据材料和《不批准逮捕理由说明书》，送达提请批准逮捕的公安机关执行。

（二）不予逮捕

不予逮捕是指上一级人民检察院对下级人民检察院报请逮捕的自侦案件的犯罪嫌疑人，或者同一检察机关内部侦查监督部门对于侦查部门、公诉部门移送审查逮捕的案件，经审查认为不符合逮捕条件，报请检察长或检察委员会作出的不逮捕犯罪嫌疑人的决定。

《人民检察院刑事诉讼规则（试行）》第334条规定："上一级人民检察院决定不予逮捕的，应当将《不予逮捕决定书》连同案卷材料一并交下级人民检察院，同时书面说明不予逮捕的理由。犯罪嫌疑人已被拘留的，下级人民检察院应当通知公安机关立即释放，并报上一级人民检察院；案件需要继续侦查，犯罪嫌疑人符合取保候审、监视居住条件的，由下级人民检察院依法决定取保候审或者监视居住。上一级人民检察院作出不予逮捕决定，认为需要补充侦查，应当制作补充侦查提纲，送达下级人民检察院侦查部门。"第345条规定："对本院侦查部门移送审查逮捕的犯罪嫌疑人，经检察长或者检察委员会决定不予逮捕的，侦查监督部门应当将不予逮捕的决定连同案卷材料、讯问犯罪嫌疑人录音、录像移交侦查部门。犯罪嫌疑人已被拘留的，侦查部门应当通知公安机关立即释放。"

在司法实践中，关于检察机关内部报请逮捕或者移送审查逮捕案件中不符合逮捕条件的情形，与公安机关提请审查逮捕案件中不符合逮捕条件的情形相同，也分为不构成犯罪不捕、证据不足不捕和无逮捕必要不捕三种。无论是哪一种情形，我们采用的法律文书格式均为《不予逮捕决定书》，并附相应的不捕理由说明或者补充侦查提纲。充分体现并保障了检察机关内部的监督与制约，维护司法的公正与权威。

四、侦查机关撤回案件

（一）侦查机关撤回案件的概念

在批捕阶段，侦查机关撤回案件是指侦查机关在将案件移送检察机关提请逮捕后因管辖、案件事实或者证据等发生变化的，侦查机关主动或者由检察机关建议将案件撤回的情况。启动侦查机关在将案件移送检察机关提请逮捕后撤回的途径有两种：一是侦查机关主动撤回；二是由检察机关建议撤回。在司法实践中，侦查机关撤回案件的具体操作一般是参照退查的规定进行。即按照《人民检察院刑事诉讼规则（试行）》第380条规定："人民检察院认为犯罪事实不清、证据不足或者遗漏罪行、遗漏同案犯罪嫌疑人等情形需要补充侦查的，应当提出具体的书面意见，连同案卷材料一并退回公安机关补充侦查。"最高人民检察院、公安部于2001年8月6日发布的《关于依法适用逮捕措施有关问题的规定》第3条第1款规定："人民检察院收到公安机关提请批准逮捕的案件后，应当立即指定专人进行审查，发现不符合刑事诉讼法第八十八条规定，提请批准逮捕书、案卷材料和证据不齐全的，应当要求公安机关补充有关材料。"此外，《公安机关办理刑事案件程序规定》第285条规定："对人民检察院退回补充侦查的案件，公安机关应分情形进行处理，对于"发现原认定的案件事实有重大变化，不应当追究刑事责任的，应当重新提出处理意见，并将处理结果通知退查的人民检察院。"

（二）侦查机关撤回案件的原因

根据上述相关法律规定，结合司法工作实践，侦查机关在批捕阶段撤回案件主要有以下几个方面的原因：

1. 因案件管辖权争议，由提请逮捕的侦查机关撤回案件后，移送其他有管辖权的侦查机关办理。

2. 案件在移送检察机关审查后，因同案犯被抓捕，需要撤回案件后合并处理的。

3. 案件在移送检察机关审查后，侦查机关发现犯罪嫌疑人还涉嫌其他犯罪，需要撤回案件进一步补充侦查的。

　　4. 犯罪行为显著轻微，不需要追究刑事责任的。

　　5. 移送提捕的案件事实不清、证据不足，即使退查，也因时间的流逝和证据的消逝，无法再查清案件事实、无法补充逮捕所必需的证据的，侦查机关为了避免不逮捕而撤回案件另作处理。

　　6. 案件事实不清，证据不足，需要进一步补充侦查的，而为了不影响侦查机关的退查率考核，由侦查机关主动撤回案件进行补充侦查。

　　上述六方面的原因，多数属于程序性因素，也有个别的属于规避案件质量问题和考核评比矛盾的权宜之计。

　　（三）侦查机关撤回案件存在的问题

　　侦查机关撤回案件，其实是侦查机关和检察机关多年来司法协调、配合行为所形成的历史习惯。因为缺少相关法律规定，在具体的操作中，出现了各种各样的问题，存在诸多不足。

　　1. 于法无据。我国《刑事诉讼法》明确规定，人民检察院对公安机关提请批准逮捕的案件进行审查后，应当作出批准逮捕或者不批准逮捕的决定。但对于公安机关撤回案件则并无任何规定，包括《刑事诉讼法》、《人民检察院刑事诉讼规则（试行）》、《公安机关办理刑事案件程序规定》以及"六部委"的联合规定，均无相关内容表述。关于"侦查机关撤回"这一概念，早期出现在最高人民检察院印制并下发地方各级人民检察院要求上报的检察机关统计报表中。后来地方各级人民检察院将侦查机关撤回案件作为规避不捕率考核评比（即降低不捕率）的"法宝"。因此，对公安机关撤回案件由地方各级人民检察院自由把握，对撤回的决定权、时间、次数、程序、后续处理等均不一致，造成撤回案件成为消化"问题"案件的一个大口袋。

　　2. 不利于对犯罪嫌疑人和被害人合法权益的保护。犯罪嫌疑人在刑事诉讼程序中，有权得到合理的、迅速的、及时的诉讼结果。如果侦查机关撤回案件，将在无形之中加长犯罪嫌疑人等待诉讼结果的时间及耐心，对犯罪嫌疑人而言，是不应该的诉讼成本。而且，侦查机关撤回案件，其强制措施特别是已羁押的期限也将随之延长，那么，对于犯罪嫌疑人来说便成为一种隐性的超期羁押，不利于保护其合法的诉讼权益。同时，对被害人来说，也是不公平的。案件进入检察机关审查批捕环节后，本应由检察机关决定不捕的，却程序倒流到侦查机关，而无论是检察机关还是侦查机关都不会主动通知被害人诉讼程序的过程，也不可能对被害人有任何说法。因此，对于被害人的合法权益的保护也是不利的。

3. 不利于检察机关正确履行法律监督职责。由于检察机关是法律监督机关，其行使的权力是法律监督权，而审查逮捕权是其侦查监督权的主要内容。如果案件由侦查机关撤回后，检察机关将无法进一步行使侦查监督权。尤其是因证据不足撤回的案件，检察机关没有附补查提纲，侦查机关撤回后很容易不了了之。因此，检察机关对侦查机关撤回案件后如何补查、补查效果如何等都无具体监督方式，从而也就无法保证检察监督权的行使。

4. 导致个案刑事诉讼周期无限延长。由于侦查机关撤回案件的条件没有明文规定，其具体操作规范由各地具体把握。而侦查机关撤回案件后往往将羁押期限用完尽，可能使个案刑事诉讼周期被加长，从而导致诉讼成本的加大和公众对程序正义的信任危机。

5. 容易产生"暗箱操作"。由于法无明文规定，最高人民检察院和地方各级人民检察院也没有制定任何规定规范侦查机关撤回案件的具体操作程序。这样，就给一些想徇私舞弊、贪赃枉法的人留有可乘之机，利用这种漏洞，进行"暗箱操作"，滋生腐败。

6. 容易成为侦查机关和检察机关推卸责任的借口。对于侦查机关撤回案件，侦查机关可以推说是检察机关不想批捕而让其撤回的；检察机关也可以推说案件因事实、证据等问题无法批捕，由侦查机关自己撤回另作处理。因此，侦查机关撤回案件也就成了公、检两家相互推卸责任的托词。

（四）正确处理侦查机关撤回案件的方法

针对上述侦查机关撤回案件存在的诸多问题或不足，可以采用以下几方面措施，正确处理侦查机关撤回案件问题。

1. 检察机关和侦查机关共同制定并完善相关规定，规范执法行为。建议由最高人民检察院、公安部对公安机关撤回案件问题的合法性作出联合规定，并规定具体的操作规范，如撤回的决定权、时间限制、次数限制、程序、文书、案件后续处理等问题，以此来指导公安机关和检察机关的具体司法行为，使公安机关撤回案件这种处理方式于法有据。同时，在最高人民检察院和公安部没有制定明确规定之前，检察机关应当停止使用"建议侦查机关撤回案件"这种方式，应根据案件的具体情况作出是否批准逮捕的决定。

2. 对于公安机关主动撤回的案件，也要针对不同的撤回原因，区别对待，作出不同的处理。对于有管辖争议的，应当同意公安机关撤回并移送其他有管辖权的机关管辖；对于因同案犯被抓捕、需要撤回案件后合并处理的，可以在侦查完毕后，移交检察机关与原案合并处理；对于发现犯罪嫌疑人还涉嫌其他犯罪、需要撤回案件补充侦查的，应当同意公安机关撤回，并按照《刑事诉讼法》第158条第1款的规定，对犯罪嫌疑人重新计算侦查羁押期限；对于犯罪行为显著轻微，不需要追究刑事责任的，检察机关应当以不构成犯罪作出不批准逮捕决定；对于案件事实不清、证据不足、需要进一步补充侦查的，检察机关应当以证据不足作出不予批准逮捕决定，并附补充侦查提纲督促侦查机关补充侦查，如实在无法查清，则由检察机关作不捕处理。

3. 建议侦查机关取消对退查率的考核指标，检察机关取消对不捕率的考核指标。从上面的分析，可以看出这种考核指标的设置，不适应具体的司法工作实践，不利于侦查机关和检察机关正确履行自己的工作职责，也不利于保障刑事诉讼当事人的合法权益。

第五节 撤销原逮捕或不捕决定

一、撤销原逮捕或不捕决定概述

（一）撤销原逮捕决定

撤销原逮捕决定是检察机关对批准或决定逮捕的犯罪嫌疑人，在发现不应当逮捕的时候，对原逮捕决定予以撤销，并立即释放犯罪嫌疑人的一种对错误逮捕的补救措施。撤销原逮捕决定是对错误逮捕、不当逮捕的一种补救方法。《刑事诉讼法》第92条规定："人民法院、人民检察院对于各自决定逮捕的人，公安机关对于经人民检察院批准逮捕的人，都必须在逮捕后的二十四小时以内进行讯问。在发现不应当逮捕的时候，必须立即释放，发给释放证明。"《刑事诉讼法》第94条规定："人民法院、人民检察院和公安机关如果发现对犯罪嫌疑人、被告人采取强制措施不当的，应当及时撤销或者变更。公安机关释放被逮捕的人或者变更逮捕措施的，应当通知原批准的人民检察院。"《人民检察院刑事诉讼规则（试行）》第322条第1款规定："对已作出的批准逮捕决定发现确有错误的，人民检察院应当撤销原批准逮捕决定，送达公安机关执行。"第338条规定："对被逮捕的犯罪嫌疑人，作出逮捕决定的人民检察院发现不应当逮捕的，应当撤销逮捕决定，并通知下级人民检察院送达同级公安机关执行，同时向下级人民检察院说明撤销逮捕的理由。"

司法实践中，逮捕之后，往往会出现各种各样的情况，其已不符合逮捕条件，不再需要采取逮捕这种最为严厉的强制措施。因此，根据相关法律规定，对错误逮捕或不当逮捕决定的，应当作出撤销原决定的情形有：

1. 不符合《人民检察院刑事诉讼规则（试行）》第139条、第140条、第141条规定的逮捕条件的；

2. 情节显著轻微、危害不大，不认为是犯罪的；
3. 犯罪已过追诉时效期限的；
4. 经特赦令免除刑罚的；
5. 依照《刑法》告诉才处理的犯罪，没有告诉或者撤回告诉的；
6. 犯罪嫌疑人死亡的；
7. 逮捕决定作出之后，犯罪嫌疑人怀孕或患有严重疾病，而不适合羁押的；
8. 其他法律规定免予追究刑事责任的。

（二）撤销原不捕决定

撤销原不捕决定是有撤销权的检察机关对错误或不当不捕决定行使撤销权，直接撤销或责令撤销，以保证刑事诉讼程序的正常进行。撤销原不捕决定是对不当不捕、错误不捕的一种补救措施。《人民检察院刑事诉讼规则（试行）》第322条第2款规定："对已作出的不批准逮捕决定发现确有错误，需要批准逮捕的，人民检察院应当撤销原不批准逮捕决定，并重新作出批准逮捕决定，送达公安机关执行。"第339条第1款规定："下级人民检察院认为上一级人民检察院作出的不予逮捕决定有错误的，应当在收到不予逮捕决定书后五日以内报请上一级人民检察院重新审查，但是必须将已被拘留的犯罪嫌疑人立即释放或者变更为其他强制措施。"

根据相关法律规定，应当作出撤销原不捕决定的情形有：

1. 出于利益驱动等不正当目的，对于符合逮捕条件的犯罪嫌疑人未采取逮捕措施，而是采取取保候审、监视居住等其他强制措施的；
2. 符合《人民检察院刑事诉讼规则（试行）》第139条、第140条、第141条规定的逮捕条件而未逮捕的；
3. 引用《刑事诉讼法》第15条的规定作出不捕决定，而犯罪嫌疑人或案件事实并不符合该条规定的；
4. 其他应当撤销原不捕决定的情形的。

二、撤销原逮捕或不捕决定的程序与方法

（一）撤销原逮捕决定的程序与方法

1. 检察机关撤销原逮捕决定的程序和方法

根据《刑事诉讼法》第92条、第94条和《人民检察院刑事诉讼规则（试行）》第322条第1款、第312条、第313条第338条和第348条的规定，检察机关对自身作出的错误的逮捕决定，有自我纠正的义务。

检察机关在发现已经批准、决定逮捕的犯罪嫌疑人存在前述不应当逮捕的情形时，应当启动纠正程序，另行指派侦查监督部门的承办人审查案件，提出撤销原逮捕决定的意见报检察长或检察委员会决定。检察长或检察委员会决定撤销原逮捕决定的，检察机关应当及时制作《撤销强制措施决定书》及《撤销强制措施决定通知书》，另行制作《不批准逮捕决定书》或《不予逮捕决定书》送公安机关、下级人民检察院或本院职侦部门执行。

2. 公安机关撤销原逮捕决定的程序与方法

《刑事诉讼法》第 92 条规定：公安机关对于经人民检察院批准逮捕的人，必须在逮捕后的 24 小时以内进行讯问。在发现不应当逮捕的时候，必须立即释放，发给释放证明。最高人民检察院、公安部《关于依法适用逮捕措施有关问题的规定》第 12 条规定："公安机关发现不应当对犯罪嫌疑人追究刑事责任的，应当撤销案件；犯罪嫌疑人已经被逮捕的，应当立即释放，并将释放的原因在释放后 3 日内通知原作出批准逮捕决定的人民检察院。"

因此，公安机关在发现检察机关已经批准逮捕的犯罪嫌疑人具有不应当逮捕的情形，必须立即将犯罪嫌疑人释放。公安机关发给犯罪嫌疑人的释放证明，即是对检察机关原逮捕决定的一种撤销，这是公安机关依法律赋予的职权单方面就可以进行的撤销。为此，法律同时又规定了对这种单方的撤销行为的监督程序，最高人民检察院、公安部《关于依法适用逮捕措施有关问题的规定》第 12 条和第 7 条规定：人民检察院批准逮捕的决定，公安机关应当立即执行；如果公安机关发现逮捕不当的，应当及时予以变更，并将变更的情况及原因在作出变更决定后 3 日内通知原批准逮捕的人民检察院。人民检察院认为变更不当的，应当通知作出变更的公安机关纠正。

(二) 撤销原不捕决定的程序与方法

1. 通过复议程序的撤销

《刑事诉讼法》第 90 条规定："公安机关对人民检察院不批准逮捕的决定，认为有错误的时候，可以要求复议。"《刑事诉讼法》的这一规定，是公安机关与人民检察院在刑事诉讼中互相配合、互相制约的具体体现，有利于防止该捕不捕而放纵应该逮捕的犯罪嫌疑人，保证人民检察院所作的不捕决定的正确性，从而保证国家法律正确、有效地实施。

(1) 提请复议

根据《公安机关办理刑事案件程序规定》第 137 条第 1 款的规定，公安机关认为人民检察院的不批准逮捕决定有错误而要求复议的，应当在收到《不批准逮捕决定书》后的 5 日以内，提出《要求复议意见书》，送交作出不批准逮捕决定的人民检察院进行复议。

（2）复议案件的审查

《人民检察院刑事诉讼规则（试行）》第323条规定，"对公安机关要求复议的不批准逮捕的案件，人民检察院侦查监督部门应当另行指派办案人员复议，并在收到提请复议书和案卷材料后的七日以内作出是否变更的决定，通知公安机关。"检察机关另行指派承办人对复议案件的审查和判断参见本章第二节。

与此同时，我们也要注意对公安机关提请复议案件的程序性审查。《人民检察院刑事诉讼规则（试行）》第325条明确规定："人民检察院作出不批准逮捕决定，并且通知公安机关补充侦查的案件，公安机关在补充侦查后又提请复议的，人民检察院应当通知公安机关重新提请批准逮捕。公安机关坚持复议的，人民检察院不予受理。"该条规定，有利于保障检察机关履行法律监督职责的权威性。

（3）审查后作出决定

根据《人民检察院刑事诉讼规则（试行）》第323条的规定，人民检察院办理复议案件，应当另行指派侦查监督部门的其他办案人员审查办理，依据法律的相关规定在收到提请复议书和案卷材料案后7日内作出相应的决定。

①撤销原不捕的决定。承办人对符合前述应当撤销不捕决定情形的案件，提出撤销原不捕决定的审查意见，经部门负责人审核后报检察长或检察委员会决定。检察长或检察委员会决定撤销原不捕决定的，人民检察院除制作《复议决定书》之外，还应制作《撤销不（予）批准逮捕决定通知书》和《批准逮捕决定书》，连同案卷材料一并送达提请复议的公安机关执行。

②维持原不捕的决定。承办人对不符合前述应当撤销不捕决定情形的案件，提出维持原不捕决定的审查意见，经部门负责人审核后报检察长或检察委员会决定。检察长或检察委员会决定予以维持原不批准逮捕决定的，人民检察院应当制作《复议决定书》，连同案卷材料一并退回提请复议的公安机关执行。

2. 通过复核程序的撤销

《刑事诉讼法》第90条规定："公安机关对人民检察院不批准逮捕的决定，认为有错误的时候，可以要求复议……如果意见不被接受，可以向上一级人民检察院提请复核。上级人民检察院应当立即复核，作出是否变更的决定，通知下级人民检察院和公安机关执行。"因此，复核程序也是为了防止检察机关该捕不捕从而放纵应当逮捕的犯罪嫌疑人，保证人民检察院作出的不捕决定的正确性。

（1）提请复核

根据《公安机关办理刑事案件程序规定》第137条第2款的规定，公安机关在收到同级人民检察院的《复议决定书》后，如果认为同级人民检察院维持原不批准逮捕的决定有再议必要的，应当在5日内制作《提请复核意见书》，连同同级人民检察院的《复议决定书》和案卷材料，一并提请上一级人民检察院复核。

（2）复核案件的审查

上一级人民检察院在收到公安机关提请复核的案件后，应当要求下一级人民检察院提供该案的审查逮捕内卷和复议内卷（包括检委会研究案件记录），承办人应对复核案件进行认真的审查和判断。

（3）审查后作出决定

《人民检察院刑事诉讼规则（试行）》第324条规定："对公安机关提请上一级人民检察院复核的不批准逮捕的案件，上一级人民检察院侦查监督部门应当在收到提请复核意见书和案卷材料后的15日以内由检察长或者检察委员会作出是否变更的决定，通知下级人民检察院和公安机关执行。如果需要改变原决定，应当通知作出不批准逮捕决定的人民检察院撤销原不批准逮捕决定，另行制作批准逮捕决定书。"因此，人民检察院办理复议案件，应当在收到提请复核意见书和案卷材料后15日内，依据法律的相关规定作出相应的决定。

①撤销原不捕的决定。承办人对符合前述应当撤销不捕决定情形的案件，提出撤销原不捕决定的审查意见，经部门负责人审核后报检察长或者检察委员会决定。检察长或检察委员会决定撤销原不捕决定的，上一级人民检察院应制作《复核决定书》和《复核决定通知书》，通知作出不批准逮捕决定的下级人民检察院。下级人民检察院应制作《撤销不批准逮捕决定书》和《撤销不批准逮捕决定通知书》撤销原决定，并另行制作《批准逮捕决定书》，连同案卷材料一并送达提请复核的公安机关执行。必要时，上一级人民检察院也可以直接制作《批准逮捕决定书》，通知下级人民检察院送达公安机关执行。

②维持原不捕的决定。承办人对不符合前述应当撤销不捕决定情形的案件，提出维持原不捕决定的审查意见，经部门负责人审核后报检察长或检察委员会决定。检察长或检察委员会决定予以维持原不批准逮捕决定的，人民检察院应当制作《复核决定书》和《复核决定通知书》，通知下级人民检察院连同案卷材料一并送达提请复核的公安机关执行。

下级人民检察院对上级人民检察院的复核决定必须执行，如有不同意见的，可在执行的同时，向上级人民检察院反映。

3. 上级人民检察院直接纠正的撤销

《人民检察院刑事诉讼规则（试行）》第313条规定："人民检察院办理审查逮捕的危害国家安全的案件，应当报上一级人民检察院备案。上一级人民检察院对报送的备案材料经审查发现错误的，应当依法及时纠正。"第324条规定："对公安机关提请上一级人民检察院复核的不批准逮捕的案件……必要时，上级人民检察院也可以直接作出批准逮捕决定，通知下级人民检察院送达公安机关执行。"因此，上级检察机关有权对下级检察机关作出的不批准逮捕决定在符合法定情形时，依法行使职权予以撤销。

同时，对于上一级人民检察院作出不予逮捕决定错误的，下级人民检察院也有提示和建议义务。《人民检察院刑事诉讼规则（试行）》第339条规定："下级人民检察院认为上一级人民检察院作出的不予逮捕决定有错误的，应当在收到《不予逮捕决定书》后五日以内报请上一级人民检察院重新审查，但是必须将已被拘留的犯罪嫌疑人立即释放或者变更为其他强制措施。"

4. 作出原决定的检察机关自我纠正的撤销

检察机关侦查监督部门对侦查部门移送审查逮捕的案件，依法作出不捕决定后，职侦部门认为不捕决定错误应当逮捕的，经检察长或检察委员会决定，由本院侦查监督部门另行指派承办人审查案件。另行指派的承办人在审查全案后，应提出撤销或维持原不捕决定的审查意见，报检察长或检察委员会决定。检察长或检察委员会决定撤销原不捕决定的，应当及时制作《撤销不予逮捕决定书》、《撤销不予逮捕决定通知书》和《逮捕决定书》，连同案卷材料一并送本院侦查部门执行。具体可见《人民检察院刑事诉讼规则（试行）》第348条规定。

根据《人民检察院刑事诉讼规则（试行）》第326条第2款和第350条规定，无论是公安机关提请批准逮捕的案件，还是人民检察院直接立案侦查的案件，侦查监督部门或者侦查部门都应将批准（决定）、变更、撤销逮捕措施的情况通知本院监所检察部门。

三、撤销原逮捕或不捕决定的法律后果

（一）撤销原逮捕决定的法律后果

撤销原逮捕决定后，对于犯罪嫌疑人、公安机关和检察机关将分别产生以下法律后果：

1. 如果对犯罪嫌疑人没有取保候审、监视居住必要的，应当立即释放，并发给释放证明书。

2. 对犯罪嫌疑人的侦查羁押期限中止。如果仍然需要移送检察机关审查起诉的，则应按照《刑事诉讼法》的相关规定计算公安机关或检察机关职侦部门的办案期限。

3. 对于撤销原逮捕决定的案件，公安机关不能再提请检察机关复议和

复核。

4. 对因撤销原逮捕决定而被释放的犯罪嫌疑人（或者逮捕后公安机关变更为取保候审、监视居住的犯罪嫌疑人），有发现需要逮捕的，人民检察院应当重新办理逮捕手续。

（二）撤销原不捕决定的法律后果

撤销原不捕决定后，对于犯罪嫌疑人、公安机关和检察机关将分别产生以下法律后果：

1. 犯罪嫌疑人将被重新羁押；如果在逃的，将会被公安机关通缉并追捕到案。

2. 按照《刑事诉讼法》的相关规定，对犯罪嫌疑人的侦查羁押期限重新开始计算。

3. 在羁押期间，犯罪嫌疑人如果出现法律规定的不适合羁押的情形的，应当立即予以释放，或变更为取保候审、监视居住等强制措施。

第六节　羁押必要性审查

新修订的《刑事诉讼法》，创造性地设立了对捕后在押人员羁押必要性的审查制度，体现了《刑事诉讼法》"尊重和保障人权"的基本原则。

一、羁押必要性审查概述

羁押必要性审查，是指人民检察院对被逮捕后羁押的犯罪嫌疑人、被告人涉嫌犯罪的性质、情节以及证据的收集固定情况、犯罪嫌疑人、被告人悔罪态度等方面进行继续审查，对其释放或取保候审、监视居住是否足以防止发生再次犯罪或者妨碍诉讼等社会危险性进行评估，从而决定是否建议有关机关对被羁押的犯罪嫌疑人、被告人予以释放或者变更强制措施。该项制度的设立旨在厘清办案期限与羁押期限的界限，实现了二者的适度分离，有利于降低捕后羁押率，转变司法实践中存在的对犯罪嫌疑人、被告人"一捕了之"、"一捕到底"、"一押到底"的积弊，节约司法资源，维护犯罪嫌疑人、被告人的合法权利。

《刑事诉讼法》第93条规定："犯罪嫌疑人、被告人被逮捕后，人民检察院仍应当对羁押的必要性进行审查。对不需要继续羁押的，应当建议予以释放或者变更强制措施。有关机关应当在十日以内将处理情况通知人民检察院。"《人民检察院刑事诉讼规则（试行）》第616条第1款规定："犯罪嫌疑人、被告人被逮捕后，人民检察院仍应当对羁押的必要性进行审查。"以上条文确立了捕后羁押必要性审查制度，并赋予人民检察院对捕后羁押必要性的审查权、建议释放或者变更强制措施的权力以及对整个过程的法律监督权。这一规定，在某种意义上确立了羁押独立性的原则，将羁押视为独立于拘留、逮捕等强制措施的刑事诉讼制度，规定了独立的程序和内容，改变了我国刑事羁押制度附庸化的状态，对于我国羁押制度改革具有里程碑的意义。

《人民检察院刑事诉讼规则（试行）》第617条规定："侦查阶段的羁押必要性审查由侦查监督部门负责；审判阶段的羁押必要性审查由公诉部门负责。监所检察部门在监所检察工作中发现不需要继续羁押的，可以提出释放犯罪嫌疑人、被告人或者变更强制措施的建议。"该条文明确规定了我国羁押必要性审查采取的两线并重，分段负责的方式，即一方面由侦查监督部门、公诉部门分段负责羁押必要性审查，另一方面监所检察部门也同时负有羁押必要性审查的职责。具体就侦查监督部门而言，负责逮捕后一直到人民检察院向人民法院提起公诉这一阶段，对犯罪嫌疑人的羁押必要性审查。由于受本书内容的限制，本节仅就侦查监督部门开展羁押必要性审查的程序与内容进行介绍。

二、羁押必要性审查的程序与内容

（一）羁押必要性审查的程序

羁押必要性审查的程序包括启动、审查、结论三个部分：

1. 羁押必要性审查的启动

《人民检察院刑事诉讼规则（试行）》第616条第2款规定："人民检察院发现或者根据犯罪嫌疑人、被告人及其法定代理人、近亲属或者辩护人的申请，经审查认为不需要继续羁押的，应当建议有关机关予以释放或者变更强制措施。"这一条文明确规定了羁押必要性审查的启动程序分两方面：一是人民检察院自行启动；二是依犯罪嫌疑人及其法定代理人、近亲属或者辩护人的申请启动。

（1）人民检察院自行启动

在审查逮捕犯罪嫌疑人后，侦查监督部门在引导侦查、纠正侦查活动违法、办理延长审查羁押期限等工作中，但不局限于工作中发现犯罪嫌疑人继续羁押必要性需要进行审查的，应启动羁押必要性审查程序，对犯罪嫌疑人是否需要继续羁押进行审查。

（2）依犯罪嫌疑人及其法定代理人、近亲属或者辩护人的申请启动

《人民检察院刑事诉讼规则（试行）》第618条规定："犯罪嫌疑人、被告人及其法定代理人、近亲属或者辩护人可以申请人民检察院进行羁押必要性审

查,申请时应当说明不需要继续羁押的理由,有相关证据或者其他材料的,应当提供。"该条规定了申请启动羁押必要性审查程序,向侦查监督部门申请的申请人范围包括犯罪嫌疑人及其法定代理人、近亲属或者辩护人;申请的条件是向侦查监督部门提供书面的申请书,或者口头进行申请,书面申请和口头申请均需说明不需要继续羁押的理由。如果有证据、材料时,申请人需要向侦查监督部门提供不适宜继续羁押或继续羁押已无必要的证据、材料。侦查监督部门在收到申请人的申请和证据材料后,应当审查是否属于本院管辖,申请的材料是否符合规定等受理条件,符合受理条件的,应立即启动羁押必要性审查程序。

2. 羁押必要性审查的审查程序

启动羁押必要性审查后,侦查监督部门应指派专门的承办人对犯罪嫌疑人的羁押必要性进行审查。审查应严格按照《人民检察院刑事诉讼规则(试行)》第620条"人民检察院可以采取以下方式进行羁押必要性审查:(一)对犯罪嫌疑人、被告人进行羁押必要性评估;(二)向侦查机关了解侦查取证的进展情况;(三)听取有关办案机关、办案人员的意见;(四)听取犯罪嫌疑人、被告人及其法定代理人、近亲属、辩护人,被害人及其诉讼代理人或者其他有关人员的意见;(五)调查核实犯罪嫌疑人、被告人的身体健康状况;(六)查阅有关案卷材料,审查有关人员提供的证明不需要继续羁押犯罪嫌疑人、被告人的有关证明材料;(七)其他方式"的规定进行审查。

承办人审查后,应当制作审查报告,审查报告应对犯罪嫌疑人是否有羁押必要性进行详细的评估,并提出对犯罪嫌疑人是否建议释放或变更强制措施的意见。

审查报告及全部案件材料报部门负责人审核,部门负责人应当提出审核意见,报检察长决定。对重大、疑难、复杂、拟建议释放或变更强制措施的案件或部门负责人认为有必要讨论的案件,提交部门集体讨论后,报检察长决定。

3. 羁押必要性审查的结论

《人民检察院刑事诉讼规则(试行)》第619条第2款规定:"释放或者变更强制措施的建议书应当说明不需要继续羁押犯罪嫌疑人、被告人的理由及法律依据。"

《人民检察院刑事诉讼规则(试行)》第621条规定:"人民检察院向有关办案机关提出对犯罪嫌疑人、被告人予以释放或者变更强制措施的建议的,应当要求有关办案机关在10日以内将处理情况通知本院。有关办案机关没有采纳人民检察院建议的,应当要求其说明理由和依据。对人民检察院办理的案件,经审查认为不需要继续羁押犯罪嫌疑人的,应当建议办案部门予以释放或者变更强制措施。具体程序按照前款规定办理。"

《公安机关办理刑事案件程序规定》第156条规定："犯罪嫌疑人被逮捕后，人民检察院经审查认为不需要继续羁押提出检察建议的，公安机关应当予以调查核实，认为不需要继续羁押的，应当予以释放或者变更强制措施；认为需要继续羁押的，应当说明理由。公安机关应当在10日以内将处理情况通知人民检察院。"

侦查监督部门进行羁押必要性审查后，认为犯罪嫌疑人不需要继续羁押的，应当制作《羁押必要性审查建议书》，该建议书应当载明不需要继续羁押的理由、证据及法律依据，建议有关机关或办案部门予以释放或者变更强制措施，并要求有关机关或办案部门在10日以内将处理情况通知侦查监督部门。对有关机关或办案部门没有采纳侦查监督部门的建议的，要求有关机关或办案部门向侦查监督部门说明理由和提供依据。根据《公安机关办理刑事案件程序规定》的规定，公安机关应在10日内将释放或者变更强制措施的处理情况或犯罪嫌疑人需要继续羁押的理由通知侦查监督部门。

对于职务犯罪案件上提一级审查逮捕案件的羁押必要性审查程序，《人民检察院刑事诉讼规则（试行）》并未单独作出规定，应参照以上程序办理。

（二）羁押必要性审查的内容

《人民检察院刑事诉讼规则（试行）》第619条第1款规定："人民检察院发现有下列情形之一的，可以向有关机关提出予以释放或者变更强制措施的书面建议：（一）案件证据发生重大变化，不足以证明有犯罪事实或者犯罪行为系犯罪嫌疑人、被告人所为的；（二）案件事实或者情节发生变化，犯罪嫌疑人、被告人可能被判处管制、拘役、独立适用附加刑、免予刑事处罚或者判决无罪的；（三）犯罪嫌疑人、被告人实施新的犯罪、毁灭、伪造证据，干扰证人作证，串供，对被害人、举报人、控告人实施打击报复，自杀或者逃跑等的可能性已被排除的；（四）案件事实基本查清，证据已经收集固定，符合取保候审或者监视居住条件的；（五）继续羁押犯罪嫌疑人、被告人，羁押期限将超过依法可能判处的刑期的；（六）羁押期限届满的；（七）因为案件的特殊情况或者办理案件的需要，变更强制措施更为适宜的；（八）其他不需要继续羁押犯罪嫌疑人、被告人的情形。"

该条文以列举的方式规定了羁押必要性审查的内容，即案件证据是否发生重大变化；案件事实或情节是否发生变化；社会危险性是否消除；案件事实是否已查清，证据是否已固定，是否符合取保候审、监视居住条件；羁押期限是否会超过判处刑期；羁押期限是否已满；因案件特殊情况或办案需要，是否需要变更强制措施；其他情形。需要强调的是，羁押必要性与逮捕必要性审查的社会危险性的内容并不完全相同，羁押必要性审查的内容中不包括有危害国家安全、公共安全或者社会秩序的现实危险的情形，即具有该情形的，符合羁押必要性条件，需继续羁押。

第二章
立案监督的程序与技巧

第一节 线索来源

《宪法》第 129 条规定:"中华人民共和国人民检察院是国家的法律监督机关。"这是人民检察院作为国家法律监督机关、享有法律监督权的原则性规定。立案监督属于人民检察院行使法律监督权的具体形式。它是对侦查机关的立案程序是否合法所进行的监督。

《刑事诉讼法》第 8 条规定:"人民检察院依法对刑事诉讼实行法律监督。"第 111 条进一步对立案监督作出了明确规定:"人民检察院认为公安机关对应当立案侦查的案件而不立案侦查的,或者被害人认为公安机关对应当立案侦查的案件而不立案侦查,向人民检察院提出的,人民检察院应当要求公安机关说明不立案的理由。人民检察院认为公安机关不立案理由不能成立的,应当通知公安机关立案,公安机关接到通知后应当立案。"这一规定对于解决侦查机关有案不立、有罪不究、以罚代刑,尤其是对于解决人民群众告状无门问题,促进侦查机关公正执法起到了十分重要的作用。最高人民检察院、公安部《关于刑事立案监督有关问题的规定(试行)》对立案监督的具体问题进行了明确。最高人民检察院《人民检察院刑事诉讼规则(试行)》细化并扩展了《刑事诉讼法》的规定。

立案监督的线索来源是人民检察院行使立案监督权的起点和基础。案件线索是决定刑事立案监督工作开展好与坏的关键因素。在实践中，一些检察机关能够卓有成效地开展刑事立案监督工作，很重要的原因就是案件线索来源的形式多样、渠道畅通。因而具备广阔合理通畅的线索来源并积极拓宽线索来源对于人民检察院刑事立案监督权具有十分重要的意义，也是立案监督制度得以发挥其作用的基础。

一、控告申诉

（一）被害人的控告申诉

被害人是指其合法权益遭受犯罪行为直接侵害的人。为了加强对被害人利益的保护，《刑事诉讼法》第106条第2项将被害人规定为当事人，并规定了一系列被害人的权利，其中就包括第108条规定的被害人的控告申诉权。在该条的理解上，对被害人是否只能对公安机关的不立案提出控告申诉，还是包括对属于人民检察院管辖的案件提出控告申诉，存在分歧。我们认为，从法律的规定来看，不包括人民检察院管辖的案件，但是从法律规定的精神来看，将人民检察院管辖的案件纳入被害人控告申诉的范围是具有合理性的，有利于保护被害人的权益。

被害人因为是直接遭受犯罪行为侵害的人，在心理上希望犯罪嫌疑人能够受到惩处，为了保护被害人的利益，《刑事诉讼法》将其作为立案监督材料的主要来源之一。这在很大程度上，对于打击犯罪，保障被害人的利益，抚慰被害人的精神，有着重要的意义。

被害人往往又是和犯罪分子有直接接触的人，所以对犯罪有较为直接和全面的了解。从这个角度来看，将被害人的申诉控告作为人民检察院立案监督的线索主要来源符合打击犯罪、追究犯罪的客观规律。

由于被害人的特殊身份，使得被害人在申诉控告时往往带有报复甚至复仇的目的，而且被害人往往都不具有法律的专业知识，因而在申诉控告时并非都像人民检察院具有公正客观的立场，而且也不具备检察官所掌握的丰富的法律知识和司法经验，从而导致被害人的申诉控告有时候与人民检察院对案件的认识有所不同，甚至相反。因此，《人民检察院刑事诉讼规则（试行）》第553条规定，人民检察院对被害人的控告应当受理并进行审查；第554条规定，审查中，可以要求被害人提供有关材料，进行必要的调查。该规定也是对被害人的无限制的控告申诉权的制约。

在刑事诉讼中，被害人的近亲属、法定代理人、委托代理人作为其他诉讼参与人参与诉讼，是基于被害人的当事人的地位及其权利的维护。也就是说，被害人的近亲属、法定代理人、委托代理人参与诉讼是被害人权利的延伸。《人民检察院刑事诉讼规则（试行）》第553条规定，被害人及其法定代理人、近亲属也是刑事立案监督申请人的范围。

（二）人民群众控告

在我国，中国共产党作为执政党，是依法治国和我国社会主义法治建设的领导力量。群众路线是党的根本工作路线。以毛泽东为代表的中国共产党在长期斗争中形成了一切为了群众、一切依靠群众和从群众中来、到群众中去的群众路线，并被载入了党的章程。

新中国成立之后，党领导国家进行了全新的法制建设，废除了国民党的六法全书，并将群众路线作为法制建设的指导原则。《刑事诉讼法》第6条规定："人民法院、人民检察院和公安机关进行刑事诉讼，必须依靠群众。"

在司法实践中，人民群众不论是对打击犯罪、追究犯罪还是对公安司法机关的监督，促进司法进步都将发挥重要的作用。

在检察实务中，人民群众一方面对犯罪行为或犯罪人进行检举控告，另一方面，对公安司法机关受理的检举控告进行监督。人民群众对其认为公安机关和人民检察院应当立案而不立案侦查的，向人民检察院提出控告的，人民检察院应当受理控告，并且进行审查，并依法作出相应的处理。

（三）行政执法机关提出意见

以往公安机关对行政执法机关移送的案件，如果应当立案而不立案侦查，行政执法机关对此缺乏有效的救济手段，检察机关也无从监督。《人民检察院刑事诉讼规则（试行）》第553条规定，行政执法机关认为公安机关对其移送的案件应当立案侦查而不立案侦查，向人民检察院提出的，人民检察院应当受理并进行审查。此规定改变了将行政执法机关明确纳入了立案监督的申请人的范围，明确建立了立案监督的投诉机制，体现了行政执法与刑事司法的衔接，拓宽了检察机关立案监督线索来源。

（四）犯罪嫌疑人控告申诉

《刑事诉讼法》没有明确规定，犯罪嫌疑人的控告申诉可以作为立案监督的线索来源。但是根据《人民检察院刑事诉讼规则（试行）》第558条的规定，对于公安机关不应当立案而立案侦查的，人民检察院应当依法通知公安机关撤销案件。由此可见，人民检察院的立案监督不仅限于对应当立案而不立案的监督，还包括对不应当立案而错误立案的监督。而对于错误立案的立案监督线索来源主要是正在被追诉的犯罪嫌疑人及其近亲属、法定代理人及其委托的律师的申诉。

二、检察机关自行发现

(一)通过办案发现

在司法实践中,人民检察院在对其管辖范围的案件进行立案侦查时,发现其正在进行侦查的案件中有属于公安机关管辖的案件,应当由公安机关立案侦查,而公安机关没有立案侦查的,可以对公安机关进行立案监督,发出不立案理由说明书,要求公安机关说明不立案的理由。在其认为公安机关的不立案理由不足时,应当要求公安机关立案侦查。

人民检察院在审查逮捕或审查起诉工作中发现公安机关或者本院侦查部门应当立案侦查的案件而没有立案的,应当要求公安机关说明不立案的理由或者建议侦查部门报请立案侦查。

(二)提前介入引导侦查发现

引导侦查是检察机关通过介入侦查,主动地参与公安机关侦查活动的一项创新性的工作机制。尽管引导侦查的初衷不是为了展开立案监督,但却是开展立案监督工作的途径之一。在司法实践中,人民检察院对于重大疑难案件的侦查可以提前介入。在提前介入引导侦查的过程中,人民检察院一方面协助指导侦查,另一方面对于侦查程序进行法律监督,对侦查过程中的违法行为进行监督,同时对于该过程中发现的违法行为,应当立案侦查。而公安机关或者其他依法享有侦查权的机关没有立案侦查的,应当依法要求其说明不立案的理由,并依法审查。对于不立案的理由不成立的,应当对其发出通知立案书,要求其立案。

在检察实务中,人民检察院通过引导侦查活动,拓展了刑事立案监督的线索来源,会给刑事立案监督工作的开展带来意想不到的收获。

(三)建立与行政执法衔接机制,从行政处罚中发现

工商、税务、食药监、质监、烟草等行政执法机关查处的有关案件,如果涉嫌犯罪,应当移送公安机关进行侦查。最高人民检察院《人民检察院办理行政执法机关移送涉嫌犯罪案件的规定》确立了接受人民检察院监督的原则。在我国,行政处罚依据的法律法规中有许多规定是其行为本身只要达到一定的条件,如数额巨大、特定时期、特殊地点、情节严重等就可以构成犯罪。因而,行政机关进行行政处罚时,如果对于构成犯罪的行为进行出罪处理,以规避刑罚处罚,把应当移交公安机关或者人民检察院立案侦查的案件不移交的,人民检察院侦查监督部门对同级行政执法机关查处行政违法案件、移送涉嫌犯罪案件情况,可以进行检查和个案抽查,查阅行政执法机关的移送案件文书、行政处罚文书及相应的台账、资料,重点检查有无涉嫌犯罪案件不移交、以罚

代刑的情况。必要时，上级人民检察院可以会同上级行政执法机关联合进行检查或抽查。侦查监督部门发现有证据证明涉嫌犯罪的案件，行政执法机关应当移送侦查机关而未移送的应当制作《移送案件通知书》，通知行政执法机关在3日内向有管辖权的侦查机关移送案件。

实践证明，注意审查劳动教养、行政拘留等行政处罚案件，从中发现公安机关应当立案侦查而不立案侦查，行政机关应当移送立案而不移送的案件，对于解决当前存在的较为严重的有案不立、以罚代刑的现状有重要的意义，同时也是解决刑事立案监督案源的重要途径之一。

（四）检察机关其他内设部门移送

人民检察院按照法律规定和业务分工的需要，内部分别设置了不同具体职能的机构，分别承办侦查、审查逮捕、审查起诉等业务。除侦查监督部门外还有控告申诉检察部门、反贪污贿赂部门、渎职侵权检察部门、公诉部门、监所检察部门、民事行政检察部门等。这些检察机关的内设部门都承担打击犯罪、追究犯罪的职责，但又各有分工，分别承担相应的具体职责。各部门在履行其具体职责的时候，发现有犯罪需要追究，而公安机关或者本院的侦查部门没有立案侦查的，应当将相关的情况移送给承担立案监督的侦查监督部门，由侦查监督部门依法审查并经检察长或检察委员会讨论决定，通知公安机关或者建议本院侦查部门立案侦查。

三、其他途径

（一）党委、人大、政府信访部门、上级检察机关交办以及下级检察院报告

在我国，党对国家的领导是组织上和政治上的领导，党委对司法工作的领导也是如此，而不是对具体案件的指导和干预。但是党委对其认为是应当受到法律追究的犯罪行为，而公安机关或者检察院侦查部门没有立案的，可以以建议的形式给人民检察院提供立案监督的线索。

人民代表大会制度是我国的根本政治制度。人民代表大会是我国的权力机关，人民检察院由人民代表大会产生，并受人民代表大会监督。人民代表大会同样不能对具体案件进行干预，而只能通过对人民检察院的年度工作报告的审议对其行使监督权，但是人民代表大会在检查法律的实施以及了解选民情况的过程中，发现公安机关或检察院侦查部门应当立案侦查而没有立案的，可以向人民检察院发出质询，要求人民检察院予以说明，从而给人民检察院提供立案监督的线索。

党委、政府信访部门是人民群众控告申诉的又一个渠道，其中不乏对司法机关不当法律行为的反映，加强与政府信访部门的联系和配合，有利于检察机

关及时获取立案监督线索。

我国的检察系统实行上下级检察机关的垂直领导。下级检察院在业务上受上级检察院的领导。在具体的检察实务中，上级人民检察院发现的应当由下级人民检察院侦查部门或者下级人民检察院的同级公安机关立案侦查而没有立案的，可以将该案件交给下级人民检察院办理。下级人民检察院发现应当由上级人民检察院侦查部门或者上级人民检察院的同级公安机关立案侦查而没有立案的，应当将该线索上报上级人民检察院，由上级人民检察院进行立案监督。

（二）新闻媒体和网络的舆情中发现

新闻媒体被称为现代法治国家的"第四种权力"，已经广泛地深入到国家社会生活的各个方面，其在国家社会生活中的作用日益明显。在我国建设社会主义法治国家的进程中，一方面需要大众媒体的法制宣传；另一方面大众媒体对新闻事件的报道以及案件的报道，是对司法机关的具体司法行为的监督。随着社会监督渠道的不断增多，媒体、网络等发挥着越来越重要的作用，积极关注媒体网络舆情，有利于拓宽立案监督线索来源。

2011年5月，检察机关网络舆情员在某论坛上发现，乘客周某在公交车上与驾驶员发生口角后，周的丈夫薛某朝正在驾驶公交车的驾驶员面部猛击，致驾驶员受伤。检察机关经调查发现，公安机关当时已对此案进行调查，并对本案进行现场治安调解处理结案。检察机关认为薛某殴打正在驾驶公交车的驾驶员，对公交车上乘客及街道上不特定多数人的生命、健康安全造成危害，其行为涉嫌以危险方法危害公共安全罪，而公安机关仅作为一般治安案件处理不当。检察机关随即启动立案监督程序，公安机关立案侦查后，薛某最终被判处有期徒刑3年2个月。

（三）日常生活中发现

检察官在日常生活中，同样要和社会接触，广泛了解社会生活和国家政治生活。虽然法律并不要求检察官在日常生活中仍然保持着工作状态，但是作为训练有素，具备丰富的法律知识和司法经验，具有敏锐的法律眼光和法律意识的检察官，在日常生活中接触各种信息时，必然会用法律人的眼光去分析对待，因而在日常生活中，检察官仍然可能发现各种立案监督的线索。

检察官将其在日常生活中发现的立案监督材料，依法反映给侦查监督部门，由侦查监督部门依法进行调查核实，并依法处理。

第二节 监督内容

《刑事诉讼法》第110条规定:"人民法院、人民检察院或者公安机关对于报案、控告、举报和自首的材料,应当按照管辖范围,迅速进行审查,认为有犯罪事实需要追究刑事责任的时候,应当立案;认为没有犯罪事实,或者犯罪事实显著轻微,不需要追究刑事责任的时候,不予立案,并且将不立案的原因通知控告人。控告人如果不服,可以申请复议。"该条规定了立案的两个基本要素,即有犯罪事实发生,需要追究刑事责任。立案监督的内容就是对立案主体的立案或者不立案的行为事实对象如何处理的行为规范实施监督的方法和步骤。同时,立案监督应当突出重点,全国检察机关第三次侦查监督工作会议指出:侦查监督部门立案监督的重点将放在事关国计民生、社会危害性大、严重影响经济发展和社会和谐稳定的案件上。

一、对公安机关应当立案侦查而不立案侦查案件的监督

在现行《刑事诉讼法》中,立案程序是侦查机关实施侦查措施和采取其他强制措施的必经程序,没有立案程序和立案记录的,侦查机关不得实施侦查行为。所以立案是整个刑事诉讼程序的开端和起始点。"应当立案"是指已经发生的行为事实符合我国《刑法》规定的犯罪构成要件,并且不具有《刑法》规定的违法阻却事由,公安机关应当将该行为作为一个犯罪案件进行侦查处理的行为。公安机关对于应当立案而不立案的行为,属于违反《刑事诉讼法》的行为,应该纠正。检察机关对公安机关应当立案而不立案侦查的案件有权依据宪法和法律的规定,对其实施检察监督。

《刑事诉讼法》第87条规定:"人民检察院认为公安机关对应当立案侦查的案件而不立案侦查,或者被害人认为公安机关对应当立案侦查的案件而不立案侦查,向人民检察院提出的,人民检察院应当要求公安机关说明不立案的理由。人民检察院认为公安机关不立案理由不能成立的,应当通知公安机关立案,公安机关接到通知后应当立案。"这是检察机关对公安机关应当立案而不立案的行为实施立案监督的法律依据。

《刑事诉讼法》没有具体规定专门的控告人复议或者异议的程序或条款。此种复议程序也不遵循行政复议法所规定的复议程序,而是在原作出不立案决定的机关内部进行复议,即自我检查式的再次讨论决定。控告人是否必须经过复议程序,才可以向检察机关控告,或者说,检察机关是否在控告人寻求到公

安机关复议再次决定不立案以后，才进行调查，并就立案情况向公安机关发出要求说明不立案理由通知书，或者通知立案书，法律都未明确规定。实践中，由于控告人申请复议并不是必经程序，所以控告人要求复议的，公安机关一般只由原不立案决定作出者复查，并不是由原不立案决定作出者以外的人员复议。

在行政机关向公安机关移送涉嫌犯罪的案件中，行政机关可以对公安机关的不立案决定申请复议，遵循《行政执法机关移送涉嫌犯罪案件的规定》第9条的规定。该条规定："行政执法机关接到公安机关不予立案的通知书后，认为依法应当由公安机关决定立案的，可以自接到不予立案通知书之日起3日内，提请作出不予立案决定的公安机关复议，也可以建议人民检察院依法进行立案监督。作出不予立案决定的公安机关应当自收到行政执法机关提请复议的文件之日起3日内作出立案或者不予立案的决定，并书面通知移送案件的行政执法机关。移送案件的行政执法机关对公安机关不予立案的复议决定仍有异议的，应当自收到复议决定通知书之日起3日内建议人民检察院依法进行立案监督。公安机关应当接受人民检察院依法进行的立案监督。"该条将复议与建议检察机关进行立案监督并行，移送机关具有选择的空间。

目前，在实践中，在公安机关违法不立案的情况发生后，检察机关知晓这一情况的方式和途径并不宽广，立案监督线索主要来自被害人、控告人或行政机关的控告或移送，或者检察机关办案的过程中获悉的。

根据《人民检察院刑事诉讼规则（试行）》规定，人民检察院发现公安机关对应当立案侦查的案件不立案侦查的，由侦查监督部门审查；侦查监督部门经过调查、核实有关证据材料，认为需要公安机关说明不立案理由的，经检察长批准，可以要求公安机关在7日内书面说明不立案的理由。经人民检察院侦查监督部门审查，认为公安机关不立案理由不能成立的，经检察长或者检察委员会讨论决定，应当通知公安机关立案。《人民检察院刑事诉讼规则（试行）》规定，被害人认为公安机关对应当立案侦查的案件不立案侦查，向人民检察院提出的，人民检察院控告检察部门应当受理，可以要求被害人提供有关材料后，及时将案件移送侦查监督部门审查。侦查监督部门经过调查、核实有关证据材料，认为需要公安机关说明不立案理由的，应当要求公安机关说明不立案的理由。侦查监督部门认为公安机关不立案理由成立的，应当通知控告检察部门，由控告申诉部门在10日内将不立案的理由和根据告知被害人；认为公安机关不立案的理由不能成立的，应当按照该规则第558条第1款的规定，通知公安机关立案或者撤销案件。根据《人民检察院刑事诉讼规则（试行）》第554条和第555条之规定，检察机关的刑事立案监督职能分别由侦查监督部门和控告检察部门行使（审查逮捕部门主要负责审查、监督侦查机关在刑事立案活动中的违法行为，控告申诉部门主要受理当事人对刑事立案活动中的违法行为的申诉）。"六部委"《关于实施刑事诉讼法若干问题的规定》第18条规定："公安机关在收到人民检察院《要求说明不立案理由通知书》后7日内应当将说明情况书面答复人民检察院。人民检察院认为公安机关不立案理由不能成立，发出《通知立案书》时，应当将有关证明应该立案的材料同时移送公安机关。公安机关在收到《通知立案书》后，应当在15日内决定立案，并将立案决定书送达人民检察院。"以上规定是检察机关立案监督的基本程序，即刑事立案监督案件的受理——要求公安机关说明不立案的理由——认为公安机关说明的不立案的理由不成立时通知公安机关立案侦查。

同时，检察机关在初查时不应随意启动要求公安机关说明不立案理由的程序，如果审查到有以下情形，如没有材料证明公安机关已经接到案件线索或者获知案件线索的；公安机关受理案件尚在审查是否立案或进行检验、鉴定期限内的；属于追捕漏犯或者追诉漏罪的；轻微刑事案件已经达成刑事和解的等，这些情形不属于公安机关应当立案而不立案，就不宜要求公安机关书面说明不立案理由。

在实践中，公安机关应当立案而不立案主要有以下情形：

（一）基于业绩考核或侦查谋略需要的不破不立

"破案"一般是指侦查机关在发现犯罪事实以后，查获犯罪嫌疑人，或者控告某人涉嫌犯罪，查清了某人确实实施了犯罪行为。在共同犯罪案件中，查获部分犯罪嫌疑人也属于破案。所谓"不破不立"，是指刑事立案主体对案情复杂，一时难以侦破的案件，不立案就开展侦查，待破了案再补办立案手续。造成这种现象存在的原因主要有两方面，一是公安机关内部有侦破案件的年度考核指标，发案数和破案率不仅是刑警部门的工作业绩指标，而且还是地方治安状况的"晴雨表"；二是出于破案的需要和侦查保密的需要。虽然立案以后，侦查措施仍然可以采取必需的保密方式，但是知悉案件情况的人员范围会扩大，可能不利于案件的顺利侦破。这种情况，在无具体被害人的犯罪案件或侦查有组织犯罪案件和团伙犯罪案件中比较常见。有时候，处于侦查策略或保护线人的需要，也采取有案不立，待破案后再立案的方式。

对于基于年度考核指标而不破不立的情况，检察机关立案监督的措施必须严格按照法律和有关解释的规定实施监督，向公安机关发出《要求说明不立案理由通知书》，如无其他不立案的正当理由，向公安机关发出《立案通知书》，并根据《人民检察院刑事诉讼规则（试行）》第560条的规定，依法对通知立案的执行情况进行监督。必要时检察机关采取重大案件提前介入的策略，协助公安机关侦破案件。《江淮法治》2005 年第 10 期就刊载一则成功的立案监督的案例。2003 年春节前后，唐河县几个乡镇接连发生了恶性抢劫案件。群众已经向公安机关报了案，却一直没有结果。唐河县检察院得知后，派员赶到县公安局驻该镇派出所询问查处情况。派出所负责同志告诉他们，由于犯罪嫌疑人作案手段狡猾，作案过程简单，持续时间短，现场不留作案痕迹，缺少销赃环节，查实线索较少，即使立案后，侦破难度也很大，所以一直没有立案侦查。唐河县检察院认为应监督办理此案，随后于 2003 年 3 月 4 日向公安机关发出了《说明不立案理由通知书》，监督侦查机关立案侦查，介入此案的侦查活动，引导侦查取证。检察院的主动监督、引导侦查终于使这一涉案14 人的特大抢劫犯罪团伙落入法网，主犯被判处死刑。

基于侦查技术和策略的需要而不立案的，检察机关应适当考虑破案的需要，而不宜简单催促监督公安机关立案。对于有被害人或者控告人的，检察机关控申部门还需做好解释工作，但不宜向其透露不立案的真实原因。

（二）业务性的非刑罚化处理的应立而不立

该种情况是指公安机关把应当追究刑事责任的案件以治安处罚案件立案或者处理，区别于后文所指涉的因为权力寻租或权力庇护而产生的应立而不立的情形。非刑罚化处理轻微的犯罪案件是刑法发展的一个趋势，即所谓轻轻重重的刑事政策。《刑事诉讼法》第 110 条前句后段 "认为没有犯罪事实，或者犯罪事实显著轻微，不需要追究刑事责任的时候，不予立案，并将不立案的原因通知控告人"，赋予公安机关对于所获事实进行性质判断的自由裁量权。"没有犯罪事实"指符合《刑法》第 13 条的 "但书" 规定，或者根本就没有违法事实发生。"不需要追究刑事责任" 指公安机关根据《刑法》的规定，对于查明的事实明显不具有应受刑事处罚性的，就可以不立案。非刑罚化处理的应立而不立的案件是指符合《刑事诉讼法》规定的立案标准而不立案。这种情形已经超越了公安机关的自由裁量权范围。常见的就是以罚代刑、以劳代刑等。我们国家对犯罪概念和行为的确定不同于大陆法系国家，更与英美法系国家不同，比如，日本的无证驾驶，甚至闯交通红灯，都属于犯罪。我国的犯罪行为的确要比普通违法行为的社会危害性更重，一些行为在罪与非罪的边缘化状态，大量的治安违法行为与刑事犯罪行为往往具有一致的方面。而且由于被害人因素的影响，比如获得的经济补偿或经济赔偿较多，也往往倾向于非刑罚化处理。曾经有一交通肇事罪嫌疑人家属，对被害人家属明示，如果被害人家属不告，将愿意赔偿 40 万元。如果被害人家属控告，肇事者服刑，肇事者家属将不会给付任何赔偿。从犯罪统计学上看，这种警察业务性地对犯罪行为实施非刑罚化处理，可能增添犯罪黑数，也可能使得警方把严重犯罪案件故意或消极地当做轻微案件处理。检察机关对于在工作中获悉的这种应立案而不立案的案件,有必要依法实施监督。

(三) 权力寻租或权力庇护背后的应立而不立

公安机关对符合法定立案条件的案件故意不予立案或者以罚代刑、以劳代刑等。主要有两种表现形式:一是公安机关接到报案或者已经发现犯罪事实、犯罪嫌疑人,故意不作出刑事立案决定;二是公安机关以治安处罚标准或方式立案处理应当受刑事处罚的案件,即"以罚代刑"。这种故意往往出于执法人员权钱交易、权权交易、以权谋私、徇私枉法等原因。这种有案不立的情况是检察监督的重点。

案例1:1995年8月,甲、乙、丙三人轮奸一名17岁少女。被害人父亲到公安局报案。接警民警认为证据不足,也不做调查,就将被害人和其父亲用警车遣送回村。被害人和其父母亲感到告状无门,于1996年1月,在省委领导到被害人所在的县检查工作之际,被害人以在白绸布上写上血书的方式申冤。后该案依据《刑事诉讼法》第18条第2款的规定以及最高人民检察院《关于人民检察院直接受理立案侦查案件范围的规定》第2~4条的规定,由人民检察院直接立案侦查,对该3名涉嫌犯罪人的亲属就包庇和帮助犯罪分子逃避刑事处罚的行为实施立案监督。

案例2:2000年年底,某县级市税务局一税务检查小组三人在年终例行税务、企业账目规范化检查中,查明某公司偷逃税款4万元,占该企业全年应纳税款总额的12%。经税务机关依法下达追缴通知后,该公司仍拒绝补缴应纳税款和滞纳金,税务机关根据国务院《行政执法机关移送涉嫌犯罪案件的规定》,将案件移送公安机关处理。在该案件办理过程中,该公司向公安局某侦查大队"捐款赞助"5万元。经群众举报,检察机关于2001年4月1日,向公安机关发出《说明不立案理由通知书》。公安机关答复该案件属于一般性偷漏税款案件,已经由税务机关和公安机关对公司负责人和公司实施行政处罚。后检察机关认为此理由不成立,便发出《通知立案书》,公安机关将此案作为刑事案件处理,重新立案侦查。

近几年来,行政执法领域涉嫌犯罪的行为增加幅度很大,而我国的检警关系并不像某些国家那样,警察有向检察官报告本辖区内重大案件发生情况的法律义务,使得检察机关掌握移送案件中的立案信息很不全面,知情权受到极大的限制。在当前司法实践中,检察机关对于行政执法领域的立案监督较少,因而造成行政执法机关对破坏市场经济秩序犯罪案件行政处理多,移送司法机关追究刑事责任少的现象,甚至有些行政执法机关因受部门利益的驱动,把一些应向司法机关移送的涉嫌犯罪的案件没有移送,或者以行政处罚代替刑事处罚。因此，必须按照《关于加强行政执法机关与公安机关、人民检察院工作联系的意见》的要求，建立三机关信息共享平台，由行政执法机关应当定期向公安机关、人民检察院通报查处破坏社会主义市场经济秩序案件情况以及向公安机关移送涉嫌犯罪案件情况；公安机关应当定期向行政执法机关通报行政执法机关移送案件的受理、立案、销案情况；人民检察院应当定期向行政执法机关通报立案监督、批捕、起诉破坏社会主义市场经济秩序犯罪案件的情况，并根据最高人民检察院《人民检察院办理行政执法机关移送涉嫌犯罪案件的规定》关于"检察机关发现行政执法机关应当移送的涉嫌犯罪案件而不移送的，可以提出检察意见"的规定，开展多向联系，可以及时行使立案监督权。

（四）消极管辖产生的应立而不立

管辖问题可能产生两种情形，即应当立案而不立案和不应当立案而立案。积极管辖，即公安机关争夺管辖权，易于产生不应当立案而立案的现象；消极管辖，即公安机关推卸管辖权，易于产生应当立案而不立案的情形。消极管辖产生的应当立案而不立案的情况，主要发生在地区管辖冲突中。如 A 省 B 市一辆出租车在开往邻省 J 省 X 市的途中失踪，司机可能被杀害。B 市和 X 市的公安机关都不履行立案管辖义务。B 市检察院向 B 市公安机关发出《说明不立案理由通知书》。公安机关答复说案件不是发生在 B 市境内，本市公安机关无管辖权。检察院认为本理由不能成立，因为本案件具有流窜作案的特点，究竟犯罪行为和危害结果发生在哪里，在没有明确查清之前，只要怀疑司机遭到抢劫或杀害，B 市公安机关就应当立案，进行侦查。随后向公安机关发出《通知立案书》，要求公安机关立案侦查。B 市公安机关立案后，通过上级公安机关的协调，取得了 X 市公安机关的积极配合和支持，B 市检察机关将立案监督概要书面函告 X 市检察院，希望 X 市检察院能够与 X 市警方一起，对 B 市警方侦查予以支持。这样，两地警检协调合作，最终将这起抢劫杀人案件成功告破。

检察机关在实施该类情形的监督时，比较容易产生预期的效果。不过，由于各地的公安机关办案经费紧张和其他一些情况，如命案必破的行政性压力，因此，检察机关对于由于管辖权消极冲突而产生的应当立案而不立案的案件的监督，往往需要超越省界、市区的限制，实现多单位合作。虽然从制度上看，检察一体、警察一体，但由于机关经费由各地政府承担，难免有不一致的地方。

（五）自诉与公诉案件的界限模糊产生的应立不立

被害人有证据证明的轻微刑事案件，因证据不足被驳回自诉或人民法院认为被告人可能判处 3 年以上有期徒刑，移交公安机关处理，公安机关应当立案侦查而不立案侦查；人民法院对公民提出的自诉案件以不属于自诉案件为理由不予立案，而公安机关又以自诉案件归法院受理为由不予受理，属于自诉与公诉界限模糊所产生的公安机关应立案而不立案的情形。为了解决被害人救济途径不畅的问题，《刑事诉讼法》扩大了被害人及其近亲属自诉案件的范围，还增加了公诉转自诉的法律规定。《刑事诉讼法》第204条规定了自诉案件的三个范围：告诉才处理，被害人有证据证明的轻微刑事案件以及被害人有证据证明对被告人侵犯自己人身、财产权利的行为应当依法追究刑事责任，而公安机关或者人民检察院不予追究被告人刑事责任的案件。为了进一步明确条文含义，《刑事诉讼法》第204条第2项规定由人民法院直接受理的"被害人有证据证明的轻微刑事案件"是指下列被害人有证据证明的刑事案件：(1)故意伤害案（轻伤）；(2)重婚案；(3)遗弃案；(4)妨害通信自由案；(5)非法侵入他人住宅案；(6)生产、销售伪劣商品案件（严重危害社会秩序和国家利益的除外）；(7)侵犯知识产权案（严重危害社会秩序和国家利益的除外）；(8)属于《刑法》分则第四章、第五章规定的，对被告人可以判处3年以下有期徒刑刑罚的其他轻微刑事案件。上述所列八项案件中，被害人直接向人民法院起诉的，人民法院应当受理，对于其中证据不足、可由公安机关处理的，应当移送公安机关立案侦查。被害人向公安机关控告的，公安机关应当受理。

自诉案件有两个标准：一是范围明确，超越自诉案件的法定范围的案件就不能作为自诉案件处理；二是自诉人主张权利必须依法履行证明责任，达不到证明标准要求的，必须补充证据或者被法院驳回起诉。对于第一个标准，法院认为自诉的案件是应当由公安机关管辖的公诉案件的，将案件移送公安机关立案侦查。这样有利于保护被害人的权利。比如上述八项案件中的第(6)、(7)、(8)项案件的公诉与自诉的判断标准就依赖于警察、检察官和法官的个别化判断。对于第二个标准，自诉人收集的证据达不到案件证明标准时，法院将案件移送公安机关后，公安机关应当立案。如果公安机关对移送的案件不立案，自诉人向检察院提出的，检察机关应当发出《说明不立案理由通知书》，认为不立案理由不成立的，再发出《通知立案书》。

(六) 其他公安机关应立案而没立案的情形

在实践中，可能会出现一些公安机关其他应立案而没立案的情形，也应启动刑事立案监督程序来处理。这些情形主要包括以下两类：一是法院已作生效判决，检察机关发现遗漏的共犯，公安机关应该立案而没有立案的。此类案件在批捕、起诉或审判阶段，可通过启动追捕、追诉方法来解决，但判决生效后，只能启动立案监督程序来处理新案件。二是行政执法机关在行政执法中发现应当追究刑事责任的案件移送公安机关，公安机关应该立案而没有立案的。

二、对不应当立案侦查而立案侦查案件的监督

不应当立案而立案的案件是指案件的事实不构成犯罪或者构成犯罪但不需要给予刑事处罚的案件，简单说就是不符合立案标准的案件，人为地将其作为刑事案件处理的情形。

《刑事诉讼法》第111条规定，人民检察院仅对公安机关"应当立案而不立案"的行为进行刑事立案监督，即只规定了对消极立案行为的法律监督，对"不应当立案而立案"的积极立案行为的法律监督未作明文规定。基于此，有人认为立案监督的内容只能是应当立案而不立案侦查的情况，对不应当立案而立案的情况则不在立案监督的内容之列，检察机关若要监督并无法律上的依据。在实践中也造成许多积极立案行为中的违法现象得不到及时纠正的负面影响。为此，2000年1月13日，最高人民检察院侦查监督厅下发了《关于人民检察院立案监督工作问题的解答》，其中第19条规定："人民检察院发现公安机关确属不当立案而立案侦查的，可以向公安机关提出纠正违法意见。"

《刑事诉讼法》第111条立法的基本意图，一是对警察部门秉持决定信任的态度，二是认为警方即使对不该立案的案件立案了，还有检察机关批捕权力的制约和把关。事实上，积极立案行为中的违法现象也大量存在，其危害与消极立案中的违法行为造成的危害同样是比较大的。如果不对积极立案行为实施监督，其中的违法行为就得不到及时纠正，立案的合法性就失去了保障。这样的立案监督制度本身就是片面的、不科学的。《人民检察院刑事诉讼规则（试行）》第558条规定，对于公安机关不应当立案而立案侦查的，人民检察院应当依法通知公安机关撤销案件。第555条规定，有证据证明公安机关可能存在违法动用刑事手段插手民事、经济纠纷，或者利用立案实施报复陷害、敲诈勒索以及谋取其他非法利益等违法立案情形，尚未提请批准逮捕或者移送审查起诉的，应当要求公安机关书面说明立案理由。这些都是各级检察机关对不应当立案而立案的行为的监督法律依据。当然，从法律完善和法律效力层次角度看，应当在《刑事诉讼法》中明确将公安机关不该立案而立案的情形包括在刑事立案监督中。

在实践中，自2002年开始，各地检察机关开始了对已立案件进行监督的尝试，并逐渐将其纳入目标考核的范围。检察机关在进行监督公安机关不应当立案而立案的过程中，应当注意，如明显有：公安机关以事立案，犯罪嫌疑人尚未确定的；因证据不足不批准逮捕，需补充侦查的；盗窃、诈骗等侵犯财产类案件，尚未达到法定追诉标准，但有流窜作案、多次作案嫌疑的；同一犯罪嫌疑人被以多个罪名立案侦查，其中部分罪名不构成犯罪的等情形，就不属于

公安机关不应当立案而立案，不宜要求公安机关书面说明立案理由。针对公安机关不该立案而立案的行为实施立案监督，检察机关要针对下列情况并分不同情形，采取不同的监督措施。

（一）打击报复、徇私枉法、徇情枉法，将普通民事纠纷或工作失误刑事化

不该立案而立案，把普通民事纠纷或工作失误刑事化、犯罪化处理，往往基于个人利益的驱使。有时候未必是警察个人利益，甚至与警察的本意相反，可能基于上级机关个别领导人的个人意志而使得公安部门迫于其淫威，不得不作刑事立案处理。例如，A女与B女因为自行车相撞，造成B女左腿裤缝裂开。经小区居委会调解，A女赔偿B女医疗诊断费和赔偿费100元。事隔半月后，公安局以涉嫌伤害罪立案侦查，对A女实施刑事拘留。警方拘留的证据有医院的诊断住院费、医药费收据和某医疗鉴定机构出具的伤害等级鉴定意见书。该鉴定意见书认为，B女的脊椎骨第三锁骨发生骨折。对A女以伤害罪立案并拘留，并非警方本意，而是迫于B女家庭背景的压力。公安机关将此案报请批捕时，检察机关侦查监督部门以鉴定意见不可靠、证据不足为由，不予批捕。虽然公安机关立即将A女释放，但由于错误立案和刑事拘留给当事人身体、精神、名誉等造成的损失和伤害却很大。

对于此类案件的监督，检察机关的立案监督显然是"迟到的春天"。从目前法律规定和实践运作经验看，检察机关对公安机关此类立案程序的监督往往是事后监督，被动地等待警方将案件报送本机关审查。如果被害人或其近亲属没有向检察机关申诉或控告，检察机关无法知悉已经立案的程序是否合法。这就是学界所说的检察机关对被监督机关进行诉讼程序的行为缺乏知情权的现象。对于此类立案监督，检察机关只能尽可能地从法律规定方面争取完善，建立公安机关立案登记报送检察机关制度；增强信息交流，借助新闻媒体，向社会各界宣传检察机关对已立案件监督的工作职能；与有关部门建立立案监督工作联系制度，通过群众举报，当事人控告申诉，法院民庭移交等多种途径，解决信息渠道不畅通的问题。

（二）经济、商事纠纷刑事化

随着市场经济的建立和社会结构转型，经济和商事领域的犯罪行为伴随着经济、商事纠纷同步大量增加，犯罪罪名也大量增多。由于法律调控规范的缺失和社会主体行为的失范，经济领域的纠纷常常与犯罪行为相混淆或混合。例如，2008年付某向谭某借款23万元，同时约定了高额利息，付某写了一张33万元的借条。还款期限届满时付某无法归还借款及利息。谭某持借条向法院起诉，法院支持了谭某的诉求，判决付某还款。付某遂于2012年2月向公安机

关报案称谭某发放高利贷，公安机关以谭某涉嫌非法经营立案。检察机关接到谭某的申诉后，经调查，认为本案不应按犯罪处理，即要求公安机关说明立案理由，公安机关认为谭某的借款行为属于非法发放贷款，扰乱了金融秩序。检察机关认为谭某与付某存在民间借款行为，其约定的利息未高于银行同期同类贷款利率的4倍并得到法院生效判决书确认，该行为不符合非法经营罪的构成要件，因此向公安机关发出了撤销案件通知书。

造成经济、商事案件刑事化的不该立案而立案的诱因有两个方面：一方面，许多经济纠纷当事人认为遭遇生意对方欠债不还，最便捷有效的讨债方式就是借助公安机关的权力逼迫对方还账。他们故意夸大欠债事实，歪曲债务性质，甚至虚构票据账目证据，使公安机关相信发生了经济犯罪，诱导公安机关干涉经济纠纷，以经济犯罪案由入手变相追讨债务，迫使对方当事人处于不平等的被立案侦查进行刑事责任追究地位而达成所谓还款协议。另一方面，公安机关利用职权搞创收，人为制造经济犯罪案件。如有的公安机关把明显是经济合同纠纷或债务纠纷的案件，立为诈骗刑事案件，为一方当事人追款讨债；对于不得不放弃立案程序权力的案件，也以"事实待查、证据待足"为借口，长期列为在侦案件，使当事人长期处于刑事追诉的潜在阴影之下；有的办案人员在羁押当事人期间并不积极侦查案件，而是故意长时间不结案，恶意运用权力，企图通过限制当事人人身自由施加压力，达到为报案人索要欠款的目的。

实践中，公安机关对不应立案侦查的案件而立案侦查的随意立案现象，往往伴随着受利益驱动、地方和部门保护主义等倾向，还具有导致公安机关借行使侦查权为名而大量规避法院对其具体行政行为的审查的主观恶意倾向。为此，公安部于1989年至1995年，连续下发了《关于公安机关不得非法越权干预经济纠纷案件处理的通知》、《关于严禁公安机关插手经济纠纷违法抓人的通知》、《关于禁止越权干预经济纠纷的通知》一系列内部规范性文件，严厉禁止这种现象的发生。

针对经济、商事领域中公安机关不应立案而立案、滥用刑事立案权的行为，检察机关的立案监督途径有两个方面：一是侦查监督部门利用不批捕的程序权力对其进行控制监督。但是，检察机关不批捕的，警察可以依据刑事诉讼法规定，为羁押中的当事人变更强制措施，反而使得当事人处于不稳定的悬浮式诉讼状态。检察机关在决定不批捕的同时，应该审查公安机关的立案条件是否符合法律规定。虽然不批捕合法地阻止了刑事诉讼程序的进一步推进，但并不是对滥用立案权的违法行为的制裁和惩罚，所以，批捕部门应该在审查逮捕条件时，继续审查立案的合法性。对于属于不该立案而立案的，应当依法通知公安机关撤销案件。二是检察机关控告检察部门接受被追究者及其亲属的控告后，控告申诉部门应将控告申诉材料转交侦查监督部门审查，如经调查发现公安机关的立案决定确有错误，应及时向公安机关提出纠正意见，并监督公安机关的执行情况。

（三）管辖积极冲突产生的不应立案而立案

《公安机关办理刑事案件程序规定》第18条规定，几个公安机关都有权管辖的刑事案件，由最初受理的公安机关管辖。必要时，可以由主要犯罪地的公安机关管辖。第19条规定，对管辖不明确的刑事案件，可以由有关公安机关协商确定管辖。第22条规定，公安机关内部对刑事案件的管辖，按照刑事侦查机构的设置及其职责分工确定。根据《刑事诉讼法》的规定，公安机关在职能管辖案件范围内，其内部不同的部门再次进行各自立案、侦查的分工，因而存在着立案方面的冲突。公安机关内外部管辖的积极冲突表现在三个方面：基于职能管辖而与检察机关发生的立案冲突，基于地域管辖而与其他同级公安机关发生的冲突，基于公安机关内部不同立案权部门之间的管辖冲突。

对于由于与检察机关立案管辖方面的冲突而发生的不应当立案而立案的案件，检察机关在得知信息后，应将属于自己管辖的案件，按照《刑事诉讼法》的规定，直接要求公安机关将案件移送检察机关，无须采用指令性要求公安机关纠正违法立案的方式。对于主罪的管辖主体归属的判断，检察机关在调查之后，认为公安机关立案是错误的，检察机关应该为主侦机关，应该要求公安机关移送案件；拒绝移送的，应向公安机关发出《纠正违法通知书》。对于在审查逮捕程序中，检察机关才获知因为与检察机关管辖冲突而立案错误的，应要求公安机关将案件立即移送检察机关管辖。

对于公安机关内部之间因为管辖冲突而将不该立案的案件立案的，检察机关应要求立案的部门将案件移送至有管辖权的部门立案侦查。对于因为地方保护主义插手经济纠纷，或从狭隘的局部利益出发，违反公安机关办案权限和案件管辖规定，越权办案，违法抓人，为本地企业追款讨债而发生不应该立案而立案的，检察机关应向公安机关发出《纠正违法通知书》，要求公安机关纠正。

（四）根据《刑事诉讼法》第15条不该立案而立案的

《刑事诉讼法》第15条规定了具体的几种不应当立案的情形，已经立案的应撤销案件。实践中，有的公安机关出于故意或过失的原因，将依第15条规定不应追究刑事责任的案件，也予以立案追究，也有的公安机关因认识上的原因，混淆了罪与非罪的界限，错误地立案追究本不构成犯罪的人等。对于第15条第1项规定的"犯罪情节显著轻微、危害不大，不认为是犯罪"的罪与非罪的界限的理解，公安机关与检察机关就易于产生分歧。除非明显的错误外，检察机关一般尊重公安机关的立案裁量权。对于其他四项规定的情形，检察机关签发纠正违法通知书，指令公安机关改正，不可用不批捕、不起诉代替立案监督。因为不批捕、不起诉不等于对立案中违法行为的否定和纠正，以不批捕、不起诉等方法纠正不该立案而立案中的违法行为，混淆了立案监督与侦查监督的界限，并以侦查监督取代立案监督。此外，既然违法行为在立案阶段就已经发生，不立刻纠正，而是待诉讼进行到下一个阶段才采取纠正措施，无异于对该违法行为的放任。

（五）初查时证据收集时机和技术手段欠缺或者错误

《人民检察院刑事诉讼规则（试行）》、《中华人民共和国人民警察法》、《关于公安机关执行〈人民警察法〉有关问题的解释》及各省公安厅制定的各省公安机关办理经济犯罪案件暂行规定规章等法律法规都规定了侦查机关在立案前必须对控告、报案的材料进行审查和初查，经过初查后，认为符合立案条件的，再作出立案的决定，不符合立案条件的，作出不立案决定。可见，初查是立案的前奏。

初查时收集的证据或者技术手段欠缺或错误，也可能导致公安机关将不该立案的案件立案。

例如，王某为某线缆厂驻内蒙古经销处负责人。2001年1月3日，他和厂方在账目上存在较大分歧，厂方以涉嫌职务侵占55.7461万元向公安部门控告。经初步调查，公安部门于1月21日以王某涉嫌职务侵占罪为由立案侦查。同年11月8日，王某和厂方在公安局对账时发现，其中有一笔货款已由经销处发回厂方；其他有争议的账目，不是客户退回的有质量问题的产品，就是客户提走产品，货款尚未要回，或无法要回的呆死账。同年12月25日，公安局以王某涉嫌职务侵占移交检察机关审查起诉。检察机关以事实不清、证据不足为由两次退回补充侦查。2002年8月29日，检察机关经再次审查，认定公安局指控王某的职务侵占的犯罪事实不清、证据不足，不符合起诉的法定条件，作出不起诉决定。

在这个案例中，公安机关之所以错误立案，就是因为被害单位的账目发生混乱，具体业务人员未经仔细查对就报案。公安机关如果仔细核查双方的账目，或者要求双方各自向警方提供各自的产生异议的账目，就不会错误立案，也就不会出现补充侦查。检察机关虽然最后作出了不起诉的决定，但是，因为错误立案而浪费的司法资源、给被追究人造成的伤害，是不能挽回的。对于这类不应立案而立案的监督，检察机关始终处于被动状态。这种状态如果不能从立法上加以改变，对公安机关不应立案而立案的检察监督作用就会很有限。

初查某一涉嫌犯罪行为时，对某公民产生怀疑，但又没有证据证实或推论其实施了该犯罪行为。最后以危害性很小的普通违法行为对某公民立案，对被追究人实施刑事拘留。警方的真实意图是通过被拘留人口供，获取其实施犯罪行为的证据，使案件告破。一旦拘留期限届满，获取不到口供，只能撤销案件。对于这种不该立案而立案的情形，如果被害人及其近亲属不向检察机关控告，检察机关很难掌握。这与我们的侦查模式和对羁押的强制措施的依赖有关。

三、对撤销案件不当的立案监督

从最高人民检察院和各级人民检察院近几年的工作报告中可以看出，检察机关逐渐加强了对公安机关撤销案件是否妥当的立案监督，与往年相比有大幅度的提高，效果显著。全国检察机关2012年1月至10月，监督撤案13141件，已纠正12675件，比2011年同期上升56.2%。《公安机关办理刑事案件程序规定》第183条规定了公安机关撤案的条件：经过侦查，发现具有下列情形之一的，应当撤销案件：（1）没有犯罪事实的；（2）情节显著轻微、危害不大，不认为是犯罪的；（3）犯罪已过追诉时效期限的；（4）经特赦令免除刑罚的；（5）犯罪嫌疑人死亡的；（6）其他依法不追究刑事责任的。第184条规定了公安部门撤案的程序：需要撤销案件的，办案部门应当制作撤销案件报告书，报县级以上公安机关负责人批准。公安机关决定撤销案件时，犯罪嫌疑人已被逮捕的，应当立即释放，发给释放证明，并通知原批准逮捕的人民检察院。公安机关先立后撤，无须检察机关批准。《人民检察院刑事诉讼规则（试行）》第565条规定了侦查活动监督的内容，其中第10项规定"在侦查过程中不应当撤案而撤案的"属于侦查活动监督的内容之一。由此看出，检察机关把撤案不当的监督归属于侦查活动监督而不是立案监督，可能是因为撤案的前提必须是已经立案的案件，没有立案或者不立案的案件，不会产生撤案的妥当性问题。

实务中，公安机关撤销案件不当主要包括以下两种情形：一是公安机关刑事立案后又撤销，并将其转变为以治安处罚、劳动教养等行政处罚方式进行处理，将刑事案件转为治安案件，因为侦查机关拥有治安处罚措施，所以，即使在采取严厉的刑事强制措施后，侦查机关也可以采取行政处罚措施终止侦查，以罚款、劳教等行政处罚代替刑事处罚；二是公安机关往往以不涉嫌犯罪为由直接将被拘留、监视居住或者取保候审的犯罪嫌疑人所涉案件撤销。在这种情况下又有多种具体表现形式：受经济利益驱使，"以收代侦"、"交款放人"，先立案再撤案，这种情况多发生在经济犯罪侦查部门；在检察机关立案监督下作出了立案决定书，但不侦查，待到侦查期限和强制措施期限届满后，就将案件作撤案处理；同时收集到无罪证据和有罪证据，但因案件破获希望渺茫而撤案。

如刑事犯罪侦查部门对于所立的杀人等严重刑事案件，一旦发现有正常死亡等无罪方面的证据，首先考虑的就是尽快撤案，担心深挖细查仍破不了案而影响破案率。对于侦查机关的撤案行为，检察机关没有任何手段知悉和纠正违法撤案。总体上看，对公安机关立案后又撤销的行为是否合法，检察机关难以监督。

从理论上说，为了加强撤案不当的检察监督，公安机关立案后，经侦查认为证据不足而撤销案件的，应将《撤销案件报告》或作其他处理的决定移送同级人民检察院备案，人民检察院应及时审查，必要时应调阅案卷，并在一定时间内将审查意见通知公安机关。对撤案不当的案件，应发送《恢复立案通知书》，通知恢复立案。公安机关仍拒不执行的，检察机关应对案件直接立案侦查，并移交审查起诉，以纠正其违法决定，维护法律的尊严。这样可以起到有效监督撤案不当的效果。但是，实践中，理论假设没有直接法律依据，警方不会接受检察机关的如此监督。即使根据《刑事诉讼法》第8条有"人民检察院依法对刑事诉讼实施法律监督"的规定，检察机关推定可以要求公安机关报送有关案卷，但由于警检关系的分工负责、相互配合、相互制约的原则，也会使得警方不会自愿地"甘拜下风"。所以说，目前法律规范语境中，对于撤案不当的监督，只能通过被害人、控告人的申诉和控告途径，获得撤案信息，然后对这些信息进行分析，需要调查时，调查之后，再判定公安机关的撤案行为是否属于不当。

《刑事诉讼法》规定公安机关逮捕后撤案的，只需要通知原批准逮捕的检察机关。在事后性的撤案监督中，检察机关需关注撤案的真实原因。例如，C市S区公安机关已经立案的一起故意伤害案件，S区侦查机关将嫌疑人执行逮捕后，又撤销案件。该区检察院获悉后，经调查得知，嫌疑人将被害人打成轻伤。嫌疑人被批捕后，其家人与被害人达成了调解协议，一次性赔偿被害人5万元，侦查机关于是作了撤案处理。检察官审查案卷后认为，该案属轻刑案件，当事人已达成调解协议，社会矛盾得到有效化解，有从轻处罚的情节，侦查机关的撤案决定并无不当。近年来，随着宽严相济刑事司法政策的贯彻执行，侦查机关提请撤案的情况越来越多。为落实好宽严相济刑事政策，同时有效防范案件办理过程中出现疏漏，检察机关有必要加强监督力度，要求侦查机关撤案时，必须报送检察机关备案审查。对于侦查机关撤案不当的情况，必须依法通知侦查机关纠正。

四、对检察机关自侦部门的立案监督

(一) 同体监督的合法性

根据《刑事诉讼法》第111条的规定，刑事立案监督的对象只能是公安

机关。这是不是意味着法律没有规定检察机关对其自侦部门的刑事立案实施监督，检察机关就不能对其自侦部门的刑事立案实施监督呢？检察机关是《宪法》规定的国家法律监督机关，其侦查权是检察监督的必要组成部分，特别是对于国家机关工作人员的职务犯罪以及利用职务实施的侵犯公民民主权利、人身权利的犯罪的侦查，是履行法律监督职责的体现。《人民检察院组织法》第 11 条规定："人民检察院发现并且认为有犯罪行为时，应当依照法律程序立案侦查，或者交给公安机关进行侦查。侦查终结，人民检察院认为必须对被告人追究刑事责任时，应当向人民法院提起公诉；认为不需要追究刑事责任时，应当将原案撤销。"由此，对于检察机关侦查权与立案监督权之间的关系的正当性，不应有任何怀疑。检察机关内部的分工与制约，保证了侦查部门与审查立案监督部门在检察内部实现了"互相配合、互相制约"的工作机制。2000 年 1 月 13 日《人民检察院立案监督工作问题解答》中提到：审查逮捕部门发现本院侦查部门对应当立案侦查的案件不报请立案侦查的，应当写出《建议立案侦查书》报主管检察长审批后转侦查部门。建议不被采纳的，应当报检察长决定。2004 年施行的《关于人民检察院办理直接受理立案侦查案件实行内部制约的若干规定》第 4 条规定，侦查部门对举报线索初查后决定不立案的，应当回复举报中心。举报中心认为决定不当的，应当报经分管检察长同意，提请检察长或者检察委员会决定。第 5 条规定，人民检察院侦查监督部门或者公诉部门发现本院侦查部门对应当立案侦查的案件不报请立案侦查的，应当提出报请立案侦查的建议，报请分管检察长同意后，送侦查部门。侦查部门同意报请立案侦查的，应当在报经检察长批准作出立案决定后将立案决定书复印件送侦查监督部门或者公诉部门；不同意报请立案侦查的，应当书面说明不立案理由，报分管检察长同意后回复侦查监督部门或者公诉部门。侦查监督部门或者公诉部门认为不立案理由不能成立的，应当报分管检察长同意后，报请检察长决定。由此可以看出，对于检察机关管辖范围内的案件的立案监督主体呈现多样化形态，分别有举报中心、侦查监督部门、审查起诉部门和控告申诉部门，还有内设纪检部门等。虽然主体多样化可能使监督效率低下或者一案重复监督从而造成同一案卷中意见截然相反的两份检察院的决定并存，但却保证了自侦案件立案监督的"权力制约"的思想，实行了案件的举报受理、办理以及侦捕、侦诉分开等内部专门部门实施监督的格局，形成了有效运作的内部监督机制，符合监督原理理论。实践中，各地检察机关按照《人民检察院刑事诉讼规则（试行）》第 563 条"人民检察院侦查监督部门或者公诉部门发现本院侦查部门对应当立案侦查的案件不报请立案侦查或者对不应当立案侦查的案件进行立案侦查的，应当建议侦查部门报请立案侦查或者撤销案件；建议不采纳的,应当报请检察长决定"的规定对自侦案件开展了立案监督,效果是比较好的。

(二)自侦案件的范围和立案标准

《刑事诉讼法》第18条第2款规定:"贪污贿赂犯罪,国家工作人员的渎职犯罪,国家机关工作人员利用职权实施的非法拘禁、刑讯逼供、报复陷害、非法搜查的侵犯公民人身权利的犯罪以及侵犯公民民主权利的犯罪,由人民检察院立案侦查。对于国家机关工作人员利用职权实施的其他重大的犯罪案件,需要由人民检察院直接受理的时候,经省级以上人民检察院决定,可以由人民检察院立案侦查。"《刑事诉讼法》规定的职能管辖案件范围比原1979年《刑事诉讼法》规定的职能管辖案件少了,目的在于突出检察监督的宪法实施职能和作用。最高人民检察院于1998年制定了《关于人民检察院直接受理立案侦查案件范围的规定》,具体化地规定了职能管辖案件的范围;1999年制定了《关于人民检察院直接受理立案侦查案件立案标准的规定(试行)》,规定了自侦案件的立案标准,供各级检察机关办案时参照和执行。诸规章或解释虽然对检察机关自侦部门该立不立或不该立而立的案件如何监督的程序问题没有作出具体的规定,但为自侦案件的立案监督提供了具体的法律根据和标准。

(三)自侦案件立案监督的内容

自侦案件的立案监督,既需要对事实进行复核,从而对立案决定在实体法的应用上作出是否有误的法律评价,也应该对立案这一刑诉职能活动的进行是否符合程序法的规定实行监督。由此可见,这些活动属于专门的职能性法律行为。

检察机关侦查对象具有特殊性,国家机关工作人员实施的犯罪行为具有国家公务行为的内部性、职权掩盖下的隐蔽性以及侵犯客体的特殊性等特点,使得自侦案件信息来源也具有特殊性。为了慎重起见,《人民检察院刑事诉讼规则(试行)》规定了自侦案件的初查制度。初查主体具有多主体性。在实施规范的初查前,控告检察部门、举报中心、侦查部门都可以进行必要的调查。这种调查行为是否属于初查的内容,司法解释没有明确规定。

自侦案件立案监督的内容包括应该立案而未立案以及对不该立案而立案和撤销案件的监督。对于撤销案件是否适当的立案监督,2005年最高人民检察院《关于省级以下人民检察院对直接受理侦查案件作撤销案件、不起诉决定报上一级人民检察院批准的规定(试行)》第2条规定,省级以下(含省级)人民检察院办理直接受理侦查的案件,拟作撤销案件、不起诉决定的,应当报请上一级人民检察院批准;第9条规定,上一级人民检察院批准撤销案件或者不起诉的,下级人民检察院应当作出撤销案件或者不起诉的决定,并制作撤销案件决定书或者不起诉决定书。上一级人民检察院不批准撤销案件或者不起诉的，下级人民检察院应当执行上一级人民检察院的决定。由此可以看出，对立案后撤销案件的处理权限在立案的检察机关的上一级检察机关。同时，为了保障检务公开，拟撤销的案件必须经同级检察院聘请的人民监督员表决。该规定第4条规定，人民检察院直接受理侦查的案件，拟撤销案件或者拟不起诉的，经人民监督员履行监督程序，提出表决意见后，侦查部门或者公诉部门应当报请检察长或者检察委员会决定。报送案件时，应当将人民监督员的表决意见一并报送。这个规定排除了对于重大案件由同级人大常委会决定的法律效力。在检察委员会讨论重大案件或重大问题时，《人民检察院组织法》第3条第2款规定："如果检察长在重大问题上不同意多数人的决定，可以报请本级人民代表大会常务委员会决定。"对撤销案件的决定，检察长如果不同意多数人的意见，在报请本级人大常委会决定撤销案件后，径直报请上一级检察院决定不应该撤销案件的，如何解决这个矛盾，法律与司法解释并未规定。

自侦案件立案监督的工作重点是应该立案而未立案以及不该立案而立案。

1. 应立而未立案的监督

根据《人民检察院刑事诉讼规则（试行）》相关规定，有关机关或部门移送人民检察院审查是否立案的案件线索，由侦查部门自行审查。侦查部门收到举报中心移送的举报线索，应当向举报中心回复查办结果。第166条规定，举报中心应当对作出不立案决定的举报线索进行审查，认为不立案决定错误的，应当提出意见报检察长决定。如果符合立案条件的，应当立案侦查。第167条规定，举报中心对群众多次举报未查处的举报线索，可以要求侦查部门说明理由，认为理由不充分的，报检察长决定。

侦查监督部门或者公诉部门发现本院侦查部门对应当立案侦查的案件不报请立案侦查的，应当建议侦查部门报请立案侦查，建议不被采纳的，应当报请检察长决定。

对于检察机关已作出不立案决定，检举人、控告人、举报人或被害人表示不服，侦查监督部门如认为侦查部门不立案是错误的，应该立案侦查的，可报请检察长决定立案，通知侦查部门执行。另外，最高人民检察院《关于实行人民监督员制度的规定》中也规定，人民监督员发现人民检察院在办理直接受理立案侦查案件中具有"应当立案而不立案或者不应当立案而立案的"情形，可以实施监督。据此，人民监督员发现下一级检察机关不立案错误的，可以要求启动人民监督员监督程序。上一级检察院侦查部门或侦查监督部门通过备案审查或者其他途径发现下级检察院应当立案侦查而不立案侦查的，可以启动立案监督程序，报经检察长或检察委员会决定是否撤销下级检察院不立案的决定。

2. 不该立案而立案的监督

对检察机关自侦案件不立案决定不服的，可以申请检察机关复议的主体有：控告人、举报人、被害人及移送涉嫌犯罪案件线索的单位或部门。对于复议决定不服的，可以提请上一级检察院复核。根据2001年国务院颁布的《行政执法机关移送涉嫌犯罪案件的规定》第14条规定，行政执法机关移送涉嫌犯罪案件，应当接受人民检察院和监察机关的监督。最高人民检察院《人民检察院办理行政执法机关移送涉嫌犯罪案件的规定》第1条规定，对于行政执法机关移送检察机关的涉嫌犯罪案件，统一由人民检察院控告检察部门受理。人民检察院控告检察部门受理行政执法机关移送的涉嫌犯罪案件后，应当登记，并指派二名以上检察人员进行初步审查。另外，根据《中国共产党纪律处分条例》的规定，同级党委纪检部门对于涉嫌犯罪的嫌疑人移送检察机关立案侦查的，检察机关应立案侦查。就移送的案件的立案监督而言，移送的案件并不意味着必定是犯罪案件，所以对于不符合立案标准的移送检察机关立案处理的案件，也不可以因为移送主体的权力性而随意立案。

在司法实践中，部分自侦部门为完成上级立案指标，片面追求立案数，对一些不该立案的案件却进行立案侦查。还有个别检察机关出于经济利益的需要，插手经济纠纷。为此，最高人民检察院分别于1991年制定了《关于一些检察机关越权办案参与追款讨债的情况通报》、1993年制定了《关于重申严禁检察机关越权办案、违法办案的通知》，规范检察机关的侦查行为。对于这类案件的立案监督程序，基本上是具体承办部门认为不该立案而立案的，经部门负责人同意后，报检察长决定；检察长认为案情重大、复杂的，提交检察委员会讨论决定。

总之，检察机关开展内部立案监督只是建议性的，有别于对公安机关的立案监督。检察机关如何开展对自身立案活动的监督，从根本上说，不是立法问题，而是检察权如何正当化、公开化完善的司法实践问题，可由检察机关在具体操作中进行自我完善和规范。不过，对于自侦案件的立案监督，同样需要立案监督部门、人员善于行使监督权。对于压案不办、有案不立等现象，要加大查办力度，本着依法、准确、检务公开的原则，充分、准确地行使法律赋予检察机关的立案监督权，对存在的违法问题要提出纠正，对侦查不力的要督促，对需要协助的要适时介入，对有意阻挠拖延的要查处。

第三节 监督程序

一、线索受理

根据我国《刑事诉讼法》的规定以及最高人民检察院《人民检察院刑事诉讼规则（试行）》的有关规定和检察实务中各级人民检察院根据《刑事诉讼法》及《人民检察院刑事诉讼规则（试行）》的精神制定的《刑事立案监督工作细则》的规定，人民检察院负责刑事立案监督的职能部门是侦查监督部门。而刑事立案监督案件的受理是由侦查监督部门和控告申诉检察部门负责。在检察实务中，根据不同的刑事立案监督的线索来源，有不同的受理方式。

第一，受理被害人的控告申诉。被害人的申诉控告是人民检察院刑事立案监督的最主要的线索来源之一。根据《刑事诉讼法》第111条、"六部委"《关于刑事诉讼法实施中若干问题的规定》第18条以及《人民检察院刑事诉讼规则（试行）》规定，被害人认为公安机关应当立案侦查的案件而不立案侦查，向人民检察院提出申诉的，应当由人民检察院控告检察部门受理。控告申诉部门受理后，应当填写制作《案件线索受理登记表》，该登记表主要包括：案件线索名称（申诉的被害人姓名）、受理人（部门负责人）、受理时间、申诉要求等。

第二，受理人民群众控告。对于被害人（包括其近亲属、法定代理人、委托代理人）以外的人民群众的控告，人民检察院应当依法受理。由人民检察院控告检察部门受理登记，其程序依照受理被害人的控告申诉的程序办理。

第三，受理犯罪嫌疑人的控告申诉。依据《人民检察院刑事诉讼规则（试行）》第558条的规定，对于公安机关不应当立案而立案侦查的，人民检察院应当依法通知公安机关撤销案件。人民检察院对于公安机关的错误立案，也属于刑事立案监督的范畴。因而，对于错误立案的监督的线索来源主要是来自被立案追究的犯罪嫌疑人及其近亲属、法定代理人以及其委托的律师。

第四，受理人民检察院自行发现的立案监督案件。人民检察院在提前介入引导侦查、审查批准逮捕、审查起诉、审查行政处罚等具体业务中发现的刑事立案监督案件线索的，应当移送侦查监督部门，侦查监督部门进行审查后，应当制作刑事立案（撤案）案件审查报告，写明线索来源、调查情况、认定的事实及证据以及处理意见。对需要进行立案监督的案件，应当填写《监督刑事立案（撤案）案件审批表》，并报检察长审批。

第五，受理党委、人大、上级检察机关交办及下级检察院报告的立案监督案件。对于党委和人大交办的刑事立案监督案件，上级检察机关交办或者下级检察院报告的立案监督案件，人民检察院应当参照相关的规定，填写相关的审批表。

总之，刑事立案监督案件的受理是刑事立案监督的起点和基础，在检察实务中，必须予以重视和规范，才能为刑事立案监督工作的开展做好准备。在受理刑事立案监督的案件时，人民检察院应当根据不同的线索来源依法做好登记工作，并指定和分配给专门的工作人员负责审查。

二、线索审查

人民检察院侦查监督部门和控告检察部门接到刑事立案监督线索并受理之后，需要对其受理的刑事立案监督案件依法进行审查。在检察实务中，根据立案监督线索来源不同，审查的内容也有所不同。

第一，对被害人控告申诉的刑事立案监督案件的审查。此类案件一般都是被害人认为公安机关应当立案侦查而不立案侦查的案件。对这类刑事立案监督案件的审查，根据我国《刑事诉讼法》、《人民检察院刑事诉讼规则（试行）》的规定，人民检察院受理被害人提出的公安机关应当立案侦查而不立案侦查的案件后，应当指定专人负责审查。在审查过程中，可以要求被害人提供有关材料，如果认为有公安机关应当立案的事实证据材料、公安机关不立案的有关证据材料等。可以查阅、复制公安机关的相关法律文书及案卷材料。

审查的内容主要包括以下几项：是否符合《刑事诉讼法》规定的刑事案件立案条件；是否属于侦查机关管辖；侦查机关是否立案等。人民检察院控告申诉检察部门受理对公安机关应当立案而不立案或不应当立案而立案的控告、申诉后，应及时将案件移送侦查监督部门审查。

第二，对人民群众控告的刑事立案监督案件的审查。人民群众控告的刑事立案监督案件包括两类：一类是认为公安机关应当立案侦查而不立案侦查的案件。对于这类案件，应当由人民检察院控告检察部门受理后移送侦查监督部门审查，侦查监督部门审查的内容和方式与对被害人控告申诉的刑事立案监督案件的审查一致。另一类是认为公安机关不应当立案侦查而立案侦查的案件。对于这类案件，侦查监督部门指派专人负责审查，审查的内容主要有以下几项：公安机关据以决定立案的事实是否存在，即是否存在犯罪事实；犯罪事实如果存在，是否为犯罪嫌疑人所为；是否符合《刑事诉讼法》规定的立案条件；是否已过追诉时效；是否需要追究犯罪嫌疑人的刑事责任等。并将审查结果及时回复控告检察部门。

第三，对犯罪嫌疑人申诉的刑事立案监督案件的审查。犯罪嫌疑人申诉的主要是认为公安机关不应当立案侦查而立案侦查的案件，对这类案件的审查的方式和内容与对人民群众控告的刑事立案监督案件的第二类案件的审查一致。

第四，对人民检察院自行发现的刑事立案监督案件的审查。首先，人民检察院侦查监督部门对自己发现的以及其他内设部门发现后移送到侦查监督部门的公安机关应当立案侦查而不立案侦查的案件，应当进行审查。审查的方式和内容与对被害人控告申诉的刑事立案监督案件的审查一致。其次，人民检察院侦查监督部门对自己发现或者其他内设部门发现的移送到侦查监督部门的公安机关不应当立案而立案侦查的案件，也应当进行审查。审查的方式和内容与对人民群众控告的刑事立案监督案件的第二类案件的审查一致。最后，侦查监督部门对自己发现的或者由其他内设部门发现移送的属于人民检察院管辖、侦查部门应当立案侦查而不报请立案侦查的案件或不应当立案而立案侦查的案件，也应当指定专人进行审查，审查的内容主要包括以下几项：是否符合刑事诉讼规定的立案条件；是否属于本院管辖；是否属于应当立案而没有报请立案的情形等。并填写《监督刑事立案（撤案）案件审批表》，报检察长审批。

第五，对于其他途径发现的刑事立案监督案件的审查。区别不同的情形，参照上述的审查方式和内容进行审查，并根据审查的结果作不同的处理。

总之，对刑事立案监督案件的审查是在受理的基础上进行筛选区分的过程。根据《刑事诉讼法》、《人民检察院刑事诉讼规则（试行）》及最高人民检察院、公安部《关于刑事立案监督有关问题的规定（试行）》的规定，区别不同的情形，对受理的立案监督案件进行审查，是为进一步开展刑事立案监督工作做准备。

三、立案监督的调查

人民检察院在受理刑事立案监督案件的线索之后，经过审查，认为有必要时，应当进一步对所受理的刑事立案监督案件线索进行调查核实，如询问办案人员和有关当事人，查阅、复制公安机关刑事受案、立案、破案等登记表册和立案、不立案、撤销案件、治安处罚、劳动教养等相关法律文书及案卷材料。刑事立案监督调查活动可以在要求公安机关说明不立案理由之前进行，也可以在审查公安机关说明的不立案理由之后、通知公安机关立案之前进行。

人民检察院在对刑事立案监督案件的调查过程中，应当依法进行。调查可以秘密进行，不得对当事人采取强制措施，除了犯罪嫌疑人申诉控告的案件，一般不接触犯罪嫌疑人，不得代替侦查机关行使刑事侦查权；调查时可以向有关当事人、单位了解情况，也可以根据需要向侦查机关了解案件受理情况，或办理有关手续后调卷审查；调查时，检察人员不得少于二人。

人民检察院侦查监督部门进行刑事立案监督案件的调查活动，应当依照《刑事诉讼法》、《人民检察院刑事诉讼规则（试行）》、最高人民检察院、公安部《关于刑事立案监督有关问题的规定（试行）》及《刑事立案监督工作细则》的规定，可以采取以下方法进行：

1. 询问。即对有关当事人、控告人、证人等就是否存在公安机关应当立案侦查而不立案侦查或者不应当立案侦查而立案侦查的事实和情况进行了解核实。对人民检察院侦查部门是否存在应当报请立案而不报请立案的事实和情况进行了解核实。由于被害人、犯罪嫌疑人对是否有犯罪掌握着较为真实的证据材料，而且对公安机关的立案决定存在异议，往往也是有一定的事实依据，因此，检察机关可以对被害人、犯罪嫌疑人以及其他了解事实情况的控告人、证人等进行询问，以客观地发现、搜集相关的有罪或无罪的事实材料和证据。

2. 调取和审查有关的书面材料。人民检察院在审查和调查公安机关应当立案侦查而不立案侦查或者不应当立案侦查而立案侦查的案件时，认为必要，可以要求公安机关送交其据以不立案或者立案的书面材料，并进行审查。在审查和调查本院侦查部门应当报请立案而不报请立案的，人民检察院侦查监督部门也可以要求侦查部门送交有关的书面材料，并进行审查。侦查监督部门调阅侦查机关的案卷材料，应当由承办人制作《调卷函》，并报检察长批准。侦查机关应当在收到《调卷函》后7日内将案件材料移送侦查监督部门，侦查监督部门应当在审查完毕后7日内将案件材料退回侦查机关。

3. 勘验、检查。即对与犯罪有关的场所、物品、尸体进行勘察和检验、检查，以发现和收集证明应当立案或者不应当立案的事实和证据。包括现场勘验、物证检验、尸体检验、人身检查等。[1]

4. 鉴定。人民检察院在刑事立案监督案件的调查过程中，对于有关的专门问题，可以委托具备专业知识的人员进行分析研究和鉴别，借此可以获取能够证明应当立案或者不应当立案的事实证据。

刑事立案监督案件的调查与侦查不同，具体来说：首先，主体不同。根据《刑事诉讼法》的规定，有权刑事侦查权的国家机关包括公安机关、国家安全机关、军队保卫部门、监狱侦查部门、海关缉私部门、铁路侦查部门等，而对立案监督案件有调查权的仅为人民检察院。其次，性质不同。侦查是指享有侦查权的国家机关在办理刑事诉讼过程中，依照法律进行的专门调查工作和有关强制措施。侦查是一种专门的刑事诉讼活动。刑事立案监督的调查则不属于专

---

[1] 陈国庆：《新刑事诉讼法与诉讼监督》，中国检察出版社2012年版，第31页。

门的诉讼活动，而是一种在立案前或者不当立案后的了解和查证的活动，而且只能针对立案或不立案活动本身是否合法进行调查。再次，直接目的不同。侦查的目的是为了收集证据，查明犯罪事实和查获犯罪嫌疑人，为打击和预防犯罪，保证诉讼的顺利进行提供可靠的根据。刑事立案监督的调查则是为了查明案件是否应当立案或者不立案，保证刑事诉讼活动的正确合法开展。最后，可以采用的方法不同。侦查可以依照《刑事诉讼法》的规定采取对人的强制措施和对物的强制性措施。刑事立案监督的调查则不能使用强制措施和强制性措施[1]，凡是剥夺或者限制当事人人身自由或者财产权利的措施在调查中均不得使用。

人民检察院侦查监督部门经过调查之后，对刑事立案监督案件应当作出相应的判断，对于符合管辖、立案条件的，即可发出《要求说明立案理由通知书》或《要求说明不立案理由通知书》、《通知立案书》、《通知撤销案件书》；不符合管辖、立案条件的，侦查监督部门回复控告申诉部门、答复控告申诉人，并做好说明和息诉工作。

四、跟踪监督

人民检察院在受理刑事立案监督案件后，经审查和调查，应当依法作出相应的处理。侦查监督部门对公安机关应当立案而不立案或者不应当立案而立案的案件，经过调查、核实相关的证据材料，认为需要侦查机关说明不立案理由或者立案理由，经检察长批准，由承办人制作《要求说明不立案理由通知书》或者《要求说明立案理由通知书》送达侦查机关，要求侦查机关在7日内书面说明不立案或者立案的情况、依据和理由，连同有关证据材料回复人民检察院。《公安机关办理刑事案件程序规定》第179条规定：对人民检察院要求说明不立案理由的案件，公安机关应当在收到通知书后7日以内，对不立案的情况、依据和理由作出书面说明，回复人民检察院。公安机关作出立案决定的，应当将立案决定书复印件送达人民检察院。

公安机关说明不立案或者立案理由后，人民检察院侦查监督部门应当进行审查，认为公安机关不立案或者立案理由不能成立的，经检察长或检察委员会讨论决定，应当制作通知立案书或者通知撤销案件书，并说明依据和理由，连同证据材料送达公安机关。

公安机关在收到通知立案书后15日以内立案，对通知撤销案件书没有异议的应当立即撤销案件，并将立案决定书或撤销案件决定书及时送达人民检

---

[1] 梁国庆：《中国检察业务教程》，中国检察出版社2002年版，第199～203页。

察院。

根据《刑事诉讼法》和《人民检察院刑事诉讼规则（试行）》的规定，人民检察院在作出刑事立案监督的处理决定之后，并没有相应的措施来跟踪和督促侦查机关办理。因而在司法实践中，存在着较为严重的侦查机关当立不立、不当立而立、立而不侦、先立后撤、侦而不结等情况。据湖北省对1998年以来办理的刑事立案监督案件逐年复查，发现每年均有40%至50%的监督案件在公安机关立案后，久侦不结，迟迟不诉，极大地削弱了立案监督的社会效果和法律效果。[1]

公安机关在收到通知立案书后超过15日不予立案或者既不提出复议、复核也不撤销案件的，人民检察院应当发出《纠正违法通知书》予以纠正。公安机关仍不纠正的，报上一级人民检察院协商同级公安机关处理。公安机关立案后三个月内未侦查终结的，可以向公安机关发出立案监督案件催办函，要求公安机关及时向人民检察院反馈侦查工作进展情况。

人民检察院向被监督机关发出的法律文书具有指令性，被监督的侦查机关应当执行，对于被监督的侦查机关拒不接受监督的，应当采取措施，强制执行。对于拒不接受监督的，应当向上一级人民检察院报告，由上一级人民检察院向同级侦查机关发出相应的通知，监督实施。对于侦查机关接到《通知立案书》后虽已立案，但立而不查、久拖不决的，应当区别不同情况处理：侦查机关应当书面说明立而不查的理由，人民检察院认为侦查机关说明的理由不成立的，可以发出《纠正违法通知书》；人民检察院发出《纠正违法通知书》后，侦查机关应当执行。人民检察院发出《纠正违法通知书》后，侦查机关仍不执行的，应向上级人民检察院报告，上一级人民检察院应当将情况报同级侦查机关，同级侦查机关应当指令下级侦查机关执行。对于人民检察院通知立案的案件，侦查机关立案后又撤销案件的，人民检察院经审查认为撤销案件不当的，应当发出《纠正违法通知书》，通知侦查机关予以纠正。对于人民检察院通知侦查机关立案的案件中有多名犯罪嫌疑人，侦查机关只对部分犯罪嫌疑人立案的，人民检察院应当发出《纠正违法通知书》，通知侦查机关予以纠正。[2] 或者也可以通过追捕、追诉予以纠正。

此外，有的学者认为，根据不同情况，可以采取下列措施，促使其接受监督：（1）向当地纪检、监察部门提出检察建议，建议给予相关责任人员党纪

---

[1] 徐蓉：《完善当前立案监督工作的思考》，载《人民检察》2007年第13期，第59页。

[2] 吕毅平：《监察机关规范执法手册》，中国检察出版社2006年版，第98~99页。

政纪处分；（2）提交同级人民代表大会或其常务委员会审议，促使其纠正违法；（3）对于属于国家机关工作人员利用职权实施的重大犯罪案件，经省级以上人民检察院决定，直接立案侦查；（4）构成徇私舞弊、徇私枉法等犯罪的，直接追究有关人员的刑事责任。[①]

为了防止被监督的侦查机关立而不侦、侦而不究，人民检察院侦查监督部门应当对立案监督的案件进行全程的跟踪监督，防止监督流于形式，增强监督实效。首先，侦查机关应当及时向人民检察院通报侦查情况。人民检察院应当建立详细的监督档案，记录监督时间、诉讼过程和处理结果。其次，应当由专人对每个刑事立案监督案件负责承办。从案件线索受理、审查和调查到最终处理结果，由专人跟踪监督。最后，人民检察院有权定期或不定期地查阅侦查机关的侦查卷宗，掌握案件进展情况。

五、备案审查

人民检察院接受刑事立案监督案件后，经过审查和有限的调查，依法作出处理后，并不能保证绝对的正确。为了加强对刑事立案监督工作的监督，人民检察院应当对其开展的刑事立案监督工作向上一级人民检察院备案，体现了《人民检察院组织法》规定的上下级人民检察院之间的领导关系和业务上的指导监督关系。

上一级人民检察院在接到备案之后，应当依法对其进行认真审查，以保证刑事立案监督工作的质量，加强对刑事诉讼的法律监督工作。上一级人民检察院接到备案后的审查同样不属于专门的侦查工作，不能采用对人的强制措施和对物的强制性措施，而只能采用非强制性的任意性措施进行调查，如询问当事人、证人，鉴定、勘验检查、调取书证等。在检察实务中，接受备案的人民检察院对刑事立案监督案件的审查更多的是采用书面审查的方式，而较少采用调查的方法。

人民检察院通知公安机关立案或者纠正公安机关不应当立案而立案的监督，应当向上一级人民检察院备案。备案的材料主要包括：案件来源、《说明不立案理由通知书》、《纠正违法通知书》、《审查公安机关说明不立案理由报告》、《通知立案书》、公安机关立案情况、不应当立案而立案的撤案情况等。

上一级人民检察院对于下级人民检察院备案的案件，应当进行认真审查。认为下级人民检察院通知公安机关立案或者建议公安机关撤销案件错误时，应

---

① 孙谦、刘立宪：《检察理论研究综述（1989—1999）》，中国检察出版社2000年版，第143页。

当通知作出决定的人民检察院纠正，也可以直接撤销下级检察院的《通知立案书》或者《建议撤案意见书》，通知公安机关，并通知作出决定的人民检察院。

人民检察院侦查监督部门发现或者审查的本院侦查部门应当立案侦查而不报请立案的案件，以及本院内设的其他部门移送的属于本院管辖范围的应当立案侦查而不报请立案的案件，应当向上一级人民检察院备案。备案的材料主要包括：案件来源、《建议报请立案意见书》等。

《人民检察院刑事诉讼规则（试行）》第561条规定："对于由公安机关管辖的国家机关工作人员利用职权实施的重大犯罪案件，人民检察院通知公安机关立案，公安机关不予立案的，经省级以上人民检察院决定，人民检察院可以直接立案侦查。"对于此类案件，省级人民检察院批准或者不批准直接受理立案侦查，都应当将有关材料报最高人民检察院备案。备案的材料主要包括：《提请批准直接受理书》、《批准直接受理书》或者《不批准直接受理书》、案件基本情况、批准或者不批准直接立案的理由、检察委员会讨论情况等。最高人民检察院在接到备案之后，经过审查，认为省级人民检察院批准或者不批准直接受理决定错误时，可以直接撤销省级人民检察院的决定，也可以通知省级人民检察院纠正[①]。

《人民检察院刑事诉讼规则（试行）》第562条还规定了公安机关对人民检察院撤销案件通知提出异议的程序，即公安机关认为人民检察院撤销案件通知有错误，要求同级人民检察院复议的，人民检察院应当重新审查，在收到要求复议意见书和案卷材料后7日以内作出是否变更的决定，并通知公安机关。公安机关不接受人民检察院复议决定提请上一级人民检察院复核。上级人民检察院应当在收到提请复核意见书和案卷材料后15日以内作出是否变更的决定，通知下级人民检察院和公安机关执行。上级人民检察院复核认为撤销案件通知有错误的，下级人民检察院应当立即纠正；上级人民检察院复核认为撤销案件通知正确的，应当作出复核决定并送达下级公安机关。

刑事立案监督工作还仅处于探索发展阶段，存在着理论认识不清、法律规定不明、监督程序失范、监督线索有限、人员素质不高、物质保障不够等这样那样的问题，严重阻碍了刑事立案监督工作的顺利开展。为此，笔者将在下文对当前急需解决的主要问题逐一分析并提出相应的对策。

---

① 梁国庆：《中国检察业务教程》，中国检察出版社2002年版，第212页。

第四节　存在的问题及应对

一、对立案不全面、不完全的处理

立案监督中立案不全面、不完全包括实体法和程序法两个方面。在实体法方面，指犯罪主体不全面、不完全和同一犯罪主体的犯罪事实不全面、不完全；程序法方面，指检察立案监督程序本身不全面、不完全，既包括立法规范，也包括实践操作。

（一）涉嫌犯罪的立案主体不全面、不完全及其处理

涉嫌犯罪的立案主体不全面、不完全，是指公安机关和检察机关所属的侦查部门在办理立案程序时，对部分涉嫌犯罪的人员没有立案的情况，或者遗漏了部分犯罪嫌疑人。对于该情况的处理，《人民检察院刑事诉讼规则（试行）》第321条作了规定，人民检察院审查逮捕案件，发现应当逮捕而公安机关未提请批准逮捕的犯罪嫌疑人的，应当建议公安机关提请批准逮捕。如果公安机关不提请批准逮捕的理由不能成立的，人民检察院也可以直接作出逮捕决定，送达公安机关执行。第335条规定，对应当逮捕而下级人民检察院未报请逮捕的犯罪嫌疑人，上一级人民检察院应当通知下级人民检察院报请逮捕犯罪嫌疑人。下级人民检察院不同意报请逮捕犯罪嫌疑人的，应当说明理由。经审查理由不成立的，上一级人民检察院可以依法作出逮捕决定。上述条文是人民检察院在办理公安机关移送审查和下一级人民检察院移送审查时，审查立案主体缺失的审查程序和处理依据。这种情形多发生于共同犯罪和聚众犯罪案件中。例如，在聚众斗殴罪的立案中，公安机关将部分人作为立案侦查的嫌疑对象，而故意或过失地遗漏了个别或几个积极参与者或主犯，那么检察机关在批准逮捕时，就可以要求公安机关提请批准逮捕，如果拒绝的，可以直接作出批捕的决定，移送公安机关执行。

涉嫌犯罪的立案主体不全面、不完全的另一种情形是，公安机关和检察机关的侦查部门都没有发现在已经立案侦查的案件中，还有其他的共同犯罪嫌疑人没有被立案侦查。这种情形多发生于有组织犯罪案件中和贪污贿赂等国家工作人员职务犯罪案件中。这种情形首先得考虑追诉时效，是否适用《刑法》第87条或者第88条第1款的时效规定。对于超过追诉时效的，检察机关立案监督部门不得要求侦查机关或部门立案，已经立案的，必须撤案处理。对于没有超过追诉时效的，检察机关立案监督部门应要求公安机关、本院或下一级检

察院侦查部门立案。日前，西藏自治区拉萨市检察院在审查公安机关提请逮捕的一起涉嫌故意伤害致人死亡案件时，发现犯罪嫌疑人巴某有协助犯罪嫌疑人罗某作案的行为而未提请逮捕，在建议公安机关补充犯罪嫌疑人并提请逮捕后，拉萨市检察院作出了批准逮捕巴某的决定。

对于行政机关移送公安机关和检察机关立案侦查的案件，如果审查逮捕和起诉部门在审查案件时，发现还有没有被行政机关移送的其他犯罪嫌疑人的，应当根据2001年国务院颁布的《行政执法机关移送涉嫌犯罪案件的规定》第14条规定，直接向公安机关发出立案通知书，对于行政机关故意隐瞒涉嫌犯罪的嫌疑人的，检察机关直接按照《刑法》第402条规定的不移送刑事案件罪对行政执法人员立案侦查。对于需要补充证据的，遵照《人民检察院办理行政执法机关移送涉嫌犯罪案件的规定》第1条、第4条的规定，由控告检察部门进行初查，反贪、渎职侵权检察部门对移送的材料进行审查。

还有一种情形是共同犯罪理论中关于片面共犯的立案处理。犯罪的共同形态是司法实践中常见的犯罪形态之一，也是刑法理论中比较复杂的问题之一，我国《刑法》第25条明确规定："共同犯罪是指二人以上共同故意犯罪。"这就是说共同犯罪是指二人以上，在共同犯罪故意的支配下，共同实施的具有内在联系的犯罪行为。据此，我国现行刑法理论将共同犯罪的构成条件述成如下三项：第一，犯罪的主观方面，必须有共同的犯罪故意。第二，犯罪的客观方面，必须有共同的犯罪行为。第三，犯罪主体，必须是两个以上的达到法定责任年龄、具有刑事责任能力的自然人或单位。片面共犯，又称一方的共犯，或称单方意志的共同犯罪，是指一方行为人明知他人正在犯罪而暗中参与犯罪，并不为他人知情的一种特殊的共同犯罪形态。

片面共犯应当也属于共同犯罪范畴，这不仅因为片面共犯完全符合我国《刑法》关于共同犯罪的明文规定，而且由于片面共犯的行为完全具备共同犯罪的成立要件。

因此，检察机关的侦查监督部门对于这种情形下公安机关立案时遗漏或知识性地筛选出某个或某些涉嫌犯罪的嫌疑人，要准确、全面地把握共同犯罪（包括片面共犯）的犯罪构成，明确了共同犯罪（包括片面共犯）的犯罪构成就能了解共同犯罪形态的完整结构，从而理解其内部诸要素的结合方式，进一步认识共同犯罪中各个主体之间以及他们侵害客体犯罪活动的主观方面和客观方面的诸要素之间的关系，从而避免放纵那些虽然没有直接实施犯罪（不是独立的实行正犯），却在暗地里通过组织、唆使或者帮助行为，配合他人犯罪从而达到自己犯罪目的的犯罪分子。

（二）涉嫌犯罪的行为事实不全面、不完全及其处理

从诉讼原理上说，涉嫌犯罪的行为事实并非案件的所有事实，而是可以据此进行定罪量刑或者否定对嫌疑人定罪量刑的事实，对于对定罪量刑没有影响的事实不必一一查清。《人民检察院刑事诉讼规则（试行）》第390条第2款解释了"犯罪事实已经查清"的情形种类："（一）属于单一罪行的案件，查清的事实足以定罪量刑或者与定罪量刑有关的事实已经查清，不影响定罪量刑的事实无法查清；（二）属于数个罪行的案件，部分罪行已经查清并符合起诉条件，其他罪行无法查清的……对于符合第（二）项情形的，应当以已经查清的罪行起诉。"立案时应追究刑事责任的犯罪行为事实，都是从单个罪行着手开始立案的，因而，从立案标准上看，无所谓涉嫌犯罪行为事实的不全面、不完全的命题。

涉嫌立案时犯罪事实不完全、不全面的命题的成立，必须有一个预设前提，即嫌疑人（自然人和单位）实施的被立案的行为与立案程序后的程序中又发现的犯罪行为（包括在侦查、起诉和审判已立案的罪行时，又发现的罪行，也就是"其他罪行"，还包括在判决生效以后，又发现了判决宣告以前还有没有被刑事追究的罪行，也就是"漏罪"）并不属于刑法罪数理论上所指称的可以分别构成犯罪的数个行为在定罪时适于实质上处断的一罪或法定的一罪。比如，某甲伪造印章进行诈骗。立案时以伪造印章罪追究。如果在对某甲判决生效以前又发现有诈骗罪行，那么从一重处断；如果在判决生效以后，又发现有利用伪造的印章进行诈骗，构成犯罪的，将按照《刑法》第69条、第70条的规定实行实质上的"数罪并罚"。这对嫌疑人不具有刑事利益。如果对某甲以利用伪造印章进行诈骗的行为涉嫌犯罪而立案，那么这种犯罪行为事实就是处断的一罪，立案时的行为事实就是完整的、全面的，只能以诈骗罪定罪处刑。这对于嫌疑人是有利的。

立案时涉嫌犯罪行为事实不全面、不完全，还涉及罪行未尽，即嫌疑人实施的数个同种罪行中，只以其中的一起或多于一起但没有穷尽所有犯罪行为的罪行立案的情形。如某乙在两年内3次作案，强奸妇女3人。警方立案时只有一名被害人控告，而且嫌疑人在立案前的初查时回答警方调查时也是只承认一起。如果在判决宣告以前，发现还有两起强奸罪行没有追究的，公安机关就另外两起涉嫌犯罪行为进行侦查，各诉讼阶段的期限重新计算，审判时按照《刑法》第236条第3款第2项的规定，可以对被告人判处10年以上有期徒刑、无期徒刑或者死刑。如果在一起罪行判决后，又发现另外两起罪行，就按照《刑法》第236条第1款、第69条、第70条的规定决定某乙的刑期，而不再可能对其处以无期徒刑或死刑。

由此可以看出，公安机关在立案时对嫌疑人犯罪行为是否不完全、不全面的认知是在立案以后，通过侦查、审查起诉或者审判，甚至于在判决生效以后阶段所获知的"其他罪行"或"漏罪"后，才反向对嫌疑人的罪行事实的立案不完整、不全面的方式加以检验的。检察机关对公安机关和本院侦查部门立案时的犯罪事实是否完整、全面的立案监督也必须以立案后又发现的"漏罪"为监督根据，因为不能通过立案时的涉嫌罪行推论嫌疑人还有其他的"漏罪"。

上述立论是相信侦查人员对嫌疑人立案侦查时，不知道嫌疑人有其他罪行。如果公安机关明知嫌疑人有数个罪行，包括同种数罪和不同种数罪，而只对其中的一罪或一罪以上但并未全部数罪以下涉嫌罪行立案，那么这时的立案，就不再是技术性立案的涉嫌犯罪行为不完整、不全面的问题，而是侦查人员徇私枉法、徇情枉法的渎职行为。检察机关在获知有渎职行为，构成犯罪时，直接对渎职行为立案侦查。侦查监督部门发现本院侦查部门或人员有故意徇私枉法、徇情枉法行为，构成犯罪的，应报请检察长决定，对涉嫌犯罪的检察人员进行立案侦查。

（三）立案监督程序不完整及其解决措施

刑事立案监督的内容应当不仅局限于对是否立案的法律监督，还包括对立案的主体和涉嫌犯罪是否完整、全面的立案监督，以及程序是否规范和立案与不立案的决定是否合法等相关刑事立案活动的法律监督。检察机关立案审查的对象是刑事立案主体的立案行为，即公安机关和本院侦查部门的立案行为。立案审查过程中，需要以现有证据为基础，对案件进行分析，审查的主线是立案行为而非案件的各种证据，目的是查明是否存在有案不立或者不该立案而立案的问题，进而判断立案主体的立案行为是否合法。立案监督的调查中，审查人员不是利用调查手段和措施搜集新的、与犯罪事实有关的证据，查获犯罪人，而是为了更加准确地判断侦查机关的立案行为，包括撤案行为是否合法。

学术界和实务界普遍认为，立案监督的立法规定过于简单、粗疏，使得立案监督程序不完整，导致实施过程中可操作性差。表现在：（1）立而不侦。在检察机关监督下公安机关虽然立了案，但立而不侦，侦而不结，消极应付，久拖不决。（2）先立后撤。公安机关立案后，未经侦查或未经认真侦查就撤销案件，以规避立案监督。（3）以罚代刑、以教代刑。公安机关立案后对一些已经构成犯罪的案件以罚款、行政处罚或劳动教养等结案。（4）通知立案后仍不立案，即对检察立案监督不理不睬：一是接到说明不立案或立案理由通知后，在法定期限内拒不说明；二是接到通知立案或撤案决定书后拒不立案或撤案。

造成此现状的原因主要在于：一是检察机关对所监督的主体行为信息掌握

不全面，或者说，处于监督的被动和事后参与地位；二是公安机关拒绝检察机关立案监督无法律责任。检察机关认为应当立案侦查的案件，审查公安机关不立案理由不能成立时，通知公安机关立案，公安机关接到通知后应当立案。但是，公安机关拒绝立案的，法律却没有规定其承担相应法律责任；对不应该立案而立案的和撤销案件不当的立案监督，《刑事诉讼法》没有规定，只是检察内部规则，对公安机关无约束力。这就弱化了检察机关作为法律监督机关的作用。

解决这些难题，首先需解决信息互通问题。在现在的宪政体制下，建议由最高人民检察院和公安部联合发文，建立刑事案件备案审查制度，要求刑事立案主体移送发案登记表、立案决定书、撤案决定书等文书材料备案审查，使得检察机关从源头上把握立案监督有法可依。同时，联通检察院与公安机关的案件管理计算机信息系统，检察院侦查监督部门对公安机关受案、决定立案或不立案、撤案的刑事案件的信息应当及时掌握。检察机关负责立案监督的部门应将受案、决定立案案件的有关法律文书登记、编号、建档；对决定不立案和撤案的案件，通过审查上述备案材料（必要时可以进行调查核实），审核其不立案、撤案的理由是否成立。对其中确系应当立案侦查而作不立案处理的案件，应发送《立案通知书》，通知公安机关立案侦查；对撤案不当的案件，应发送《恢复立案通知书》，通知恢复立案。对于拒不接受监督的，应当向上一级检察机关报告，由上一级检察机关向同级立案主体发出相应的通知，实施监督。此外，根据不同情况，可考虑采取下列措施，促使其接受监督：（1）发出纠正违法通知书，责成其纠正违法行为；（2）向当地纪检监察部门提出检察建议，建议追究立案主体及其直接责任人员党纪政纪责任；（3）提交同级人民代表大会代表，通过代表提出质询，促使其纠正违法；（4）对属于国家机关工作人员利用职权实施的重大犯罪案件，经省级以上检察机关决定，直接立案侦查；（5）对构成徇私舞弊、徇私枉法等犯罪的，直接立案查处，追究有关人员的刑事责任。

二、实体审查中易出现的问题

刑事立案监督既包括依据刑事程序法进行的程序监督，又包括依据刑事实体法进行的实体监督。其程序监督主要是对刑事立案程序是否规范以及管辖等的法律监督，其实体监督主要是对刑事立案条件等的法律监督。立案的实体条件就是有犯罪行为发生，且应追究刑事责任。在立案检察监督中，存在着不同判断主体对某一行为事实的罪与非罪的性质可能存在不同的认识和分歧。检察立案监督部门和人员对于公安机关和本机关侦查部门在同一案件事实的认识上也可能存在分歧。对某些案件，公安机关认为可不作为犯罪处理的，检察审查部门可能认为是犯罪行为，结果是检察审查部门认为公安机关在实施以罚代刑。基于此，有学者认为，在立案监督中，检察机关通过调查只要查明有关机关或部门立案活动中是否存在违法行为即可，无须达到"能捕、能诉、能判"的标准。"对于刑事立案监督案件的质量标准应以证明立案活动中存在违法行为的事实为标准，能够达到纠正违法立案行为的目的即可，而非以案件事实本身为标准。"我们认为，案件事实本身首先是判断是否立案的基本条件，如果案件事实本身就不符合立案的标准，那么立案监督就失去了监督的目的。虽然从立案监督程序规定看，监督的对象是侦查机关或部门的立案行为，但是，立案行为是否合法、合理仍须以是否有犯罪行为发生和应追究刑事责任为判断坐标，在符合立案标准的事实确立以后，才可以判断侦查机关或部门的立案行为是否合法、合理。人民检察院侦查监督部门审查中，可以要求被害人或利害关系人提供有关材料，或者进行必要的调查。从这个意义上说，立案检察监督的内容包括两方面：案件事实本身和侦查机关或部门对案件事实的处理程序的行为事实。就后一种行为事实而言，检察审查部门具有主动性；就案件事实本身而言，检察审查部门与侦查机关或部门存在分歧，需要妥善解决。

（一）实体审查出现分歧的原因

在立案监督中，侦查监督部门与侦查机关或部门就案件实体问题出现分歧的原因，在排除权力寻租的可能性前提下，可以概括为以下几个方面：

1. 案件事实判断的个体性差异

警察与检察官的个体差异首先在于职业化法学理论教育的差异，其次是这种教育背景反映在个体化的性格中，这些因素通过职业化的经验磨砺，形成了对某行为的罪与非罪的个体性判断。

警察职业的法学教育首要前提就是满足动态感剧烈的与犯罪作斗争的实践需要，其主动地追查犯罪的主观善良愿望在具体的侦查谋略和技术中获得体认；相比较而言，检察官的职业训练以遵循程序规则约束为职业预知，无论面对怎样的犯罪行为，其基本立场是必须维护法律规则的规范性。同时，无论是警检一体，还是警检分立的模式，检察官的客观中立的法律立场远远超越于具体的行为事实的犯罪或非犯罪行为的判断和分析。在我国自2001年对检察官任命和考试实行全国统一化司法考试以后，检察官的职业法律素养，也已经能够综合性地对具体个案的事实作出综合性判断，而不单纯地从追惩犯罪的道德意识角度，认识检察官职业利益。由于这种职业化教育差异，许多在刑法理论上对某行为事实的罪与非罪的判断差异，也会反映在日常工作中。如教科书上常常举例说明行为事实的差异的是某人故意用面粉假充毒品进行兜售贩卖的案例。对于此案例,刑法理论的主观主义立场,行为人并不构成犯罪,只是诈骗行为,应接受治安管理处罚;但按照客观主义立场,行为人的行为构成贩卖毒品罪,属于必须加以严厉惩罚的犯罪行为。再如轻伤害行为,介于罪与非罪之间,特别普遍。自诉案件中如果行为人的社会危害性达到了"严重危害国家利益和社会公共秩序"的程度,就必须转为公诉案件,侦查机关必须进行立案侦查。但何谓"严重危害",就是一个主观性很强的法律问题。在这一点上,检察官思维往往倾向于保守,而警察往往倾向于主动介入。尽管没有实证数据可以全面证实警察与检察官对某一特定行为事实的性质差异究竟有多大,但不可否认的事实就是差异是客观存在的。这从警察机构的设置和其职能就可以看出。警察乃"不特除奸禁暴"、"消患未萌",还需"平日之良莠若何,行踪若何,莫不周之"。(沈家本言)故此,警察对某行为之是否立案侦查,通常要考虑以下情况:社会危害性的大小;按《刑法》规定应否处罚;采取侦查措施有否必要;公权与私权是否冲突。

案例:2011年1月检察机关在审查逮捕冉某非法买卖爆炸物案时发现,张某将冉某购买的25公斤黑火药用摩托车运至冉某家中,并帮助冉某将该火药藏于其家地下室。后冉某将火药出售给他人。冉某归案后供述火药是从张某处购买的,而张某否认这一事实。公安机关认为没有证据证明张某出售火药给冉某,张某构成犯罪的证据不足,故未对其立案侦查。检察机关审查后认为,尽管认定张某买卖火药的证据不足,但有证据证明张某将火药运至冉某家,并帮助其藏于地下室,其行为已构成非法运输爆炸物罪。在检察机关的监督下,公安机关对张某立案侦查,2011年5月张某被判处有期徒刑10年。

2. 证据判断差异

我国目前对于刑事证据的取证主体方面,新《刑事诉讼法》第52条第2款规定:行政机关在执法和查办案件过程中收集的物证、书证、视听资料、电子证据等证据材料,在刑事诉讼中可以作为证据使用。侦查机关或部门在初查中,一般需要进行必要的勘验、鉴定、检查等措施。通过对由这些措施收集的证据的判断、甄别、筛选等,确定某行为事实是否符合立案标准。无疑地,对初查所获证据的判断会存在差异。如对于医学鉴定意见的证据力问题,我们就不能期望警察和检察官与医生的鉴定意见一致。在获得单向鉴定意见,没有进行质证的情况下,依赖于该鉴定意见所作出的立案、不立案或撤案的诉讼行为的正确性,就可能受到不同判断主体的质疑,甚至受到当事人的质疑。再有,初查中收集的证据的充分性问题。孤证不能定案,但两个以上的证据如果无法形成一个完整的确定的结论,也不能确定立案。如一死者,经检验系毒药致死,但无法确定是自杀还是他杀。这就不能立案。但如果检察机关获得了其他线索，寻求到证明死者是他杀的证据，那么警方不立案显然是失误了。

3. 治安现状差异

警方和检察官对社会治安状况优劣的反映敏感程度不同，反映在刑法理论上就是对刑罚的社会控制功能的期待性差异。刑罚对社会秩序的控制功能，在不同的权力背景下，有着不同的本质体现。在专制体制即警察国家中，警察的作用等同于刑罚，警察的独立性超越于任何其他国家机构。而在法治国家制度下，警察的作用必须服从并服务于检察官的职业化利益要求，也就是检察官控制、指挥警察的治安行为和追惩犯罪的行为，警察的独立性受到检察官专业权威和优势的控制甚至钳制，其行为的根本宗旨就是为检察官对某种行为的性质的判断提供事实性的基本资料，法律思维和法律方法的判断意识和能力永远低于检察官的职业思维和功能。与此同时，检察官的专业权威也使得检察机构承担着社会治安状况优劣的社会责任。

在我国警检关系中，警察的职责使其对刑罚作用的社会感知敏感于检察官，警察机关承担的社会治安责任，在社会意识状态下，高于检察机关。在社会治安状况恶化的情况下，警察承受的职业压力直接地来自于政治组织的等级压力和来自于社会群体的组织机构及舆论压力，相反，检察机构的压力不仅被警察机构压力所分散和消解，而且为其专业化权威所阻隔。因而，社会治安状况对立案实体审查时警检机构的分歧的影响呈现相反曲线：治安状况良好时，检察官的立案标准更能获得社会和政治机构的支持，而在治安状况混乱时，警察机构立案时的实体标准更易于为社会和政治组织所赞同。这种循环型周期变化规律，反映了警检之间立案监督关系的动态坐标。

4. 社会等级差异

在等级制的社会组织体中，权力、资源与文化诸多因素成为社会化关系联系的约因和纽带。每一个人都被组合到一个特定的关系网络中，宜寻求有利于自己的权力、资源和文化符号。我国的等级制社会结构具有超稳定性的特点，而且这种等级制通过社会文化符号，加以标签化。

在刑事诉讼法律微观社会学研究中，不同的社会资源占用者所享有的权利保护程度必然不同。在中国制度化的等级制文化、权力网络中，等级制更是尤盛。不同的人实施同一性质的行为或同一个人实施不同性质的行为，由于其社会资源份额不同，自然有其不同的社会待遇。如孙志刚事件、陕西省的黄碟事件、杭州飙车案等。由于行为人的社会等级差异而产生的警检立案实体审查时出现分歧，有时候是有意识的，他们往往清楚知道自己要做什么，为什么这么做，怎样做，有着一个明确的目标和指向，当认定事实，选择法律，抑制自己情感而追求公平正义时，往往是"自我感觉良好"，但绝大部分都是以一种无意识的方式发挥作用的。警检机构的意志仰赖于个体化的成员意志组合，每人所形成的对生活的某种看法与理解，就为对具体行为事实的法律判断和分析找到了自身的、以直觉经验为支撑的理解环境，强化各自直觉基础上所选择的行为。

（二）消除或解决分歧的方式

对于实体审查中出现的问题，需认真对待。解决的方法是建立立案协商制度和立案听证制度。从《刑法》分则确定的具体罪名看，"对分则罪名的划分存在多种标准，那么，同一种犯罪在不同的视角中就可能获得多重属性"。具有多种属性并不绝对意味着某一具体行为事实可以构成多个犯罪事实，因此，对行为事实的罪与非罪的判断分歧并不是绝对的，而是可以在一个稳定的立足点上，取得一致性认识的。从2003年的检警立案监督数据可以看出，2003年全国检察机关对不立案监督情况，要求说明理由25946件，通知立案5876件，侦查机关主动纠正16699件，纠正总量与要求说明不立案理由总量之比的纠正率为85%；对已立案监督情况，提出纠正意见2532件，已经纠正2497件，占98.6%。这两个比率说明检警在立案监督工作中，配合与共识是主流方向。为了更好地消除分歧，应建立检警立案监督实体审查协商制度，一方面检警平时对犯罪问题开展横向联系和沟通，强化刑事法学理论的实践操作的通约性；另一方面对刑事司法政策的理解形成超越个体化解释的普遍性意见。这需要最高检察机关及时、适时地掌握各地运用宽严相济刑事司法政策的情况和遇到的问题，对带有普遍性的问题和某些类案，通过制定具体的规范性文件加以指导；对典型个案特别是从宽处理的个案，要收集整理，阐明理由，汇编下发。要积极与公安甚至其他行政执法等部门协调，争取就立案的宽严标准等问题达成明确化的一致，或者联合制定相关规范性文件，从实体审查方面，建立规范化的审查机制和制度。

应建立并充分利用立案听证制度，化解实体审查中产生的分歧。一般情况下，检察审查部门如果不当地否定侦查机关的立案结论，就易造成检警关系的紧张，同时也间接损害了被害人的合法权益。根据《刑事诉讼法》第111条的规定，只要被害人"认为"某案属该立不立而向检察机关提出的，检察机关就有义务（应当）要求公安机关说明不立案理由。这里，就被害人和检察机关都抽象化为利益"共同体"。但在被害人认为某案属于该立不立而检察机关认为公安机关对该案不予立案是正确的时候，上述规定必然导致检察机关与被害人利益冲突。这时采用立案听证的方式解决检察机关与被害人之间的分歧不失为一种良性的解决方法。对于不该立而立案的申诉，如果嫌疑人或其近亲属向检察机关申诉或控告的，检察机关认为该案件应该立案的，嫌疑人或其近亲属就可以要求检察机关举行立案听证,以解决检察审查部门与嫌疑人之间的分歧,将分歧统一于对案件的事实的认识一致性方面。从表面上看,建立被害人、嫌疑人申请立案监督听证制度是为了维护或保护当事人利益,但实质上是借听证之机会,化解警检实体分歧,并强化警检实体认识的一致性。这有利于化解当事人不满情绪,顺利解决刑事纠纷,履行警检职能,维护社会稳定。

此外,从当前情况看,刑事立案监督的案件来源主要是检察机关在工作中发现和被害人控告。而检察机关主要是在审查逮捕和审查起诉工作中发现立案监督的情形,这是很有限的;被害人往往不知道检察机关具有刑事立案监督职能,来控告的也不多。这造成了刑事立案监督的信息渠道不畅通,立案监督乏力的局面。这也和现行《刑事诉讼法》本身存在的立法缺陷有很大关系。现行《刑事诉讼法》对立案监督只规定了质询权和纠正权,即"发出要求说明不立案理由通知书"(质询权)和"认为不立案理由不能成立通知侦查机关立案"(纠正权),而对检察机关对侦查机关立案活动的知情权未作规定。[①] 因此,应从改革和完善执法机制角度,进一步扩大检察机关对侦查机关刑事立案的知情权,以利于刑事立案监督工作的推进。在具体制度层面,警、检、法与行政机关应建立长效互通案件信息机制。总体思路是,检察机关走出去,实施开放性检察监督,一方面,为实施检察监督开拓了案件线索;另一方面,也为对公安立案和行政机关移送案件奠定了检察立案监督的源头活水。

最后,应切实重视刑事立案监督工作,把刑事立案监督工作列入议事日程,认真研究加大刑事立案监督力度的措施,尤其是应该设立专门的刑事立案监督机构,培养专业化人才,加大资金投入,以便在组织机构、人力、物力、财力上对刑事立案监督工作提供有力的支持。

三、如何保障检察机关的知情权

刑事立案监督工作是一个持续的动态的过程,监督的有效性有赖于人民检察院与被监督的侦查机关的良性互动关系与良好的信息共享机制的建立。对立案情况、行政机关案件移送情况以及对刑事立案监督案件的侦查进展等情况的了解是人民检察院较好地开展刑事立案监督工作的前提和保障。在检察实务中,人民检察院在刑事立案中的知情权没有得到法律的确立和保障,是刑事立案监督工作开展不力、案件监督质量不高、法律效果和社会效果不佳的主要原因之一。因而应当建立相应机制,赋予人民检察院相应的知情权。

---

① 参见陈志红:《浅谈刑事立案监督的不足与完善》,载《人民检察》2000年第9期。

首先，赋予人民检察院对侦查机关立案情况、行政机关案件移送情况的知情权。获取案件材料是发现立案活动是否违法的前提。刑事立案监督工作的好坏与刑事立案监督的案件来源广泛与否，渠道通畅与否息息相关。我们知道：一方面，被害人请求立案与人民检察院办案（主要是通过审查批准逮捕、审查起诉）发现是刑事立案监督案件线索的主要来源；另一方面，人民检察院主动介入侦查机关立案活动，监督其是否合法的情况很少。虽然《宪法》和《刑事诉讼法》都规定了人民检察院是国家法律监督机关，并且规定了人民检察院对刑事诉讼或进行法律监督，但是《刑事诉讼法》及《人民检察院刑事诉讼规则（试行）》等法律文件都没有规定侦查机关需要向人民检察院定期或不定期送交其立案情况的报告，即人民检察院对侦查机关的立案情况没有法定的知情渠道。另外，人民检察院虽然可以对行政机关的处罚活动进行检查，但是行政机关同样没有义务主动向人民检察院提供其作出的行政处罚的情况报告。这样一来，人民检察院对侦查机关的立案情况、行政机关作出行政处罚的情况及案件移送情况的了解十分被动，使得人民检察院获知刑事立案监督案件的线索的途径有限，进而严重阻碍了刑事立案监督权的行使。

为了拓展刑事立案监督案件的线索来源，保障人民检察院的刑事立案监督权得到有效的行使，必须建立相应的制度，赋予人民检察院知情权。一是建立立案告知制度。即所有有权进行刑事立案的机关，接到公民控告、举报或者向法院提出自诉的，立案机关都应当将是否立案的情况告知控告、举报或者自诉的公民，并告知其对是否立案的决定可以向人民检察院提出复议或者向上级人民法院起诉。二是建立立案备案制度。即立案机关应当定期或不定期地向同级人民检察院移送受案情况及立案情况，人民检察院接受备案后应当对立案程序和立案结果是否合法认真审查。行政机关对其作出的行政处罚案件及移送的案件情况也应当向人民检察院备案，人民检察院接受备案后应当依法对其进行审查。三是建立调卷制度。即人民检察院有权向侦查机关、行政机关调取刑事案卷、治安处罚案卷，报送劳动教养案卷。四是建立立案信息共享机制。在时机成熟的时候，可以建立起统一的刑事立案信息网络，人民检察院可以通过该网络实时了解各侦查机关的立案情况。

其次，赋予人民检察院对刑事立案监督案件的侦查情况的知情权。根据《刑事诉讼法》和《人民检察院刑事诉讼规则（试行）》的规定，人民检察院侦查监督部门对侦查机关应当立案侦查而不立案、不应当立案而立案侦查的以及人民检察院侦查部门应当报请立案侦查而不报请立案的案件，依法进行审查和调查，作出处理之后，被监督的侦查机关应当执行人民检察院的决定，但是对于被监督的侦查机关拒不执行人民检察院的决定或者虽然执行了人民检察院的决定,但立而不侦、久拖不决等情况,法律并没有规定人民检察院有权要求侦查机关汇报有关情况。

为了保证刑事立案监督工作确实有效的开展,应当赋予人民检察院对刑事立案监督案件的侦查情况的知情权。具体来讲,一是建立案件侦查情况定期通报制度。即侦查机关对于人民检察院监督立案的案件的侦查情况应当定期向人民检察院通报,接受人民检察院的监督。二是建立专人负责制度。即人民检察院对于刑事立案监督案件应当由专人负责承办,从接受案件线索到案件侦查直至最终处理都应当有人跟踪了解监督。

最后,赋予人民检察院对刑事立案监督案件的撤销或侦查终结后移送审查起诉的知情权。在检察实务中,存在着侦查机关接受人民检察院的刑事立案监督后立案侦查,但是后来又撤销案件的情况,而人民检察院对侦查机关撤销案件的情况却不了解,导致人民检察院的刑事立案监督流于形式,而违背了立法初衷,没有带来任何社会效果。负责刑事立案监督的是人民检察院的侦查监督部门,案件侦查终结后移送给审查起诉部门审查起诉,侦查监督部门无权要求审查起诉部门通报其审查行为和结果。

为了保证刑事立案监督的质量和效果,保障人民检察院的知情权。一是联通检察院与公安机关的案件管理计算机信息系统,检察院侦查监督部门对公安机关受案、决定立案或不立案、撤案的刑事案件的信息应当及时掌握。二是人民检察院内设机构之间的协调机制。侦查监督部门向侦查机关发出监督立案的有关文书时,应当抄送可能移送起诉的公诉部门及控告申诉部门。侦查机关对于人民检察院监督立案的案件移送审查起诉部门审查起诉时,必须要作出相关的注明或说明。审查起诉部门对于侦查监督部门监督立案的案件应当将审查起诉的受理情况和审查结果通报侦查监督部门。

四、刑事司法与行政执法衔接机制中的检察监督

刑事司法与行政执法衔接机制,是指具有法定行政管理权限的机关或组织在行政执法过程中,将涉罪行为从行政执法中分离出来,过渡到刑事司法程序中的协作机制。狭义的刑事司法与行政执法衔接机制仅指将行政相对人的涉罪行为过渡到刑事司法程序中的协作机制。广义的衔接机制除此以外,还包括将国家工作人员与行政相对人的涉罪行为过渡到刑事司法程序中的协作机制。

行政执法可以与刑事司法相衔接是因为:首先,刑法与行政法的关系密切。刑法是规定犯罪与刑罚的基本法,是其他部门法的保障法。其次,行政违法与行政犯罪的关系密切。在我国没有像德国、法国那样规定"违警罪"来对行政违法行为进行处罚,而是将对行政违法行为的处罚规定在行政法规之

中。行政违法与犯罪在很大程度上是交叉的甚至是重合的,所不同的只是,犯罪行为在时间、地点、情节或数量上达到了一定的量,从而导致了其行为性质在法律认定上的改变。再次,一事不再罚的理念。由于行政处罚与刑罚具有很多方面的相同点和类似之处。一事不再罚的理念就是行政法和刑法所共同遵循的。即对于当事人的同一违法行为不得给予两次以上处罚。这是国际上通行的司法准则,也是保障人权的基本要求。最后,刑事先理原则。刑事先理原则又称为刑事优先原则,是一种程序优先原则,即在适用程序上衔接行政处罚与刑罚处罚的关系时应当遵循的原则。刑事先理原则首先承认各类法律责任的独立性,但在不同诉讼程序发生交叉时,应当先进行刑事诉讼。因为刑事诉讼是对重大法益的优先保护和救济,并且刑事诉讼的证明要求要高于行政诉讼。

建立刑事司法与行政执法衔接机制的目的有二:行政执法必然涉及对行政违法行为的处罚,在此过程中必然涉及行政违法与犯罪的界定,为了保障在行政违法行为涉及犯罪时,能够顺利进入刑事诉讼程序,必须建立该机制,以保证刑法任务和目的的实现,此其一。其二,为了避免行政机关以罚代刑,有效惩治国家工作人员的职务犯罪行为,必须建立该机制,将行政执法过程中发现和产生的犯罪纳入刑事诉讼程序中,使犯罪分子得到应有的法律制裁。

2001年7月国务院制定《行政执法机关移送涉嫌犯罪案件的规定》之后,有关部门又先后颁布了一系列的规定,对刑事司法与行政执法衔接工作进行规范,这些规定包括:《人民检察院办理行政执法机关移送涉嫌犯罪案件的规定》、《关于加强行政执法机关与公安机关、人民检察院工作联系的意见》、《关于在行政执法中及时移送涉嫌犯罪案件的意见》。

特别是2003年4月召开的全国整顿和规范市场经济秩序工作会议提出"进一步解决行政执法与刑事司法的衔接问题,加强案件移送和监督检查,不得以罚代刑"的要求之后,全国各级行政执法机关、司法机关在行政执法与刑事司法衔接方面做了大量工作,也取得了一定的成效。但是刑事司法与行政执法衔接工作还是存在较大的问题,有学者将其总结为"四多四少",即对破坏市场经济秩序的犯罪案件,实际发生多、查处少;行政处理多、移送司法机关追究刑事责任少;查处一般犯罪分子多、追究幕后操纵主犯少;判缓刑多、判实刑少。①

行政执法与刑事司法衔接机制的运行现状是由多方面原因所造成的,这些原因主要有:首先,立法方面,规范行政执法与刑事司法衔接的法律文件效力低、缺乏可操作性。目前所有规范行政执法与刑事司法衔接的法律文件都是以

---

① 孙谦:《在建立行政执法与刑事司法 相衔接工作机制座谈会上的谈话》,2003年9月。

规章、规定的形式出现的。2001年7月国务院颁布的《行政执法机关移送涉嫌犯罪案件的规定》总共只有19条（包括其中的技术规范）。2006年1月，最高人民检察院、全国整规办、公安部和监察部联合颁布的《关于在行政执法中及时移送涉嫌犯罪案件的意见》也只有17条。其规定都只是粗线条的，缺乏可操作性。其次，行政机关权力膨胀，为了部门"利益"而徇私枉法。在实践中，有的行政机关将其工作人员的工资、福利与行政征收、行政罚款直接挂钩，导致行政机关以罚代刑。另外，存在行政执法人员与犯罪嫌疑人之间的权钱交易，致使涉嫌犯罪的案件不被移送司法机关处理。最后，人民检察院监督不力。虽然在《宪法》、《行政诉讼法》、《刑事诉讼法》中都规定了人民检察院为法律监督机关。但在实践中，人民检察院的权力与其监督者的地位不相称，监督手段有限，再加上监督信息匮乏，使得人民检察院对行政执法与刑事司法衔接的监督力度弱化。

在对行政执法与刑事司法衔接机制的改革与完善中，检察机关立足法律监督者的地位，加强法律监督力度，赋予人民检察院刚性的监督权力，重点强化刑事立案监督，对于该制度的完善和发展具有重大的理论意义和现实意义。具体可从两方面着手：

首先，赋予人民检察院刚性的监督权力。虽然我国《宪法》、《刑事诉讼法》、《行政诉讼法》都规定了人民检察院为法律监督机关，人民检察院的法律地位也高于公安机关和行政机关，但在实践中，由于法律并没有规定人民检察院有力的监督手段，使得人民检察院的法律监督极为弱化。因而应该在立法中授予人民检察院以下权力：其一，知情权。人民检察院对于行政机关的立案、处罚以及涉罪案件移送情况享有知情权。行政机关必须将相关情况向人民检察院通报，人民检察院也可以对相关情况进行检查，并查阅行政执法机关相关材料。其二，移案建议权。对于人民检察院发现的涉罪案件，行政机关没有移送的，应当建议其移送侦查机关立案侦查。其三，处罚建议权。对于行政机关的违法行为，人民检察院通知其纠正后，行政机关拒不执行的，人民检察院可以向人事部门、主管部门等建议对其直接责任人员进行处罚。

其次，强化刑事立案监督。行政执法与刑事司法衔接中，最大的问题就是，行政机关对于涉罪案件以罚代刑，不移送司法机关立案侦查，因而强化行政执法与刑事司法衔接的刑事立案监督具有十分重大的意义。强化人民检察院的刑事立案监督，除了上述的赋予人民检察院刚性的监督权力之外，还应当建立以下具体的制度：其一，信息共享机制与情况通报制度。该制度一方面是强化人民检察院的知情权，另一方面是为了强化人民检察院与公安机关、行政机关、整规办的协作。有的检察机关联通各个行政执法信息系统，形成行政执法信息平台。如重庆市江北区将行政执法信息同时连接到监察局和检察院，接受监督。其二，介入指导制度。行政机关在查处行政违法案件时，发现可能涉及犯罪的，应当及时通报人民检察院。人民检察院认为属于刑事犯罪应当立案侦查的，应当及时通知公安机关立案侦查，对属于人民检察院管辖的案件，应当由侦查部门立案侦查。

第三章
侦查活动监督的内容及技巧

第一节 侦查活动监督概述

一、侦查活动监督的概念及特征

(一) 侦查活动监督的概念

侦查活动监督是人民检察院对各类侦查活动是否合法进行的法律监督。《刑事诉讼法》第106条第1项规定:"侦查是指公安机关、人民检察院在办理案件过程中,依照法律进行的专门调查工作和有关的强制性措施。"因此,刑事诉讼活动中的侦查就是指公安机关等法律规定的侦查机关或部门为了收集证据、查明犯罪和查获犯罪嫌疑人而依法采取的专门调查工作和有关的强制性措施。侦查是与立案、起诉、审判、执行紧密联系而又互为独立的刑事诉讼阶段。

侦查活动监督的对象是侦查机关的各类侦查活动。《刑事诉讼法》第18条规定:"刑事案件的侦查由公安机关进行,法律另有规定的除外。贪污贿赂犯罪,国家工作人员的渎职犯罪,国家机关工作人员利用职权实施的非法拘禁、刑讯逼供、报复陷害、非法搜查的侵犯公民人身权利的犯罪以及侵犯公民民主权利的犯罪,由人民检察院立案侦查。对于国家机关工作人员利用职权实施的其他重大的犯罪案件,需要由人民检察院直接受理的时候,经省级以上人民检察院决定，可以由人民检察院立案侦查。"第4条规定："国家安全机关依照法律规定，办理危害国家安全的刑事案件，行使与公安机关相同的职权。"第290条规定："军队保卫部门对军队内部发生的刑事案件行使侦查权。对罪犯在监狱内犯罪的案件由监狱进行侦查。军队保卫部门、监狱办理刑事案件，适用本法的有关规定。"根据以上法律规定，我国的侦查机关不仅包括公安机关、人民检察院自侦部门，还包括了法律授予其侦查权的国家安全机关、军队保卫部门、监狱侦查部门、海关走私犯罪侦查部门。这些侦查机关或者部门的侦查活动就是侦查活动监督的具体对象。

侦查活动监督是人民检察院对公安机关、人民检察院自侦部门以及其他由法律授予其侦查权的机关（包括国家安全机关、军队保卫部门、监狱侦查部门、海关走私犯罪侦查部门）在侦查刑事案件过程中的侦查活动是否合法所进行的专门法律监督，是宪法和法律赋予人民检察院的重要职能之一，它与刑事立案监督、审查批准逮捕、审查起诉共同构成了人民检察院的侦查监督体系。最高人民检察院《关于加强侦查监督能力建设的决定》要求侦查监督检察人员："熟悉侦查工作法律规定和侦查活动特点，善于通过审查案件、完善行政执法与刑事司法衔接机制和受理当事人申诉、控告等发现刑事立案和侦查活动中的违法行为线索，依法进行调查核实，切实有效地监督纠正违法行为。进一步规范刑事立案监督和书面纠正违法的条件、范围和程序，做到实事求是、突出重点、规范有序地开展监督，增强监督的实际效果。掌握职务犯罪侦查的特点和规律，不断强化对检察机关直接立案侦查案件的监督制约。"

侦查活动监督是人民检察院法律监督职能的重要组成部分，贯穿于审查逮捕、审查起诉和羁押场所执法活动监督的全过程，分别由检察机关的侦查监督部门、公诉部门、监所检察部门行使。本书仅对人民检察院侦查监督部门的侦查活动监督职能进行论述。

（二）侦查活动监督的特征

侦查活动监督权由宪法和法律专门赋予人民检察院，由人民检察院针对各类侦查活动实施专门的法律监督，这就决定了侦查活动监督具有以下三个基本特征：

1. 监督主体的特定性。根据我国法律规定，人民检察院是行使侦查活动监督权的唯一主体，其他任何机关、团体或者个人都没有这项职权，且侦查活动监督权只能由人民检察院单独、直接行使，而不能与其他机关或者部门联合行使，也不能由检察机关委托其他机关、团体或者个人行使。

2. 监督程序的法定性。《刑事诉讼法》和《人民检察院刑事诉讼规则（试行）》均对人民检察院如何行使侦查活动监督权规定了比较详细的工作程序和具体的操作方式,人民检察院在行使侦查活动监督权时应当按照法律规定的程序和方式依法进行,不能随意进行,更不能违法进行。

3. 监督手段的强制性。侦查活动监督权具有法律上的强制性,被监督的侦查机关必须依法接受监督并及时纠正错误,否则将承担相应的法律责任。

二、侦查活动监督的法律依据及性质

(一) 侦查活动监督的法律依据

我国宪法和法律的相关条文确立了人民检察院的侦查活动监督权,这是人民检察院依法对侦查活动是否合法实施专门法律监督的法律依据。《宪法》第129条规定:"中华人民共和国人民检察院是国家的法律监督机关。"《刑事诉讼法》第98条规定:"人民检察院在审查批准逮捕工作中,如果发现公安机关的侦查活动有违法情况,应当通知公安机关予以纠正,公安机关应当将纠正情况通知人民检察院。"《人民检察院刑事诉讼规则(试行)》第564条规定:"人民检察院依法对公安机关的侦查活动是否合法实行监督。"

(二) 侦查活动监督的性质

我国宪法和法律明确规定,人民检察院是国家的法律监督机关,依法行使法律监督权。侦查活动监督权作为法律监督权的一个重要组成部分,两者之间的种属关系就决定了侦查活动监督的性质就是法律监督。

侦查活动监督的性质决定了人民检察院在配合侦查机关依法查处触犯刑法的各类犯罪嫌疑人的同时,还要监督侦查机关的侦查活动是否合法,从而保障公民的合法权益不受侵害,做到打击与保护并重。

三、侦查活动监督的意义

人民检察院通过对侦查活动是否合法实施专门的法律监督,就是要及时发现侦查机关或者侦查人员在侦查活动中违反法律规定的违法行为,从而采取纠正和预防措施,确保侦查活动依法进行。这对于司法机关准确打击刑事犯罪、依法保护公民合法权益不受侵害和督促侦查机关或者侦查人员规范执法,进而保障刑事诉讼活动的顺利进行,维护司法公正都具有十分重要的意义。

(一) 有利于司法机关准确打击犯罪,保证刑事侦查任务的顺利完成

侦查活动的主要任务就是收集证据,查明犯罪事实,查获犯罪嫌疑人,查明犯罪事实的有无和犯罪情节的轻重等。侦查机关一旦违法进行侦查活动,不仅会侵害公民的合法权益,而且还会使侦查工作偏离正确的方向,延误侦查时机,导致真正的罪犯不能及时受到惩罚。通过履行侦查活动监督职能,人民检察院可以及时发现和纠正侦查活动中的违法情况,弥补侦查工作中的漏洞,提

高侦查工作的质量,从而准确地打击各类刑事犯罪分子,保证刑事侦查任务的顺利完成。

(二)有利于保护公民特别是犯罪嫌疑人的合法权益不受非法侵害

我国宪法和法律为公民的人身权利和财产权利提供了非常严格的保护,即使是犯罪嫌疑人,其合法权益也同样受到法律的严格保护。但是侦查活动具有相当的强制性,往往直接涉及公民的各种人身权利和财产权利,侦查机关违反法律规定进行的侦查活动,必然会侵害到公民的合法权利,所以,2012年《刑事诉讼法》修改时把"尊重和保障人权"规定为《刑事诉讼法》的任务。人民检察院通过对侦查活动是否合法进行专门法律监督,就能够及时地发现和纠正侦查机关或者侦查人员在侦查活动中的各种违法情况,确保无罪的人不受非法的刑事追究,并保护诉讼参与人的合法权益不受非法侵害。

(三)有利于督促侦查机关和侦查人员端正执法思想和提高执法水平

侦查机关规范执法是顺利完成侦查任务的重要保证,侦查人员作为国家刑事司法工作人员,更应该模范地遵守和执行国家的法律法规。但是,我国目前仍不乏有个别侦查人员因执法思想不端正,在侦查活动中利用手中的侦查权违法插手经济纠纷,谋取私利,甚至徇私枉法、制造冤假错案。人民检察院通过对侦查活动是否合法进行专门法律监督,就能够及时发现侦查机关或者侦查人员的违法行为并予以纠正,依法查处违法侦查行为,追究构成犯罪的侦查人员的刑事责任,以此来督促侦查机关和侦查人员端正执法思想,树立规范执法的执法理念,提高办案水平。

第二节 监督内容

根据我国《刑事诉讼法》第106条第1项的规定,侦查活动的内容包括了侦查机关的专门调查工作和有关的强制性措施。同时,我国《刑事诉讼法》在第六章"强制措施"这部分中对侦查羁押期限作了严格的规定,侦查机关在办理各种刑事案件中必须严格遵守有关侦查羁押期限的规定。据此,侦查活动监督应当包括人民检察院对侦查机关专门调查工作是否合法进行监督、对侦查机关适用刑事强制措施是否合法进行监督和对侦查机关侦查羁押期限是否合法进行监督这三个方面的内容。

在以上三方面内容中,应当发现和纠正以下违法行为:(1)采取刑讯逼供以及其他非法方法收集犯罪嫌疑人供述的;(2)采用暴力、威胁等非法方法收集证人证言、被害人陈述,或者以暴力、威胁等方法阻止证人作证或者指使他人作伪证的；(3) 伪造、隐匿、销毁、调换或者私自涂改证据，或者帮助当事人毁灭、伪造证据的；(4) 徇私舞弊，放纵、包庇犯罪分子的；(5) 故意制造冤、假、错案的； (6) 在侦查活动中利用职务之便谋取非法利益的；(7) 非法拘禁他人或者以其他方法非法侵入他人住宅的；(8) 非法搜查他人身体、住宅，或者非法侵入他人住宅的；(9) 非法采取技术侦查措施的；(10) 在侦查过程中不应当撤案而撤案的；(11) 对与案件无关的财物采取查封、扣押、冻结措施，或者应当解除查封、扣押、冻结而不解除的；(12) 贪污、挪用、私分、调换、违反规定使用查封、扣押、冻结的财物及孳息的；(13) 应当退还取保候审保证金不退还的；(14) 违反《刑事诉讼法》关于决定、执行、变更、撤销强制措施规定的；(15) 侦查人员应当回避而不回避的；(16) 应当依法告知犯罪嫌疑人诉讼权利而不告知，影响犯罪嫌疑人行使诉讼权利的；(17) 阻碍当事人、辩护人、诉讼代理人依法行使诉讼权利的；(18) 讯问犯罪嫌疑人依法应当录音或者录像而没有录音或者录像的；(19) 对犯罪嫌疑人拘留、逮捕、指定居所监视居住后依法应当通知而未通知的；(20) 在侦查中有其他违反《刑事诉讼法》有关规定的行为的。司法实践中，这 20 种违法行为在侦查活动中出现的频率最高，危害很大。根据全国检察机关第三次侦查监督工作会议要求，侦查活动监督要重点纠正刑讯逼供、暴力取证、非法使用侦查手段、违反拘留、取保候审等违法侦查行为。这些违法行为一旦发生，不但会严重侵犯公民的合法权益，而且还会导致侦查人员自身违法甚至犯罪，危害也最大。

一、对侦查机关专门调查活动的监督

侦查机关的"专门调查活动"，是指《刑事诉讼法》所规定的侦查机关为收集证据、查明犯罪而进行的各种诉讼活动。《刑事诉讼法》第二编第二章规定了侦查机关的专门调查活动，具体包括：讯问犯罪嫌疑人，询问证人、被害人，勘验、检查，提取指纹、采集血液、尿液等生物样本，侦查实验，搜查，调取、查封、扣押物证、书证和视听资料、电子证据，查询、冻结存款、汇款、债券、股票、基金份额等财产，鉴定，辨认，技术侦查措施，通缉等诉讼活动。通过这些调查活动所收集的证据材料具有诉讼证据的效力，经过查证属实，可以作为定案的根据。

（一）对讯问犯罪嫌疑人的监督

讯问犯罪嫌疑人是侦查人员依照法律规定的程序，就案件事实和案件相关问题以言词方式对犯罪嫌疑人进行讯问的一种侦查方式。讯问犯罪嫌疑人是侦查机关专门调查活动中一项重要的侦查行为，是直接获取犯罪嫌疑人供述和辩解的重要侦查活动，在侦查活动中有着十分重要的作用。但是讯问犯罪嫌疑人必须依法进行，否则就会导致侦查机关获取的诉讼证据无效，阻碍刑事诉讼活动的正常进行。因此，对讯问犯罪嫌疑人的监督也就显得尤为重要和必要。对此，对讯问犯罪嫌疑人的监督重点应放在以下几个方面：

1. 讯问人员和人数是否符合法律规定

《刑事诉讼法》第116条第1款规定："讯问犯罪嫌疑人必须由人民检察院或者公安机关的侦查人员负责进行。讯问的时候，侦查人员不得少于二人。"（1）讯问人必须是侦查人员。讯问犯罪嫌疑人是侦查人员的专有职权，其他任何机关、团体和个人都没有这项权利。司法实践中，要注意纠正非侦查人员讯问犯罪嫌疑人、侦查人员与被害方人员一起共同讯问犯罪嫌疑人等违法行为。（2）侦查人员不得少于二人。为了便于侦查人员在讯问过程中互相配合、互相监督，提高讯问效率，保证讯问的客观性、真实性和合法性，同时也为了保障侦查人员的人身安全，防止犯罪嫌疑人自杀、逃跑等意外事件发生，法律规定在讯问犯罪嫌疑人时侦查人员不得少于二人。由于目前我国有些地区的警力不足，有些讯问笔录上虽然有两名以上侦查人员的签名，但实际上只有一名侦查人员进行讯问，再由其他侦查人员在笔录上代为签名，这样的讯问笔录无疑是违反上述法律规定的，所获取的犯罪嫌疑人供述也属于无效的诉讼证据，在监督中应当注意发现此类情况并予以坚决纠正。

2. 讯问时间和地点是否符合法律规定

《刑事诉讼法》第116条第2款规定："犯罪嫌疑人被送交看守所羁押以后，侦查人员对其进行讯问，应当在看守所内进行。"第117条规定："对不需要逮捕、拘留的犯罪嫌疑人，可以传唤到犯罪嫌疑人所在市、县内的指定地点或者到他的住处进行讯问，但是应当出示人民检察院或者公安机关的证明文件。对在现场发现的犯罪嫌疑人，经出示工作证件，可以口头传唤，但应当在讯问笔录中注明。传唤、拘传持续的时间不得超过十二小时。案情特别重大、复杂，需要采取拘留、逮捕措施的，传唤、拘传持续的时间不得超过二十四小时。不得以连续传唤、拘传的形式变相拘禁犯罪嫌疑人。传唤、拘传犯罪嫌疑人，应当保证犯罪嫌疑人的饮食和必要的休息时间。"这一规定要求：（1）传唤犯罪嫌疑人时，应当出示《传唤通知书》和侦查人员的工作证件，并责令其在《传唤通知书》上填写到案时间，拒绝填写的，侦查人员应当在《传唤通知书》上予以注明。（2）传唤持续的时间不得超过12小时，案情特别重大、复杂，需要采取拘留、逮捕措施的，传唤、拘传持续的时间不得超过24小时。不得以连续传唤、拘唤的形式变相拘禁犯罪嫌疑人。由于我国法律尚未对连续传唤的时间间隔作出明确的规定，在司法实践中，侦查机关对连续传唤犯罪嫌疑人的时间间隔标准也掌握不一。因此，人民检察院在监督工作中应当严格控制和掌握侦查机关连续传唤犯罪嫌疑的时间间隔和连续传唤的次数。对于侦查机关采用连续传唤的方式变相拘禁犯罪嫌疑人的违法情况，一定要及时发现和纠正。（3）犯罪嫌疑人被送交看守所后，检察人员对其进行讯问，应当填写提讯证、提解证，在看守所讯问室进行。

3. 讯问程序是否符合法律规定

《刑事诉讼法》第118条规定："侦查人员在讯问犯罪嫌疑人的时候，应当首先讯问犯罪嫌疑人是否有犯罪行为，让他陈述有罪的情节或者无罪的辩解，然后向他提出问题。犯罪嫌疑人对侦查人员的提问，应当如实回答。但是对与本案无关的问题，有拒绝回答的权利。侦查人员在讯问犯罪嫌疑人的时候，应当告知犯罪嫌疑人如实供述自己罪行可以从宽处理的法律规定。"对讯问程序的监督中注意审查是否做到：（1）应当首先讯问犯罪嫌疑人是否有犯罪行为，这是讯问犯罪嫌疑人的必经程序。在讯问前，犯罪嫌疑人是否有罪尚无法确定，需要通过讯问来证实。为了防止先入为主，保证讯问的客观性和公正性，侦查人员在讯问犯罪嫌疑人时首先应该问他是否有犯罪行为。如果犯罪嫌疑人承认有犯罪行为，便让他陈述犯罪的事实；如果犯罪嫌疑人否认有犯罪行为，则应当让他作无罪的辩解，然后伺机提问。（2）不得讯问与本案无关的问题。侦查人员讯问犯罪嫌疑人应当围绕犯罪事实和犯罪证据等与案件有关的事实和情节进行讯问，不得借讯问之机讯问与案件无关的问题，从而防止侦查权的滥用。犯罪嫌疑人对与本案无关的问题也有权拒绝回答，这不能作为侦查机关认定犯罪嫌疑人认罪态度不好的依据。（3）同案犯罪嫌疑人必须分别讯问。当一个案件有几个犯罪嫌疑人时，侦查人员应当分别讯问，且被讯问犯罪嫌疑人的同案犯不得在场，以免影响犯罪嫌疑人如实供述和辩解，同时也防止犯罪嫌疑人之间相互串供。（4）侦查人员必须履行告知义务，包括告知侦查人员身份和犯罪嫌疑人有权委托律师等应当享有的诉讼权利，以及应当告知犯罪嫌疑人如实供述自己罪行可以从宽处理的法律规定。

人民检察院在依法监督侦查机关的讯问行为时，要特别注意发现侦查人员在讯问中有没有让犯罪嫌疑人进行充分的辩解和侦查人员在讯问中是否有强迫犯罪嫌疑人回答与本案无关的问题，一旦发现有此行为，就应当予以坚决纠正。

4. 讯问法律特别规定的几种犯罪嫌疑人是否依法进行

《刑事诉讼法》第119条、第270条对讯问未成年的和聋哑、不通晓当地语言文字的犯罪嫌疑人提出了特殊要求。根据以上规定，人民检察院在监督时应当注意审查：（1）讯问聋、哑犯罪嫌疑人应当配备通晓聋、哑手势的人参加，并在讯问笔录上载明聋、哑人情况和翻译人员情况。（2）讯问不通晓当地语言文字的犯罪嫌疑人时,应当配备翻译人员,翻译人员应当在笔录上签字。(3) 讯问未成年犯罪嫌疑人时,应当通知未成年犯罪嫌疑人、被告人的法定代理人到场。无法通知、法定代理人不能到场或者法定代理人是共犯的,也可以通知未成年犯罪嫌疑人、被告人的其他成年亲属,所在学校、单位、居住地基层组织或者未成年人保护组织的代表到场,并将有关情况记录在案。到场的法定代理人可以代为行使未成年犯罪嫌疑人、被告人的诉讼权利。

5. 讯问过程中是否存在逼供、诱供等违法行为

《刑事诉讼法》第 50 条规定:"严禁刑讯逼供和以威胁、引诱、欺骗以及其他非法方法收集证据。不得强迫任何人证实自己有罪。"刑讯逼供、诱供是一种严重的违法行为,情节严重的则构成犯罪,这是侦查活动监督工作的重中之重。人民检察院在审查批捕过程中,应当通过全面复核证据、讯问犯罪嫌疑人等方式及时发现侦查机关是否存在刑讯逼供违法行为,一旦发现就应当坚决纠正。

6. 讯问笔录是否符合法律规定

《刑事诉讼法》第 120 条规定:"讯问笔录应当交犯罪嫌疑人核对,对于没有阅读能力的,应当向他宣读。如果记载有遗漏或者差错,犯罪嫌疑人可以提出补充或者改正。犯罪嫌疑人承认笔录没有错误后,应当签名或者盖章。侦查人员也应当在笔录上签名。"这是讯问笔录作为证据的形式要件的规定。(1) 讯问笔录应当交由犯罪嫌疑人核对无误后签字或盖章。(2) 对于没有阅读能力的犯罪嫌疑人,侦查人员应当向其如实宣读。(3) 犯罪嫌疑人提出补充或者改正讯问笔录的,侦查人员应当如实补充或者改正。(4) 侦查人员必须在讯问笔录上签名。以上四点缺一不可,否则该讯问笔录将没有诉讼证据效力。

7. 录音或者录像是否合法进行

《人民检察院刑事诉讼规则(试行)》第 201 条规定:"人民检察院立案侦查职务犯罪案件,在每次讯问犯罪嫌疑人的时候,应当对讯问过程实行全程录音、录像,并在讯问笔录中注明。"第 202 条规定:"人民检察院讯问犯罪嫌疑人实行全程同步录音、录像,应当按照最高人民检察院的有关规定办理。"根据以上规定,(1) 全程同步录音录像是否做到了全面、全程、全部,不间断地并保持了其完整性。(2) 在全程同步录音录像过程中,因技术故障等客观原因不能录音、录像的,待故障排除后再行讯问,但相关情况应当在录音录像中反映。(3) 录音录像资料应当将原件及复制件交给讯问人员和犯罪嫌疑人确认并在封存条上签字后妥善保存。

（二）对询问证人、被害人的监督

询问证人是侦查人员依照法律规定的程序，以言词方式就案件有关情况向证人进行调查了解的一种侦查活动。证人是知道案件情况的人，通过询问证人可以进一步发现案件线索和获取证据材料，核对其他证据的真实性，同时帮助侦查人员排除矛盾、弄清疑点，保证准确地查明案件事实。

询问被害人是侦查人员依照法律规定的程序，以言词方式就被害人遭受侵害的事实和犯罪嫌疑人的有关情况向被害人进行调查了解的一种侦查活动。被害人陈述，是一种重要的证据来源。由于被害人受到犯罪行为的直接侵害，与犯罪嫌疑人有过直接的接触，对犯罪事实有切身感受，因此，及时、准确地询问被害人，对于搜集证据，查明犯罪事实，查获犯罪嫌疑人，进而惩罚犯罪和保护被害人的合法权益，都具有十分重要的作用。

鉴于询问证人和询问被害人对顺利进行侦查活动的重要作用，人民检察院对侦查机关的这两项侦查活动的监督更应该引起重视，一般可以从以下几个方面实施监督：

1. 询问人员和地点是否符合法律规定

《刑事诉讼法》第122条规定："侦查人员询问证人，可以在现场进行，也可以到证人所在单位、住处或者证人提出的地点进行，在必要的时候，可以通知证人到人民检察院或者公安机关提供证言。在现场询问证人，应当出示工作证件，到证人所在单位、住处或者证人提出的地点询问证人，应当出示人民检察院或者公安机关的证明文件。"《人民检察院刑事诉讼规则（试行）》第204条规定："询问证人，应当由检察人员进行。询问的时候，检察人员不得少于二人。"根据上述规定，要注意审查：（1）询问主体必须是侦查机关的侦查人员，且人数不得少于二人。（2）侦查人员询问证人时必须出示证件。这样既可以使证人、被害人了解侦查人员的身份，以便消除不必要的思想顾虑，也有利于证人对侦查人员的违法行为进行控告，有效监督侦查人员规范执法。（3）询问地点一般情况下是到证人的所在单位、住所或者证人提出的地点以及现场进行，只有在必要的时候，才通知证人到侦查机关提供证言。所谓"在必要的时候"，通常是指为了保守侦查秘密，保护证人的人身安全或隐私，防止证人的单位、亲属或者其他人干扰作证，保证证人如实提供证言等情况。这样做既有利于减轻证人的思想顾虑，节省证人的时间，方便群众，同时也有利于获得证人所在单位的支持，了解证人的情况。因此，人民检察院在侦查活动监督中，一定要注意发现侦查人员询问证人的地点是否合法，是否把证人带到法律规定以外的地方进行询问，以考察侦查行为的合法性和询问笔录的有效性。

2. 询问未成年证人、被害人是否符合法律规定

《刑事诉讼法》第270条第1款、第2款、第3款的规定，询问未成年证人、被害人应当通知未成年证人、被害人的法定代理人到场。无法通知、法定代理人不能到场的，也可通知未成年人的其他成年亲属，所在学校、单位、居住地基层组织或者未成年人保护组织的代表到场。询问笔录应当交给到场的法定代理人或者其他人员阅读或者向他宣读。侦查机关应当尽量减少未成年证人的思想顾虑。这样做有利于减轻未成年人的思想压力，增强其心理承受能力，保证其如实作证。

3. 是否告知证人、被害人有关权利义务

《刑事诉讼法》第123条规定："询问证人，应当告知他应当如实地提供证据、证言和有意作伪证或者隐匿罪证要负的法律责任。"侦查机关在询问证人、被害人之前应当告知其相关的法律规定，并将这种告知行为反映在询问笔录上。这种告知程序，有利于保证证人、被害人如实陈述，是防止其作伪证和隐匿罪证的重要法律措施。因此，侦查人员必须依法告知，不能遗漏。如果没有履行告知义务，将大大影响证人证言和被害人陈述的诉讼证据效力。

4. 询问证人、被害人是否个别进行

《刑事诉讼法》第122条第2款规定："询问证人应当个别进行。"侦查机关在询问证人、被害人时必须按照法律的规定，进行个别询问，且询问同案证人时不得有其他证人在场，更不允许以开座谈会的形式让证人集体讨论和作证。这样做既可以消除证人的思想顾虑，又可以防止证人之间互相影响。

5. 询问中是否存在暴力逼证、引诱取证等违法行为

《刑事诉讼法》第50条规定："严禁刑讯逼供和以威胁、引诱、欺骗以及其他非法的方法收集证据。"这里的证据除了犯罪嫌疑人供述外，也同样包括证人证言和被害人陈述。同时，《人民检察院刑事诉讼规则（试行）》第206条规定，不得采用羁押、暴力、威胁、引诱、欺骗以及其他非法方法获取证言。另外，最高人民法院《关于适用〈中华人民共和国刑事诉讼法〉的解释》也规定，严禁以非法的方法收集证据。凡经查证确实属于采用刑讯逼供或者威胁、引诱、欺骗等非法的方法取得的证人证言、被害人陈述、被告人供述，不能作为定案的根据。暴力逼证、引诱取证是非常严重的违法行为，情节严重的则构成犯罪，这也是人民检察院对侦查活动实施监督的重点之一。人民检察院在审查批捕过程中，应当通过全面复核证据、询问证人、被害人等方式及时发现侦查机关是否存在暴力取证、引诱取证等违法行为，一旦发现就应当予以坚决纠正。

6. 询问笔录是否符合法律规定

按照《刑事诉讼法》第 120 条和第 124 条的规定，询问笔录的要求和讯问笔录的要求基本相同：(1) 询问笔录应当交由证人核对无误后签字或盖章。(2) 对于没有阅读能力的证人，侦查人员应当向其如实宣读。(3) 证人提出补充或者改正询问笔录的，侦查人员必须如实补充或者改正。(4) 侦查人员必须在询问笔录上签名。以上四点缺一不可，否则该询问笔录将没有诉讼证据效力。

（三）对勘验、检查以及侦查实验的监督

勘验、检查是侦查人员按照法律规定的程序对与犯罪有关的场所、物品、尸体或者人身进行勘查、检验、检查，以发现、收集和固定犯罪活动所遗留的各种痕迹、物品的一种侦查活动。勘验的对象是现场、物品和尸体，检查的对象是活人的身体。

侦查实验是侦查机关为确定与案件有关的某一事件或者事实在某种条件下能否发生或者怎样发生，按照原来的条件，将该事件或者事实加以重演或者进行实验的一种侦查活动。

勘验、检查和侦查实验都是非常重要的侦查活动，是发现、获取证据和查明案情的重要手段，对侦破案件有着特别重要的作用。但侦查机关进行勘验、检查必须依法进行，否则勘验、检查笔录和侦查实验笔录的诉讼证据效力将大打折扣，甚至无效。人民检察院一般可以从以下几个方面实施监督：

1. 勘验、检查活动是否由侦查人员进行或者在侦查人员的主持下进行，并持有相关证明文件

《刑事诉讼法》第 126 条规定："侦查人员对于与犯罪有关的场所、物品、人身、尸体应当进行勘验或者检查。在必要的时候，可以指派或者聘请具有专门知识的人，在侦查人员的主持下进行勘验、检查。"(1) 勘验、检查活动一般情况下应当由侦查人员进行。(2) 在必要的时候，侦查机关也可以指派或者聘请具有专门知识的人进行勘验、检查，但必须在侦查人员的主持下进行，并且不允许与案件无关的人员进入勘验、检查现场，避免案外人员干扰勘验、检查结果的准确性。(3) 侦查人员在勘验、检查时必须持有并出示相关证明文件。

2. 勘验、检查是否及时、全面

勘验、检查对获取犯罪证据和及时查明案件事实具有重要作用，因此，应当注意审查：(1) 侦查机关进行勘验、检查活动是否及时进行。为了避免犯罪现场遭到破坏、移动或者现场遗留物品、痕迹消失以及发生其他变化，现场勘验、检查活动必须及时，人民检察院发现未及时勘验、检查现场的，应当立

即通知侦查机关及时进行勘验。(2) 侦查机关进行勘验、检查活动是否全面。人民检察院应当监督侦查机关对现场、物品、尸体、人身是否都进行了勘验、检查并固定了相关证据，对勘验、检查工作中的不足或者遗漏，应当及时通知侦查机关补充或者重新勘验、检查。

3. 侦查机关解剖尸体是否通知死者家属到场

《刑事诉讼法》第129条规定："对于死因不明的尸体，公安机关有权决定解剖，并且通知死者家属到场。"(1) 尸体解剖必须在侦查人员的主持下，由法医或者医生实施解剖，其他任何机关、企事业团体或者人员不能擅自决定或者实施尸体解剖。(2) 尸体解剖必须经县级以上公安机关负责人批准。尸体解剖应当由侦查人员填写尸体解剖报告表，并报县级以上公安机关负责人批准，未经法定审批程序不得擅自对尸体进行解剖。(3) 侦查机关应当依法通知死者家属到场，这是侦查机关在解剖尸体前必须履行的法律程序。侦查机关应当将是否通知死者家属到场的行为如实记录在案，至于死者家属在接到侦查机关的通知后是否到场则不影响尸体解剖活动的正常进行。(4) 尸体解剖应当形成笔录，并由侦查人员、进行检验的法医或者医生、死者家属或者见证人签名或者盖章，并注明检验时间。

4. 对指纹信息的提取和血液、尿液等生物样本的采集是否符合法律规定

根据《刑事诉讼法》第130条第1款的规定，可以对人身提取指纹信息，采集血液、尿液等生物样本。(1) 提取、采集过程应当保证客观性、合法性，对采集的血液等生物样本应当封装和登记，并经严格审查和核实。(2) 必要时可以指派、聘请法医或者医师进行，采集血液等生物样本应当由医师进行。(3) 犯罪嫌疑人拒绝的，可以强制提取、采集。

5. 对妇女实施人身检查是否符合法律规定

《刑事诉讼法》第137条第2款规定："检查妇女的身体，应当由女工作人员或者医师进行。"(1) 男性侦查人员不得对妇女实施人身检查。这样做有利于保护妇女的个人隐私和人身权利。(2) 女侦查人员可以对妇女实施人身检查。(3) 医师可以对妇女实施人身检查。这里的"医师"与"医生"不同，不具有医师专业职称的医生或者医院里的工勤人员都无权对妇女实施人身检查。(4) 人身检查不得采用损害被检查人生命、健康或者贬低其名誉、人格的方法，检查过程中知悉的被检查人的个人隐私有保密义务。

6. 现场提取的物证、书证是否依法登记

现场提取的物证、书证是证明犯罪事实最直接的证据，对刑事诉讼活动的顺利进行起着十分重要的作用，侦查机关必须依法登记并妥善保存，防止丢失或者被更换。

7. 侦查实验是否依照法律的规定进行

《刑事诉讼法》第133条规定："为了查明案情，在必要的时候，经公安机关负责人批准，可以进行侦查实验。侦查实验的情况应当写成笔录，由参加实验的人签名或者盖章。侦查实验，禁止一切足以造成危险、侮辱人格或者有伤风化的行为。"因此，（1）侦查实验必须履行严格的审批手续，应当经县级以上侦查机关负责人批准方可实施。（2）侦查实验必须由侦查人员进行。通常情况下，侦查机关应当邀请见证人在场，必要时还可以商请人民检察院派员参加。（3）侦查的实验情况应当予以记录，并由参加者签章。（4）侦查实验禁止一切足以造成危险、侮辱人格或者有伤风化的行为。（5）必要的时候，可以聘请有关专业人员参加，可以对侦查实验录音、录像。

8. 勘验、检查笔录和侦查实验笔录是否符合法律要求

《刑事诉讼法》第131条规定："勘验、检查的情况应当写成笔录，由参加勘验、检查的人和见证人签名或者盖章。"因此，（1）所有的勘验、检查活动和侦查实验都应当写成笔录。（2）参与勘验、检查活动和侦查实验活动的侦查人员、勘验、检查人和见证人应当在笔录上签名或者盖章。司法实践中，一些侦查机关在进行勘验、检查活动或进行侦查实验活动后，由于没有达到他们所希望的结果，甚至与他们的侦查目的相悖，侦查机关担心影响案件的诉讼进程，就不制作勘验、检查笔录或侦查实验笔录，且不将曾经进行过的勘验、检查活动或侦查实验活动记录在案卷中。对于这种违法行为，人民检察院要在监督中注意通过审查其他证据来及时发现并予以纠正。

（四）对搜查的监督

搜查是侦查人员在侦查过程中，为搜集证据和查获犯罪嫌疑人，对犯罪嫌疑人以及可能隐藏罪犯或者犯罪证据的人的身体、物品、住处和其他有关的地方进行搜索、检查的一种侦查活动。搜查是侦查机关同犯罪作斗争的一种重要的侦查方法，使用得好，可以获取重要的证据，使用不好，不仅不能达到搜查的目的，还会侵犯公民的人身权利和住宅不受侵犯的权利，因此必须严格依法进行。对搜查的监督可以从以下几个方面进行：

1. 搜查是否由侦查人员进行，是否签发并出示《搜查证》

根据《刑事诉讼法》第134条规定："为了收集犯罪证据、查获犯罪人，侦查人员可以对犯罪嫌疑人以及可能隐藏罪犯或者犯罪证据的人的身体、物品、住处和其他有关的地方进行搜查。"根据《刑事诉讼法》第136条规定："进行搜查，必须向被搜查人出示搜查证。在执行逮捕、拘留的时候，遇有紧急情况，不另用搜查证也可以进行搜查。"这些规定要求：（1）搜查只能由侦查机关的侦查人员进行，且执行搜查的侦查人员不得少于2人。其他任何机

关、团体或者个人都无权进行搜查。(2) 搜查应当经侦查机关负责人批准并签发《搜查证》。未经侦查机关负责人批准，即使是侦查人员也不能擅自对相关人身、物品、场所进行搜查。(3) 侦查人员应当向被搜查人出示《搜查证》。侦查人员未按法律规定的程序出示《搜查证》的，被搜查人有权拒绝侦查人员的搜查。(4) 在执行逮捕、拘留时，遇有紧急情况，也可以不用搜查证，但事后应当及时向侦查机关负责人报告，并补办有关手续。所谓"紧急情况"一般是指犯罪嫌疑人可能随身携带凶器，可能隐藏爆炸、剧毒等危险品，可能隐匿、毁弃、转移犯罪证据，可能隐匿其他犯罪嫌疑人或者其他突发紧急情况等。(5) 检察院直接侦查的案件，到本辖区以外进行搜查，检察人员应当携带搜查证、工作证以及写有主要案情、搜查目的、要求等内容的公函与当地检察机关联系。

2. 搜查时是否有见证人在场

《刑事诉讼法》第137条第1款规定："在搜查的时候，应当有被搜查人或者他的家属，邻居或者其他见证人在场。"这里不仅要求侦查机关必须履行通知见证人到场的法律程序，而且要求必须要有见证人在场才能进行搜查。侦查机关未依法履行通知程序或者没有见证人在场就进行搜查的，人民检察院发现后应当依法纠正。

3. 搜查妇女的身体是否由女侦查人员进行

《刑事诉讼法》第137条第2款规定："搜查妇女的身体，应当由女工作人员进行。"由女工作人员搜查妇女身体是尊重和保护妇女权益的体现。人民检察院一旦发现侦查机关指派男性侦查人员搜查妇女身体的，应当依法纠正；发现男性侦查人员以搜查为名侮辱、猥亵妇女身体的，应当依法严肃处理；发现男性侦查人员以搜查为名使用暴力手段强制侮辱、猥亵妇女身体，情节严重的，要依法追究刑事责任。

值得注意的是：在侦查机关的勘验、检查活动中，女侦查人员和医师均可以对妇女实施人身检查；但是在搜查活动中，只能由女侦查人员对妇女实施人身搜查，医师不得对妇女实施人身搜查。

4. 搜查情况是否形成笔录

《刑事诉讼法》第138条规定："搜查的情况应当写成笔录，由侦查人员和被搜查人或者他的家属，邻居或者其他见证人签名或者盖章。如果被搜查人或者他的家属在逃或者拒绝签名、盖章，应当在笔录上注明。"(1) 侦查机关的搜查情况应当形成搜查笔录，并详细载明搜查过程和搜查结果。(2) 搜查笔录应当由侦查人员、被搜查人或者其家属、邻居或者其他见证人签字或盖章。如果上述人员拒绝签名、盖章，应当在笔录上注明，否则该搜查笔录无效。

5. 搜查是否文明执法

搜查不得无故损坏搜查现场的物品，不得擅自扩大搜查对象和范围，对于重要查获对象及其放置、存贮地点应当拍照，并且用文字说明有关情况，必要的时候可以录像。

（五）对调取、查封、扣押物证、书证和视听资料、电子证据的监督

调取、查封、扣押物证、书证和视听资料、电子证据是侦查机关依法强行扣留和提存与案件有关的物品、文件等证据的一种侦查活动，其目的在于取得和保存能够证明犯罪嫌疑人有罪无罪和罪重罪轻的证据，防止证据受到毁损和隐匿，以便准确地认定案件事实。人民检察院可以从以下几个方面实施监督：

1. 调取、查封、扣押物证、书证和视听资料、电子证据的主体是否符合法律规定

根据《刑事诉讼法》的相关规定，调取、查封、扣押行为只能由侦查机关的侦查人员依法进行，且执行调取、查封、扣押行为的侦查人员不得少于2人，其他任何机关、团体或者个人都无权在侦查过程中实施调取、查封、扣押行为。公民有权拒绝任何非法调取、查封、扣押。

2. 调取、查封、扣押的程序是否合法

调取物证、书证和视听资料、电子证据可以凭人民检察院的证明文件，而查封、扣押则应当经侦查机关负责人或者侦查部门负责人批准。在侦查活动中发现与案件有关的物品或者其他违禁物品（如毒品、枪支、管制刀具、淫秽物品等）需要查封、扣押的，由现场的指挥人员决定。未经法律规定的审批程序，公民有权拒绝非法查封、扣押。

3. 查封、扣押的范围是否符合法律规定

《刑事诉讼法》第139条规定："在侦查活动中发现的可用以证明犯罪嫌疑人有罪或者无罪的各种财物、文件，应当查封、扣押；与案件无关的财物、文件，不得查封、扣押。"《刑事诉讼法》第139条第2款规定："对查封、扣押的财物、文件，要妥善保管或者封存，不得使用、调换或者损毁。"第143条规定："对查封、扣押的财物、文件、邮件、电报或者冻结的存款、汇款、债券、股票、基金份额等财产，经查明确实与案件无关的，应当在3日以内解除查封、扣押、冻结，予以退还。"第140条规定："对查封、扣押的财物、文件，应当会同在场见证人和被查封、扣押财物、文件持有人查点清楚，当场开列清单一式二份，由侦查人员、见证人和持有人签名或者盖章，一份交给持有人，另一份附卷备查。"因此，要注意审查：（1）被查封、扣押物品、文件是否当场查点清楚后开列清单，并由侦查人员、见证人和持有人签名或者盖

章后分别保存。（2）被查封、扣押的物品、文件是否妥善保管或者封存，侦查人员不得擅自使用或者损毁。（3）经查与案件无关的被查封、扣押的物品、文件，侦查机关是否在3日以内解除，退还原主或者原邮电机关。对个别侦查机关或者侦查人员在查明被查封、扣押的物品、文件与案件无关后，仍然不予退还，甚至占为部门所有和个人所有，严重侵犯公民合法权益的情况，人民检察院在发现上述违法情况后也应当依法坚决纠正。（4）被查封、扣押的物品、文件，不得使用、调换、出租等，应当妥善保存以避免其被损毁。

4. 查封、扣押的保存方式是否合法

人民检察院对此要注意审查侦查机关是否按法律的规定追缴和管理查封、扣押的赃款赃物。《刑事诉讼法》第234条规定："公安机关、人民检察院和人民法院对查封、扣押、冻结犯罪嫌疑人、被告人的财物及其孳息，应当妥善保管，以供核查，并制作清单，随案移送。任何单位和个人不得挪用或者自行处理。对被害人的合法财产，应当及时返还。对违禁品或者不宜长期保存的物品，应当依照国家有关规定处理。对作为证据使用的实物应当随案移送，对不宜移送的，应当将其清单、照片或者其他证明文件随案移送。人民法院作出的判决，应当对查封、扣押、冻结的财物及其孳息作出处理。人民法院作出的判决生效以后，有关机关应当根据判决对查封、扣押、冻结的财物及其孳息进行处理。对查封、扣押、冻结的赃款赃物及其孳息，除依法返还被害人的以外，一律上缴国库。司法工作人员贪污、挪用或者私自处理查封、扣押、冻结的财物及其孳息的，依法追究刑事责任；不构成犯罪的，给予处分。"对侦查机关和侦查人员私自贪污、挪用、调换所查封、扣押、冻结的款物及其孳息的，应当发出检察建议，建议侦查人员所在单位给予行政或者纪律处分；构成犯罪的，要依法追究刑事责任。

（六）对查询、冻结的监督

《刑事诉讼法》第142条规定："人民检察院、公安机关根据侦查犯罪的需要，可以依照规定查询、冻结犯罪嫌疑人的存款、汇款、债券、股票、基金份额等财产。犯罪嫌疑人的存款、汇款、债券、股票、基金份额等财产已被冻结的，不得重复冻结。"《人民检察院刑事诉讼规则（试行）》第241条规定："人民检察院根据侦查犯罪的需要，可以依照规定查询、冻结犯罪嫌疑人的存款、汇款、债券、股票、基金份额等财产，并可以要求有关单位和个人配合。"实施查询、冻结必须坚持两个原则：（1）查询、冻结的存款、汇款、债券、股票、基金份额等财产必须与案件有关，能够证明犯罪嫌疑人有罪无罪或者罪轻罪重。与案件无关的存款、汇款、债券、股票、基金份额等财产，侦查机关不得擅自查询、冻结。对于冻结的存款、汇款、债券、股票、基金份额等财产，经查明确实与案件无关的，应当在三日以内解除冻结，并通知被冻结存款、汇款、债券、股票、基金份额等财产的所有人。（2）侦查机关不能重复冻结已经被冻结的存款、汇款、债券、股票、基金份额等财产。（3）侦查机关应当书面告知当事人或者法定代理人、委托代理人所扣押、冻结的财产有权申请出售。

司法实践中，个别侦查机关或者侦查人员往往因为部门利益或个人私利，借侦查之名查询、冻结与案件无关的存款、汇款、债券、股票、基金份额等财产，以上违法侦查行为均严重侵犯了诉讼参与人的合法权益，人民检察院在发现上述违法行为后应当依法坚决纠正，督促侦查机关及时发还与案件无关的被查询、冻结财产，及时解除与案件无关的冻结财产。

（七）对鉴定的监督

鉴定是侦查机关指派或者聘请具有专门知识的人，就案件中某些专门性问题进行鉴别判断并作出结论的一种侦查活动。鉴定意见的客观性强，准确性高，证明力大，对查明案件真相、揭露犯罪、保护公民合法权益均具有重要作用。为了保证鉴定意见的科学性、公正性和准确性，人民检察院可以从以下几个方面实施监督：

1. 鉴定主体是否符合法律规定的条件

鉴定主体也就是通常我们所说的鉴定人，是为了解决专门性问题而受司法机关委托的具有专门技能、专门知识的自然人。人民检察院对鉴定活动实施监督，首先就要监督考察鉴定人是否符合法律规定的条件，在考察鉴定人资格时应当注意审查：（1）鉴定人必须具有专门的知识和解决专门问题的技能。这是鉴定人必须具备的条件，也是鉴定人进行鉴定活动的专业基础。（2）鉴定人必须受到侦查机关的指派或者聘请。非经法定指派或聘请程序的自然人是不能成为鉴定人的。（3）鉴定人必须与本案无利害关系。根据《刑事诉讼法》第28条、第29条的规定，鉴定人属于应当回避的人员范围，如果与案件具有利害关系的自然人已经担任了该案的鉴定人的，应当自行回避，当事人及其法定代理人也有权要求他们回避，否则作出的鉴定意见是没有诉讼证据效力的。

2. 鉴定程序是否符合法律规定

人民检察院对鉴定活动实施监督应当注意审查。（1）刑事技术鉴定应当由县级以上公安机关指派刑事技术部门专职人员或者其他专职人员负责进行。（2）其他专门性问题需要聘请有专门知识或者技能的人进行鉴定的，应当经县级以上侦查机关负责人批准并制作聘请书。（3）侦查机关聘请鉴定人还应征得其所在单位的同意。（4）是否为鉴定提供了必要条件和检材并明确提出要求鉴定解决的问题，不得暗示或强迫鉴定人作出某种鉴定意见。

3. 重新鉴定是否另行指派或者聘请鉴定人

对犯罪嫌疑人或者被害人提出重新鉴定的申请，侦查机关应当进行审查，认为不存在申请人提出的申请的，可以驳回申请人的申请，并说明理由；如果原鉴定意见确有疑点、遗漏或者因果关系不明显，应当要求鉴定人补充鉴定，并将补充鉴定意见及时告知申请人。补充鉴定可以由原鉴定人鉴定，也可以另行指派或者聘请鉴定人鉴定；但重新鉴定必须另行指派或者聘请鉴定人。

4. 鉴定意见是否符合法律规定的形式要求

《刑事诉讼法》第145条第1款规定："鉴定人进行鉴定后，应当写出鉴定意见，并且签名。"（1）鉴定必须出具鉴定意见，鉴定人必须在鉴定意见上签名。（2）有几个鉴定人对同一专门性问题进行鉴定的可以相互讨论，共同提出鉴定意见并签名；若意见不一致时，则可以分别提出鉴定意见并签名。

（八）对辨认的监督

辨认是在侦查人员的主持下，由被害人、犯罪嫌疑人或者证人对与犯罪有关的物品、文件、尸体、场所或者犯罪嫌疑人进行辨别和确认的一种侦查活动。通过辨认，可以为侦查工作提供线索和证据，进而有利于查明案情，正确认定案件事实，迅速查获犯罪嫌疑人，为侦查破案提供重要依据。对辨认审查的内容包括：

1. 辨认是否经过批准

辨认是否经过侦查机关或侦查部门负责人的批准，在侦查人员的主持下进行，且侦查人员是否符合不得少于2人的人数要求。

2. 辨认是否单独进行

当案件有两个以上的辨认人对同一对象进行辨认时，应当由各辨认人单独进行，必要时可以有见证人在场，这样可以避免辨认人相互影响，相互干扰，甚至串通，以保证辨认结果的客观性和正确性。

3. 辨认是否将被辨认对象混杂

侦查人员应当将被辨认对象混杂在其他对象中让辨认人辨认，不能将辨认对象单独提供给辨认人进行辨认。按照公安部的有关规定，在辨认犯罪嫌疑人时，被辨认的人数不得少于7人，在辨认犯罪嫌疑人照片时，照片不得少于10张；最高人民检察院规定在办理职务犯罪案件中，被辨认的人数不得少于5人，在辨认犯罪嫌疑人照片时，照片不得少于5张。对人的辨认，混杂的人应当与本案无关且与辨认对象不相识，又与其年龄、衣着、发型、体貌特征相似；如果辨认对象是物品，混杂被辨认物应当种类、型号、形状相似。只有这样才能达到辨认效果，确保辨认结果的客观性、准确性。

4. 辨认时严禁暗示或者诱导

侦查人员必须让辨认人独立辨认，侦查人员或其在场见证人不能给予辨认人任何暗示，更不能诱导辨认人进行辨认，否则将难以保证辨认结果的公正性、客观性和准确性。

5. 辨认后是否制作辨认笔录

在进行完辨认后，主持辨认的侦查人员应当将整个辨认过程和最终辨认结果制作成辨认笔录，向辨认人和见证人宣读，并由他们签名或盖章，并注明辨认时间和辨认场所。值得注意的是，有时侦查机关在主持辨认后，由于辨认结果没有达到侦查机关希望的结果，甚至与他们希望的结果相悖，侦查机关担心影响刑事诉讼活动的顺利进行，往往不制作笔录，在案卷材料上也不予反映。人民检察院在发现侦查机关的此类做法后一定要坚决纠正，同时监督侦查机关补充制作辨认笔录或者重新主持辨认。

（九）技术侦查措施

技术侦查措施是指侦查机关为侦查犯罪的需要，根据国家有关规定，采取的一种特殊侦查措施。《公安机关办理刑事案件程序规定》第255条规定："技术侦查措施是指由设区的市一级以上公安机关负责技术侦查的部门实施的记录监控、行踪监控、通信监控、场所监控等措施。"实践中采取技术侦查措施，应当根据法律的要求，依照有关具体规定严格执行，强化对技术侦查措施的规范、制约和监督，防止滥用这一侦查措施。

1. 技术侦查措施的适用范围是否符合规定

《刑事诉讼法》第148条规定，技术侦查措施适用的案件只能是危害国家安全犯罪、恐怖活动犯罪、黑社会性质的组织犯罪、重大毒品犯罪或者其他严重危害社会的犯罪案件、人民检察院立案侦查的重大贪污、贿赂犯罪案件以及利用职权实施的严重侵犯公民人身权利的重大犯罪案件。

《公安机关办理刑事案件程序规定》第254条规定："公安机关在立案后，根据侦查犯罪的需要，可以对下列严重危害社会的犯罪案件采取技术侦查措施：（一）危害国家安全犯罪、恐怖活动犯罪、黑社会性质的组织犯罪、重大毒品犯罪案件；（二）故意杀人、故意伤害致人重伤或者死亡、强奸、抢劫、绑架、放火、爆炸、投放危险物质等严重暴力犯罪案件；（三）集团性、系列性、跨区域性重大犯罪案件；（四）利用电信、计算机网络、寄递渠道等实施的重大犯罪案件，以及针对计算机网络实施的重大犯罪案件；（五）其他严重危害社会的犯罪案件，依法可能判处七年以上有期徒刑的。"

公安机关追捕被通缉或者批准、决定逮捕的在逃的犯罪嫌疑人、被告人，可以采取追捕所必需的技术侦查措施。

《人民检察院刑事诉讼规则（试行）》第263条规定，涉案数额在10万以上、采取其他方法难以收集证据的重大贪污、贿赂犯罪案件以及利用职权实施的严重侵犯公民人身权利的重大犯罪案件，经过严格的批准手续，可以采取技术侦查措施，交有关机关执行。

本条规定的贪污、贿赂犯罪包括刑法分则第八章规定的贪污罪、受贿罪、单位受贿罪、行贿罪、对单位行贿罪、介绍贿赂罪、单位行贿罪、利用影响力受贿罪。

本条规定的利用职权实施的严重侵犯公民人身权利的重大犯罪案件包括有重大社会影响的、造成严重后果的或者情节特别严重的非法拘禁、非法搜查、刑讯逼供、暴力取证、虐待被监管人、报复陷害等案件。

2. 技术侦查措施是否经过严格的批准

侦查机关可以对适用范围内的案件采取技术侦查措施，但实际执行中还应当根据侦查犯罪的需要而不是一味采取技术侦查措施，并且要经过严格的批准手续。《公安机关办理刑事案件程序规定》第258条规定："采取技术侦查措施，必须严格按照批准的措施种类、适用对象和期限执行。在有效期限内，需要变更技术侦查措施种类或者适用对象的，应当按照本规定第二百五十六条规定重新办理批准手续。"对各种技术侦查措施在什么情况下、什么范围内、针对何人、经过什么样的程序批准才能使用应有严格的明确的规定并遵照执行，不得擅自作任何改变。

3. 技术侦查措施是否超过了适用期限

批准采取技术侦查措施的决定自签发之日起3个月以内有效。在有效期限内，对不需要继续采取技术侦查措施的，办案部门应当立即书面通知负责技术侦查的部门解除技术侦查措施；负责技术侦查的部门认为需要解除技术侦查措施的，报批准机关负责人批准，制作解除技术侦查措施决定书，并及时通知办案部门。对复杂、疑难案件，采取技术侦查措施的有效期限届满仍需要继续采取技术侦查措施的，经负责技术侦查的部门审核后，报批准机关负责人批准，制作延长技术侦查措施期限决定书。批准延长期限，每次不得超过3个月。有效期限届满，负责技术侦查的部门应当立即解除技术侦查措施。

4. 隐匿身份实施侦查及控制下交付是否符合法定程序

《刑事诉讼法》第151条规定："为了查明案情，在必要的时候，经公安机关负责人决定，可以由有关人员隐匿其身份实施侦查。但是，不得诱使他人犯罪，不得采用可能危害公共安全或者发生重大人身危险的方法。"公安机关采取上述侦查措施是指在采取其他的侦查手段难以获取犯罪证据的情况下，如果可采取其他侦查手段取证的时候则不宜采取，并以不得诱使他人产生犯罪意图、危害公共安全和造成他人重大人身危险为限。

(十) 对通缉在逃犯罪嫌疑人的监督

通缉是公安机关发布通缉令并采取有效措施将应当逮捕而在逃的犯罪嫌疑人追捕归案的一种侦查活动。通缉是世界各国普遍采用的一种重要的侦查手段，它对于查明犯罪，抓获犯罪嫌疑人，进而有力地打击犯罪都具有十分重要的作用。对通缉的审查注意把握以下两点：

1. 通缉对象是否符合法律规定的条件

根据《刑事诉讼法》第153条的规定，人民检察院在监督侦查机关发布通缉令活动是否合法时要注意把握被通缉对象是否符合法律规定的条件，一般来说，被通缉对象应当同时具备以下两个条件：(1) 实质条件——被通缉的犯罪嫌疑人依法应当被逮捕。(2) 形式条件——有证据证明该犯罪嫌疑人已经逃跑。具体来说，包括以下几种情形：①已批准或者决定逮捕而在逃的犯罪嫌疑人；②在取保候审、监视居住期间逃跑的犯罪嫌疑人；③已决定拘留而在逃的重大嫌疑犯；④从羁押场所逃跑的犯罪嫌疑人、被告人；⑤在讯问或者押解期间逃跑的犯罪嫌疑人；⑥从监狱、劳改场所越狱逃跑的服刑罪犯等。因此，一般只有对那些罪行比较严重而在逃的犯罪嫌疑人才应当采取通缉措施。对于那些罪行不太严重而在逃的犯罪嫌疑人，一般可以由侦查机关发出协查通报，要求其他公安机关协助查获就行了。

2. 通缉令的发布主体和发布范围是否符合法律规定

《刑事诉讼法》第153条第2款规定："各级公安机关在自己管辖的地区以内，可以直接发布通缉令；超出自己管辖的地区，应当报请有权决定的上级机关发布。"(1) 发布通缉令的主体只能是公安机关。其他任何机关团体、企事业单位或个人都无权自行发布通缉令，包括其他侦查机关在办理刑事案件过程中需要缉捕在逃犯罪嫌疑人的，也应当商请公安机关依照法律规定的程序发布通缉令协助缉拿，而不能擅自发布通缉令。如人民检察院自侦部门在查办职务犯罪案件过程中，需要将负案在逃的犯罪嫌疑人缉拿归案，人民检察院是不能直接发布通缉令的，只能商请有决定权的公安机关按照法律程序发布通缉令。(2) 县级以上公安机关在自己管辖的地区内，可以直接发布通缉令；超出自己管辖的地区，应当报请有权决定的上级机关发布。公安机关不得超过自己的管辖范围擅自发布通缉令。(3) 发布通缉令必须经县级以上公安机关负责人批准并签发。侦查人员不能因为情况紧急或者特殊案情需要擅自决定和发布通缉令。

二、对侦查机关适用强制措施的监督

侦查机关的"有关强制性措施"是《刑事诉讼法》所规定的为收集证据、查明犯罪和查获犯罪嫌疑人而采用的暂时限制、剥夺人身自由或者对人身、财物进行强制的相关措施。根据《刑事诉讼法》第一编第六章和第二编第二章的相关规定,"有关的强制性措施"包括两类:第一类是在侦查活动中对公民人身自由采用的强制性措施,包括拘传、取保候审、监视居住、拘留、逮捕五种;第二类是在进行专门调查工作中必要时采用的强制性方法,如强制检查、强行搜查、强制扣押等。第二类强制性方法已经在本章第一节专门调查工作中作了详细的论述。

我国刑事强制措施具有以下几个特点:

1. 有权适用刑事强制措施的主体是侦查机关或者侦查部门,其他任何国家机关、团体或个人都无权采取刑事强制措施,否则就会构成对公民人身权利的不法侵犯,情节严重的还会构成犯罪。

2. 刑事强制措施适用对象只能是犯罪嫌疑人、被告人,对于诉讼参与人或其他任何案外人不得采用刑事强制措施。

3. 刑事强制措施的内容是限制或者剥夺犯罪嫌疑人、被告人的人身自由,而不包括对物的强制处分。

4. 刑事强制措施的性质是预防性措施,而不是惩戒性措施。即适用刑事强制措施是保证刑事诉讼的顺利进行,防止犯罪嫌疑人、被告人逃避侦查、起诉和审判,进行毁灭、伪造证据、继续犯罪等妨害刑事诉讼的行为。

5. 刑事强制措施是一种法定措施,具有严格的法律程序。《刑事诉讼法》对各种刑事强制措施的适用机关、适用条件和程序都进行了严格的规定。其目的是严格控制刑事强制措施的使用,防止出现因为滥用强制措施而产生侵犯人权等问题。

6. 刑事强制措施是一种临时性的措施。随着刑事诉讼的进程,强制措施可能根据案件的进展情况而予以变更或者解除。

(一)对拘传的监督

拘传是侦查机关对未被拘留、逮捕的犯罪嫌疑人,强制其到指定地点接受讯问的一种强制方法。它是我国刑事强制措施体系中最轻的一种强制措施。对拘传的监督就是人民检察院对侦查机关适用拘传措施是否合法实施专门法律监督,其具体内容包括对拘传条件的监督、对拘传时间的监督和对拘传程序的监督:

1. 拘传对象和适用条件是否符合法律规定

《刑事诉讼法》第 64 条规定:"人民法院、人民检察院和公安机关根据案件情况,对犯罪嫌疑人、被告人可以拘传。"因此,(1) 侦查机关的拘传对象仅限于未被羁押的犯罪嫌疑人、被告人。对不涉嫌犯罪的人或者在押犯罪嫌疑人不能适用拘传措施。(2) 侦查机关是否适用拘传措施应当根据案件的性质、犯罪嫌疑人的人身危险性和社会危害性等因素来确定。如果犯罪嫌疑人所犯罪行不严重,犯罪后又确有悔改之意,且无逃跑、串供可能的,侦查机关就应当慎用拘传措施,而改用传唤措施。

2. 拘传程序是否符合法律规定

拘传必须经侦查机关或者侦查部门负责人批准并签发《拘传证》,由两名以上侦查人员执行,且侦查人员在执行拘传时应当向被拘传人出示《拘传证》。未经侦查机关或者侦查部门负责人批准,侦查人员不得擅自拘传犯罪嫌疑人。侦查人员在执行拘传时未出示《拘传证》的,被拘传的犯罪嫌疑人有权拒绝到案。

3. 拘传时限是否符合法律规定

《刑事诉讼法》第 117 条第 2、3 款规定:"传唤、拘传持续的时间不得超过十二小时。案情特别重大、复杂,需要采取拘留、逮捕措施的,传唤、拘传的持续的时间不得超过二十四小时。""不得以连续传唤、拘传的形式变相拘禁犯罪嫌疑人。传唤、拘传犯罪嫌疑人,应当保证犯罪嫌疑人的饮食和必要的休息时间。"因此,在一般情况下,拘传的持续时间不得超过 12 小时,但是在案情特别重大、复杂,需要采取逮捕措施的情况下,拘传的持续时间可以延长到 24 小时。这里需要注意的是,对于"案情特别重大、复杂,需要采取拘留、逮捕措施的,传唤、拘传的持续的时间不得超过 24 小时"的规定,要从严掌握。对于案情不是特别重大、复杂,或者没有采取拘留、逮捕措施必要的,必须在 12 小时内解除拘传。只有同时符合上述法定条件的,才可以将拘传的时间延长到 24 小时。不得以连续拘传的形式变相拘禁犯罪嫌疑人,即两次拘传应当有时间间隔,即应当保证犯罪嫌疑人的饮食和必要的休息时间。对于侦查机关采用连续传唤的方式变相拘禁犯罪嫌疑人的违法行为,一定要注意及时发现和坚决纠正。

(二) 对刑事拘留的监督

刑事拘留是侦查机关在侦查过程中遇有紧急情况时,依法临时剥夺某些现行犯或者重大犯罪嫌疑人的人身自由的一种强制措施。刑事拘留具有以下几个特征:(1) 刑事拘留适用主体的特定性。刑事拘留只能由公安机关等侦查机关或侦查部门决定,并且一律由公安机关执行。(2) 刑事拘留适用情形的特定性。一般只有在紧急情况下，侦查机关或者部门来不及办理逮捕手续而又必须立即剥夺现行犯或者重大犯罪嫌疑人的人身自由时才能采取刑事拘留。

（3）刑事拘留是一种临时性强制措施。刑事拘留的期限比较短，随着诉讼程序的进行，拘留一定会发生变更，或逮捕或取保候审、监视居住、释放等。对刑事拘留措施的适用注意审查以下四个方面的内容：

1. 刑事拘留条件是否符合法律规定

《刑事诉讼法》第 80 条规定："公安机关对于现行犯或者重大嫌疑分子，如果有下列情形之一的，可以先行拘留：（一）正在预备犯罪、实行犯罪或者在犯罪后即时被发觉的；（二）被害人或者在场亲眼看见的人指认他犯罪的；（三）在身边或者住处发现有犯罪证据的；（四）犯罪后企图自杀、逃跑或者在逃的；（五）有毁灭、伪造证据或者串供可能的；（六）不讲真实姓名、住址，身份不明的；（七）有流窜作案、多次作案、结伙作案重大嫌疑的。"第 163 条规定："人民检察院直接受理的案件中符合本法第七十九条、第八十条第四项、第五项规定情形，需要逮捕、拘留犯罪嫌疑人的，由人民检察院作出决定，由公安机关执行。"因此，侦查监督中要注意审查侦查机关或者侦查部门适用刑事拘留措施的对象是否符合以下两个条件：（1）刑事拘留的对象必须是现行犯或者重大犯罪嫌疑人。侦查机关不能对除此之外的其他人适用刑事拘留措施，如违反治安管理处罚法的公民、经济纠纷当事人等，以防止侦查机关滥用刑事拘留措施打击报复当事人、违法插手经济纠纷或者谋取私利。（2）侦查机关适用刑事拘留措施必须具有法定的紧急情形之一。这些法定的紧急情形就是《刑事诉讼法》第 80 条规定的 7 种情形。这两个条件缺一不可，侦查机关不可任意扩大刑事拘留的范围和对象。

此外，《刑事诉讼法》第 69 条第 4 款明确规定："对违反取保候审的规定，需要予以逮捕的，可以对犯罪嫌疑人、被告人先行拘留。"第 75 条第 2 款规定："被监视居住的犯罪嫌疑人、被告人违反前款规定，情节严重的，可以予以逮捕；需要予以逮捕的，可以对犯罪嫌疑人、被告人先行拘留。"这是对《刑事诉讼法》第 80 条规定的拘留条件的补充。也就是说，对于不符合《刑事诉讼法》第 80 条规定的拘留条件，但是符合《刑事诉讼法》第 69 条第 4 款、第 75 条第 2 款规定的，一样可以对犯罪嫌疑人、被告人先行拘留。在具体适用该规定时，要符合以下三个条件：第一，是被取保候审、监视居住的犯罪嫌疑人、被告人；第二，违反了取保候审、监视居住的规定，情节严重；第三，需要予以逮捕的。上述三个条件必须同时具备。

司法实践中存在着某些侦查机关因同一犯罪事实对同一犯罪嫌疑人重复适用刑事拘留措施的情形，造成了刑事拘留期限的无限延长，严重侵犯了犯罪嫌疑人的合法权利。对此，人民检察院在监督中要注意审查同一犯罪嫌疑人因涉嫌犯罪被侦查机关刑事拘留期满释放或者变更强制措施后，如果不涉嫌其他犯罪，侦查机关就不能再因同一犯罪事实对其重复适用刑事拘留措施。如果侦查机关在后续侦查中发现了新的犯罪证据足以支持逮捕时，或者犯罪嫌疑人实施了严重妨碍刑事诉讼活动进行的行为时，侦查机关应当向人民检察院提请批准逮捕，由人民检察院审查侦查机关提请的犯罪事实和相关证据，再决定批准逮捕或者不批准逮捕。

2. 刑事拘留程序是否符合法律规定

公安机关刑事拘留现行犯或者重大犯罪嫌疑人的，应当由侦查机关的承办机构填写《呈请拘留报告书》，然后报经县级以上公安机关负责人批准并签发《拘留证》；人民检察院决定拘留的案件，应当由承办检察官提出意见，经人民检察院自侦部门负责人审核后，报检察长决定，人民检察院应当将《拘留决定书》送达公安机关，由公安机关执行或者派员协助公安机关执行，而不能由检察机关自侦部门单独执行。

对人大代表、外国人、无国籍人等具有特殊身份人员适用刑事拘留措施时，必须按照法律的特别规定进行。根据《全国人民代表大会组织法》第44条和《地方各级人民代表大会和地方各级人民政府组织法》第19条以及相关司法解释，在监督对此类人员适用刑事拘留措施时应当注意审查：（1）被拘留人如果是县级以上各级人民代表大会的代表，决定拘留的机关是否向犯罪嫌疑人所在地的人民代表大会的主席团或者其常务委员会报告并获得许可。（2）决定对不享有外交特权和豁免权的外国人、无国籍人适用刑事拘留措施时，是否报请有关部门审批，并同时征得省、直辖市、自治区外事部门的意见。（3）对外国留学生适用刑事拘留措施时，是否征求地方外事部门和高等教育厅、局的意见后报公安部或者国家安全部审批。

3. 刑事拘留的执行是否符合法律规定

（1）刑事拘留一律由公安机关执行。其他任何机关（包括其他侦查机关或侦查部门）、团体或者个人都不具有刑事拘留措施的执行权。（2）侦查人员执行拘留时必须向被拘留人出示《拘留证》，宣布拘留并责令被拘留人在《拘留证》上签名或者盖章，被拘留人拒绝签名或者盖章的，应当在《拘留证》上予以注明。（3）被拘留人拒绝刑事拘留的，执行人员可以使用强制方法拘留，必要时可以使用武器或者器械。（4）拘留后，应当立即将被拘留人送交看守所羁押，至迟不得超过24小时。所谓"立即"，是指执行拘留的办案人员一旦将犯罪嫌疑人拘留，就要直接送交羁押，不得在中途无故停留。拘留地点离看守所较远或者交通不便的，也必须在24小时内送到看守所。（5）拘留后，应当在24小时以内通知被拘留人家属。除无法通知或者涉嫌危害国家安全犯罪、恐怖活动犯罪通知可能有碍侦查的情形以外，应当在拘留后24小时以内，通知被拘留人的家属。有碍侦查的情形消失以后，应当立即通知被拘留人的家属。没有通知的，应当记录在案。这里，可能不通知的情形限定为无法通知或者涉嫌危害国家安全犯罪、恐怖活动犯罪通知可能有碍侦查的情形，不能扩大解释。在涉嫌犯罪类型上，应当仅限于危害国家安全犯罪、恐怖活动犯罪这两类犯罪。在有碍侦查的可能性的判断上，应当结合案件的具体情况和犯罪嫌疑人的社会危险性来分析，不能认为涉嫌罪名规定的都是有碍侦查的情形。具体说来，所谓的"有碍侦查"通常是指：被拘留人属于团伙作案，其同案人尚未抓获，他们闻讯后可能逃跑、隐匿、毁弃或者伪造证据的；被拘留人的家属或者单位的人与本案有牵连，通知后可能引起转移、隐匿、销毁证据的；结伙作案的其他同伙有待查证或者尚未采取相应措施的等。所谓"无法通知"，一般是指被拘留的人不讲真实姓名、住址，身份不明的；被拘留人的家属或者所在单位在边远地区，交通不便，难以在24小时内通知到的等。
(6) 对被拘留的犯罪嫌疑人，侦查机关应当在拘留后的24小时内进行讯问。在讯问中发现不应当拘留的，应当立即释放并发给释放证明。侦查机关在执行刑事拘留过程中或者执行刑事拘留后违反上述法律规定的，人民检察院要及时纠正，保证刑事拘留程序合法，保障犯罪嫌疑人的合法权益不受侵害。

4. 刑事拘留期限是否符合法律规定

《刑事诉讼法》第89条规定："公安机关对被拘留的人，认为需要逮捕的，应当在拘留后的三日以内，提请人民检察院审查批准。在特殊情况下，提请审查批准的时间可以延长一日至四日。对于流窜作案、多次作案、结伙作案的重大嫌疑分子，提请审查批准的时间可以延长至三十日。人民检察院应当自接到公安机关提请批准逮捕书后的七日以内，作出批准逮捕或者不批准逮捕的决定。人民检察院不批准逮捕的，公安机关应当在接到通知后立即释放，并且将执行情况及时通知人民检察院。对于需要继续侦查，并且符合取保候审、监视居住条件的，依法取保候审或者监视居住。"这些规定将刑事拘留的期限分为三种情况：(1) 公安机关刑事拘留的期限一般为3天，只有在特殊情况下才可以延长1～4天，即可以刑事拘留7天。(2) 刑事拘留30天的重大犯罪嫌疑人仅限于具有流窜作案、多次作案、结伙作案这三种法律规定情形的犯罪嫌疑人。除此之外，侦查机关不能以其他任何理由将犯罪嫌疑人的刑事拘留期限延长至30日。(3) 人民检察院直接侦查的案件，被拘留人有逮捕必要的，检察机关应当在14日内作出决定，特殊情况下可以延长1～3天，也就说人民检察院的刑事拘留期限最长为17天，这个期限包括人民检察院侦查监督部门审查决定逮捕的时间。因此，要注意审查刑事拘留的期限是否超过法律的规定，延长拘留期限是否符合法定条件以及是否有合法的审批文书。

值得注意的是，司法实践中某些侦查机关为了争取办案时间，经常存在违法延长刑事拘留期限的情况。如有些简单的刑事案件并无特殊情况，侦查机关依法应当在拘留后3日以内提请人民检察院审查批准逮捕或者变更强制措施，但侦查机关由于警力不足或者为了拖延侦查，仍然将刑事拘留期限延长至7天；有些案件并不具备流窜作案、多次作案、结伙作案这三种法律规定的延长刑事拘留期限情形，但某些侦查机关仍然将刑事拘留期限延长至30天。这种违反法律规定随意延长刑事拘留期限的情况在侦查机关还比较普遍地存在着，人民检察院应当将违法延长刑事拘留期限作为侦查活动监督的一个重点，严格监督，坚决纠正。

（三）对执行逮捕的监督

逮捕是为了防止犯罪嫌疑人、被告人逃避侦查、起诉、审判，进行妨碍刑事诉讼活动的行为或者继续危害社会的行为，经人民检察院批准或者决定或者人民法院决定，在法定期限内暂时剥夺其人身自由，将其羁押在特定场所的一种强制措施。逮捕是最严厉的一种刑事强制措施，它不仅仅剥夺了犯罪嫌疑人、被告人的人身自由，而且逮捕后除了发现不应当追究刑事责任或者符合变更强制措施的条件外，对被逮捕人的羁押一直要持续到人民法院的判决生效为止。

侦查机关正确、及时地适用逮捕措施，可以发挥其打击犯罪、维护社会秩序的重要作用，有效防止犯罪嫌疑人、被告人串供或毁灭、伪造证据，有助于全面收集证据、查明案情、证实犯罪，从而保障刑事诉讼活动的顺利进行。但是如果滥用逮捕措施或者错误适用逮捕措施，就会伤害无辜，严重侵犯公民的人身权利和民主权利，破坏社会主义法制的尊严和权威，损害司法机关的威信。因此，人民检察院在审查侦查机关提请批准逮捕案件时，一定要认真审查犯罪嫌疑人、被告人是否符合法律规定的逮捕条件，正确、慎重地适用逮捕措施并对逮捕的执行情况实施监督：

1. 执行逮捕的主体是否符合法律规定

根据《刑事诉讼法》的相关规定，（1）执行逮捕的主体只能是公安机关，其他任何机关（包括其他侦查机关）、团体或者个人都无权执行逮捕。（2）公安机关在接到人民检察院的批准逮捕决定书后，应当立即填写《逮捕证》并执行逮捕。执行逮捕时，应当向被逮捕人出示《逮捕证》并宣布逮捕，并责令被逮捕人在《逮捕证》上签名或者捺手印，写明被逮捕的具体时间。如果被逮捕人拒绝签名或捺手印，应当在《逮捕证》上予以注明。（3）因犯罪嫌疑人死亡、逃跑或者其他原因不能执行逮捕的，公安机关应当在24小时内以书面形式通知原批准（决定）逮捕的人民检察院。

2. 执行逮捕程序是否符合法律规定

《刑事诉讼法》第91条第2款规定："逮捕后，应当立即将被逮捕人送看守所羁押。除无法通知的以外，应当在逮捕后二十四小时以内，通知被逮捕人的家属。"第92条规定："人民法院、人民检察院对于各自决定逮捕的人，公安机关对于经人民检察院批准逮捕的人，都必须在逮捕后的二十四小时以内进行讯问。在发现不应当逮捕的时候，必须立即释放，发给释放证明。"第94条规定："人民法院、人民检察院和公安机关如果发现对犯罪嫌疑人、被告人采取强制措施不当的，应当及时撤销或者变更。公安机关释放被逮捕的人或者变更逮捕措施的，应当通知原批准的人民检察院。"根据这些规定，要注意审查：（1）侦查机关执行逮捕时，是否立即将被逮捕人送交看守所羁押。"立即"，应当理解为比"及时"更为快速，无任何迟延。（2）侦查机关是否在24小时内讯问被逮捕人，发现不应当逮捕的，应当立即释放，并将释放的理由以书面形式通知原批准逮捕的人民检察院。人民检察院在对此侦查活动实施监督时，应当注意审查侦查机关是否在逮捕后的24小时内讯问了被逮捕人并形成了讯问笔录，对于公安机关将被逮捕人释放后没有以书面形式通知原批准机关的违法行为应当坚决纠正。（3）执行逮捕后，除无法通知的情形外，公安机关是否通知被逮捕人的家属。"无法通知"，一般是指犯罪嫌疑人不能或者不愿提供正确清楚的电话或者地址等联系方式。（4）公安机关释放被逮捕人或者变更逮捕措施的，是否通知原批准（决定）逮捕的人民检察院。人民检察院在接到公安机关释放或者变更逮捕措施的书面通知后，应当依法审查被逮捕人是否符合释放或者变更逮捕措施的条件，对于不符合条件的要依法纠正，同时建议公安机关重新提请批准逮捕。

司法实践中存在着公安机关对未被刑事拘留犯罪嫌疑人消极执行逮捕的情况，特别是对人民检察院追捕的犯罪嫌疑人，公安机关总是以警力不足或者无法查找到犯罪嫌疑人等理由消极执行逮捕决定，使得人民检察院的《逮捕决定书》成为一纸空文。对于这种情况，人民检察院在依法作出逮捕决定后应当进行跟踪监督，对公安机关回复的未能执行逮捕的原因进行调查核实，发现犯罪嫌疑人行踪的应当督促公安机关执行逮捕决定，确实无法找到犯罪嫌疑人的，也应当督促公安机关上网追逃。

3. 执行不批准（决定）逮捕决定的程序是否符合法律规定

《刑事诉讼法》第89条第3款规定："人民检察院应当自接到公安机关提请批准逮捕书后的七日以内，作出批准逮捕或者不批准逮捕的决定。人民检察院不批准逮捕的,公安机关应当在接到通知后立即释放,并且将执行情况及时通知人民检察院。对于需要继续侦查,并且符合取保候审、监视居住条件的,依法取保候审或者监视居住。"第90条规定:"公安机关对人民检察院不批准逮捕的决定,认为有错误的时候,可以要求复议,但是必须将被拘留的人立即释放。如果意见不被接受,可以向上一级人民检察院提请复核。上级人民检察院应当立即复核,作出是否变更的决定,通知下级人民检察院和公安机关执行。"根据这些规定,要注意审查:(1)对人民检察院作出的不批准逮捕决定,公安机关是否立即执行,或者变更强制措施或者释放。由于法律对"立即"没有规定明确的期限,侦查机关对"立即"这个期限把握的标准也不统一,司法实践中,有的侦查机关在执行不批准逮捕决定时故意拖延,有的侦查机关则要求犯罪嫌疑人、被告人交纳保证金后才执行不批准逮捕决定,有些责任心不强的侦查人员甚至在接到不批准逮捕决定书两三天后才去执行,以上种种非法延长犯罪嫌疑人羁押期限、侵犯人身权利的违法情况,人民检察院应当注意及时发现和坚决纠正。(2)公安机关认为人民检察院的不批准逮捕决定有错误可能的,可以申请复议,但必须将被拘留人立即释放。如果复议意见不被同级人民检察院接受,可以向上一级人民检察院提请复核。

司法实践中,某些侦查机关担心在押犯罪嫌疑人在变更强制措施或者释放后潜逃,不容易抓捕归案,又心存通过申请复议和复核可能批准逮捕的心理,因此在申请人民检察院复议或者复核期间仍然将犯罪嫌疑人羁押,这种超期羁押和严重侵犯人权的违法行为,人民检察院也应当注意及时发现和坚决纠正。

(四)对取保候审的监督

取保候审是在刑事诉讼过程中,侦查机关或者部门责令犯罪嫌疑人、被告人提出保证人或者交纳保证金,保证犯罪嫌疑人、被告人不逃避或者妨碍侦查、起诉和审判,并随传随到的一种强制措施。由于取保候审在一定程度上限制了犯罪嫌疑人、被告人的人身自由,适用不当也很容易侵犯公民的人身权利,因此,人民检察院对侦查机关适用取保候审措施是否合法实施监督也就非常重要。人民检察院可以从以下几个方面实施监督:

1. 取保候审的条件是否符合法律规定

《刑事诉讼法》第65条第1款规定:"人民法院、人民检察院和公安机关对有下列情形之一的犯罪嫌疑人、被告人,可以取保候审:( )可能判处管制、拘役或者独立适用附加刑的;(二)可能判处有期徒刑以上刑罚,采取取保候审不致发生社会危险性的;(三)患有严重疾病、生活不能自理,怀孕或者正在哺乳自己婴儿的妇女,采取取保候审不致发生社会危险性的;(四)羁押期限届满,案件尚未办结,需要采取取保候审的。"《刑事诉讼法》第96条规定:"犯罪嫌疑人、被告人被羁押的案件,不能在本法规定的侦查羁押、审查起诉、一审、二审期限内办结的,对犯罪嫌疑人、被告人应当予以释放;需要继续查证、审理的,对犯罪嫌疑人、被告人可以取保候审或者监视居住。"在办案期限内不能办结的,对犯罪嫌疑人、被告人应当予以释放。确实需要继续查证、审理的,才可以适用取保候审措施。

2. 取保候审的方式是否符合法律规定

《刑事诉讼法》第66条规定:"人民法院、人民检察院和公安机关决定对犯罪嫌疑人、被告人取保候审,应当责令犯罪嫌疑人、被告人提出保证人或者交纳保证金。"即取保候审的方式分保证人担保和保证金担保两种。所谓"保证人担保",是指侦查机关责令犯罪嫌疑人提供保证人,由保证人出具担保书,以自己的人格保证犯罪嫌疑人随传随到,不逃避侦查和审判的一种担保方式。但是保证人必须符合《刑事诉讼法》第67条规定的条件:"(一)与本案无牵连;(二)有能力履行保证义务;(三)享有政治权利,人身自由未受到限制;(四)有固定的住处和收入。"所谓"保证金担保",是指犯罪嫌疑人向侦查机关缴纳一定数额的金钱作为担保,以此保证不逃避侦查和审判,并随传随到的一种担保方式。《刑事诉讼法》第70条规定:"取保候审的决定机关应当综合考虑保证诉讼活动正常进行的需要,被取保候审人的社会危险性,案件的性质、情节、可能判处刑罚的轻重,被取保候审人的经济状况等情况,确定保证金的数额。提供保证金的人应当将保证金存入执行机关指定银行的专门账户。"侦查机关在确定保证金数额时,要综合考虑犯罪嫌疑人及其家庭的经济状况,考虑到犯罪嫌疑人、被告人涉嫌犯罪的严重程度,考虑到是不是累犯,是不是多次犯罪,考虑到其打击报复举报人、威胁证人等妨碍刑事诉讼的可能性程度等方面的因素,综合确定保证金的数额。保证金的数额确定后,提供保证金的人应当将保证金存入执行机关指定银行的专门账户。检察机关需要监督侦查机关是否在银行建立专门账户,是否存在私自收取或者截留保证金的行为。一旦发现违规收取保证金的,要及时予以纠正。取保候审方式只能采取上述两种方式中的一种,侦查机关不能要求犯罪嫌疑人同时提供保证人和交纳保证金。变更和解除取保候审必须符合法律规定。被取保候审的犯罪嫌疑人必须遵守相关法律法规,如果被取保候审的犯罪嫌疑人违反了这些规定或者取保候审的条件消失后,侦查机关将变更或者解除强制措施,被取保候审的犯罪嫌疑人将面临被没收保证金、具结悔过、重新交纳保证金、重新提出保证人、被监视居住或者被逮捕等惩罚性措施。这些情形包括以下几种:一是犯罪嫌疑人、被告人在取保候审期间违反了《刑事诉讼法》第69条规定的取保候审的一般义务和附加特定义务的;二是保证人要求取消保证,撤回保证书的;三是拒绝交纳保证金或者交纳保证金数额不够的;四是又被批准或者决定逮捕的;五是不应当追究犯罪嫌疑人刑事责任的。侦查机关没收保证金必须符合法律规定。《刑事诉讼法》第69条第3款规定:"被取保候审的犯罪嫌疑人、被告人违反前两款规定,已交纳保证金的,没收部分或者全部保证金,并且区别情形,责令犯罪嫌疑人、被告人具结悔过,重新交纳保证金、提出保证人或者监视居住、予以逮捕。"因此,只有在犯罪嫌疑人违反了取保候审期间的各项规定时,侦查机关才能没收部分或者全部保证金。犯罪嫌疑人没有违反取保候审规定,取保候审结束的时候,侦查机关应当填写解除取保候审的通知,以便于提供保证金的人到银行领取保证金。

3. 取保候审的程序和期限是否符合法律规定

根据《刑事诉讼法》的相关规定,适用取保候审措施由侦查机关的办案部门提出意见,经办案部门负责人审核,报侦查机关负责人批准,由侦查机关出具《取保候审决定书》,并责令犯罪嫌疑人签名或者盖章。取保候审的时间最长不得超过12个月。取保候审期间,侦查机关不得中断对案件的侦查、起诉。

(五) 对监视居住的监督

监视居住是指对符合逮捕条件的犯罪嫌疑人,在具有患有严重疾病、生活不能自理等法定情形时,侦查机关为了保证侦查工作的顺利进行,责令其在规定的期限内不得离开指定的居住区域,并对其行动加以监督和限制的一种强制措施。由于监视居住在一定程度上限制了犯罪嫌疑人、被告人的人身自由,较之取保候审更为严厉,适用不当也同样容易侵犯公民的人身权利。因此,人民检察院对侦查机关适用监视居住措施是否合法实施监督也就很有必要。人民检察院可以从以下几个方面实施监督:

1. 监视居住的条件是否符合法律规定

根据《刑事诉讼法》第72条第1款规定:"人民法院、人民检察院和公安机关对符合逮捕条件,有下列情形之一的犯罪嫌疑人、被告人,可以监视居住:(一)患有严重疾病、生活不能自理的;(二)怀孕或者正在哺乳自己婴儿的妇女;(三)系生活不能自理的人的唯一扶养人;(四)因为案件的特殊情况或者办理案件的需要,采取监视居住措施更为适宜的;(五)羁押期限届满,案件尚未办结,需要采取监视居住措施的。"根据该规定,适用监视居住的条件是:第一,符合逮捕条件的犯罪嫌疑人、被告人。适用监视居住的犯罪嫌疑人、被告人,首先必须符合《刑事诉讼法》第79条规定的逮捕条件,是应当逮捕的犯罪嫌疑人、被告人。只是因为犯罪嫌疑人、被告人的身体等特殊情况或者案件的特殊情况,出于人道主义的原因或者办案需要等,而对其监视居住。这是适用监视居住的基本原则。第二,具有法定情形之一。适用监视居住的对象不仅是符合逮捕条件的人，而且必须具有上述五种法定情形之一。对于不符合逮捕条件，而符合取保候审条件的犯罪嫌疑人、被告人，不能直接决定适用监视居住措施。根据《刑事诉讼法》第69条第3款、第72条第2款的规定，对于不符合逮捕条件的犯罪嫌疑人、被告人，在两种情况下可以适用监视居住措施：一是被取保候审的犯罪嫌疑人、被告人违反了《刑事诉讼法》第69条第1款、第2款规定的被取保候审人应当遵守的义务，决定取保候审的机关根据案件情况，可以对其决定监视居住。二是犯罪嫌疑人、被告人符合取保候审条件，但是不能提出保证人，也不交纳保证金，对此类犯罪嫌疑人、被告人也可以监视居住。

2. 监视居住的程序是否符合法律规定

根据《刑事诉讼法》的相关规定，监视居住应当由侦查机关的办案部门提出意见，经部门负责人审核，报侦查机关负责人批准，由侦查机关出具《监视居住决定书》，并责令犯罪嫌疑人签名或者盖章。同时，侦查机关还应当告知犯罪嫌疑人应当遵守《刑事诉讼法》第75条的规定："（一）未经执行机关批准不得离开执行监视居住的处所；（二）未经执行机关批准不得会见他人或者通信；（三）在传讯的时候及时到案；（四）不得以任何形式干扰证人作证；（五）不得毁灭、伪造证据或者串供；（六）将护照等出入境证件、身份证件、驾驶证件交执行机关保存。"需注意的是，根据《刑事诉讼法》第73条的规定，对于涉嫌危害国家安全犯罪、恐怖活动犯罪、特别重大贿赂犯罪，需要对犯罪嫌疑人指定监视居住的，必须报上一级人民检察院或者公安机关批准。

3. 监视居住的执行是否符合法律规定

（1）根据《刑事诉讼法》第72条的规定，无论是公安机关或者是人民检察院作出的监视居住决定，监视居住一律由公安机关执行。（2）《刑事诉讼法》第73条第1款规定："监视居住应当在犯罪嫌疑人、被告人的住处执行；无固定住处的，可以在指定的居所执行。对于涉嫌危害国家安全犯罪、恐怖活动犯罪、特别重大贿赂犯罪，在住处执行可能有碍侦查的，经上一级人民检察院或者公安机关批准，也可以在指定的居所执行。但是，不得在羁押场所、专门的办案场所执行。"根据上述规定，监视居住原则上应当在犯罪嫌疑人、被告人的住处执行。只有在法律明确规定的四种情形下，才可能在指定居所执行。这四种特殊情况是：一是无固定住处而应当监视居住的犯罪嫌疑人、被告人；二是涉嫌危害国家安全犯罪的犯罪嫌疑人、被告人，在住处执行可能有碍侦查的；三是涉嫌恐怖活动犯罪的犯罪嫌疑人、被告人，在住处执行可能有碍侦查的；四是涉嫌特别重大贿赂犯罪的犯罪嫌疑人、被告人，在住处执行可能有碍侦查的。对其他需要监视居住的人，不得适用指定居所的监视方式。指定监督居住，不得在羁押场所、专门的办案场所执行，也就是说，应当在专门的羁押场所和公安机关、人民检察院建立的专门的办案场所以外的居所执行，不能将指定监视居住演化为变相羁押。(3)《刑事诉讼法》第73条第2款规定："指定居所监视居住的，除无法通知的以外，应当在执行监视居住后二十四小时以内，通知被监视居住人的家属。"根据该规定，监视居住后决定机关有通知家属的义务。除无法通知的以外，都必须在执行监视居住后24小时以内，通知被监视居住的人家属。(4)《刑事诉讼法》第76条规定："执行机关对被监视居住的犯罪嫌疑人、被告人，可以采取电子监控、不定期检查等监视方法对其遵守监视居住规定的情况进行监督；在侦查期间，可以对被监视居住的犯罪嫌疑人的通信进行监控。"需注意的是，通信监控只能在侦查阶段适用。在司法实践中，通信监控不得任意扩展对象，尤其不得违反法律规定通信监控与本案无关的人员。(5)《刑事诉讼法》第79条第3款规定："被取保候审、监视居住的犯罪嫌疑人、被告人违反取保候审、监视居住规定，情节严重的，可以予以逮捕。"公安机关在执行监视居住时，如果发现被监视居住的犯罪嫌疑人有违反相关法律法规规定的行为，应当立即采取措施，情节严重的，可以予以逮捕。(6)《刑事诉讼法》第77条规定："人民法院、人民检察院和公安机关对犯罪嫌疑人、被告人取保候审最长不得超过十二个月，监视居住最长不得超过六个月。在取保候审、监视居住期间，不得中断对案件的侦查、起诉和审理。对于发现不应当追究刑事责任或者取保候审、监视居住期限届满的，应当及时解除取保候审、监视居住。解除取保候审、监视居住，应当及时通知被取保候审、监视居住人和有关单位。"根据该规定，监视居住期限届满或者发现不应当追究刑事责任的，应当由办案人员填写《撤销监视居住通知书》，经办案部门负责人审核后，由公安机关、检察机关负责人批准，撤销监视居住决定。

三、对侦查机关侦查羁押期限的监督

（一）侦查羁押期限的概念和计算

1. 侦查羁押期限的概念

侦查羁押期限有广义和狭义之分。广义的侦查羁押期限是指从犯罪嫌疑人被刑事拘留到案件侦查终结之间的期限；狭义的侦查羁押期限是指从犯罪嫌疑人被逮捕之日起到案件侦查终结之间的期限。司法实践中通常讲的侦查羁押期限是指狭义的侦查羁押期限。

《刑事诉讼法》规定侦查羁押期限的意义在于：（1）督促侦查机关在法律规定的侦查羁押期限内完成侦查活动，防止侦查活动的拖延，提高办案效率，保证刑事诉讼活动的顺利进行。（2）侦查机关在法律规定的侦查羁押期限内完成侦查活动,有利于保障犯罪嫌疑人、被害人和其他诉讼参与人的合法权益。一是通过及时惩罚犯罪,迅速保护被害人的合法权益;二是案件处理不及时容易侵犯犯罪嫌疑人、被告人的人身权利,防止"以捕代罚"和"久押不决"等现象的出现;三是保障诉讼参与人及时行使相关讼诉权利。

2. 侦查羁押期限的计算

侦查羁押期限的计算涉及两个技术问题,一是起算,即侦查羁押期限从什么时候开始计算;二是届满,即侦查羁押期限到什么时候终止。

《刑事诉讼法》第103条规定:"期间以时、日、月计算。期间开始的时和日不算在期间以内。法定期间不包括路途上的时间。上诉状或者其他文件在期满前已经交邮的,不算过期。"我国《刑事诉讼法》中的侦查羁押期限是用"月"来表述的,但是在具体操作和计算时,应当明确计算羁押期限的起始日和终止日,并与当月的实际周期相吻合,以自然月为实际羁押期限单位。因此,侦查羁押期限仍然要以"日"为基本的计算单位。以"日"为计算单位的期间,应当从期间开始的次日开始计算,期间开始之日不计算在内,期限届满以法定期间日数的最后一日为到期之日。侦查羁押期限实际上是从执行羁押之日的次日起至决定到期之日止,一般侦查羁押期限为两个月。例如某犯罪嫌疑人于2007年8月1日被依法执行逮捕,他的侦查羁押期限应当从8月2日开始计算,在没有延长侦查羁押期限的情况下,到2007年9月30日就应当届满。再如犯罪嫌疑人于2006年12月30日被执行逮捕,被捕后的一般侦查羁押期限应当截至2007年2月28日,第一次延长侦查羁押期限的时间应当从2007年3月1日起至4月30日止。《刑事诉讼法》第103条第4款规定,期间的最后一日为节假日的,以节假日后的第一日为期间届满日期。但对于犯罪嫌疑人、被告人或者罪犯在押期间,应当至期间届满之日为止,不得因节假日而延长在押期限至节假日后的第一日。据此,在计算延长侦查羁押期限时,无须考虑节假日因素,而应当以实际期限届满之日为准。

(二)对侦查羁押期限的监督

《刑事诉讼法》第154条规定:"对犯罪嫌疑人逮捕后的侦查羁押期限不得超过二个月。"这是《刑事诉讼法》关于侦查羁押期限的一般性规定,该期限只针对犯罪嫌疑人逮捕后的羁押期限,而不包括在这之前的拘留期限。但法律也作了一些特殊规定:

1.《刑事诉讼法》第158条第1款规定:"在侦查期间,发现犯罪嫌疑人另有重要罪行的,自发现之日起依照本法第一百五十四条的规定重新计算侦查羁押期限。"

2.《刑事诉讼法》第158条第2款规定:"犯罪嫌疑人不讲真实姓名、住址，身份不明的，应当对其身份进行调查，侦查羁押期限自查清其身份之日起计算，但是不得停止对其犯罪行为的侦查取证。"

3.《刑事诉讼法》第147条规定："对犯罪嫌疑人作精神病鉴定的期间不计入办案期限。"这里的办案期限当然包括侦查羁押期限。在对上述侦查羁押期限实施监督时要注意审查：(1)侦查机关使用上述方法计算侦查羁押期限时是否符合法律规定的条件；(2)上述期限的起算时间和截止时间是否准确无误。检察机关一旦发现侦查机关违反法律规定使用上述侦查羁押期限计算方法或者计算侦查羁押期限确有错误的，应当立即纠正，坚决杜绝超期羁押的发生，切实保护被羁押人的合法权益。

(三)对提请延长侦查羁押期限的监督

1.延长侦查羁押期限的适用条件

《刑事诉讼法》第154至157条一共规定了4种延长侦查羁押期限的情形，只有当刑事案件或者犯罪嫌疑人符合这4种法律规定的情形时，侦查机关或侦查部门才可以依法延长侦查羁押期限。人民检察院应当对侦查机关延长侦查羁押期限是否合法实施监督，防止侦查羁押期限被延长不当或者违法延长。

(1)第一次延长侦查羁押期限。《刑事诉讼法》第154条规定："对犯罪嫌疑人逮捕后的侦查羁押期限不得超过二个月。案情复杂、期限届满不能终结的案件，可以经上一级人民检察院批准延长一个月。"公安机关没有延长羁押期限的权力。延长侦查羁押期限需要上一级人民检察院审查批准。人民检察院只有对案情复杂且期限届满不能终结的案件，才能批准在法定两个月的侦查羁押期限届满后延长，对不符合上述法定延长条件的案件不得批准延长。所谓"案情复杂"可以理解为涉案人员多，犯罪事实多，作案范围广或者侦查取证困难等，一般表现为团伙犯罪、集团犯罪、经济犯罪或者重大复杂案件。第一次延长侦查羁押期限，侦查机关应当先报同级人民检察院审查，然后由同级人民检察院报上一级人民检察院批准，而不能由侦查机关直接报上一级人民检察院。人民检察院在批准延长侦查羁押期限后要对侦查活动依法进行跟踪监督，防止侦查机关"以延代侦"。

(2)第二次延长侦查羁押期限。《刑事诉讼法》第156条规定："下列案件在本法第一百五十四条规定的期限届满不能侦查终结的，经省、自治区、直辖市人民检察院批准或者决定，可以延长二个月：(一)交通十分不便的边远地区的重大复杂案件；(二)重大的犯罪集团案件；(三)流窜作案的重大复杂案件；(四)犯罪涉及面广，取证困难的重大复杂案件。"根据该规定，可以第二次延长侦查羁押期限的条件是：①先期条件。必须是三个月的羁押期限已经届满，案件仍不能侦查终结的。第二次延长侦查羁押期限必须是在第一次延长侦查羁押期限的基础上进行，而不能直接提请延长2个月。②实体条件。第二次延长侦查羁押期限的案件必须符合《刑事诉讼法》第156条规定的几种情形，即交通十分不便的边远地区的重大复杂案件；重大的犯罪集团案件；流窜作案的重大复杂案件；犯罪涉及面广，取证困难的重大复杂案件。③程序条件。必须经省、自治区、直辖市人民检察院批准或者决定。

(3) 第三次延长侦查羁押期限。《刑事诉讼法》第157条规定："对犯罪嫌疑人可能判处十年有期徒刑以上刑罚，依照本法第一百五十六条规定延长期限届满，仍不能侦查终结的，经省、自治区、直辖市人民检察院批准或者决定，可以再延长二个月。"在第一次、第二次延长侦查羁押期限的基础上，对可能判处十年有期徒刑以上刑罚的犯罪嫌疑人，才适用第三次延长侦查羁押期限。值得注意的是，《刑事诉讼法》规定的第一次、第二次延长侦查羁押期限都针对的是案件，而第三次延长侦查羁押期限针对的是犯罪嫌疑人，而不是案件。对于符合第三次延长侦查羁押期限的犯罪嫌疑人的同案犯，如果他们不可能被判处有期徒刑十年以上刑罚的，则不应当被批准第三次延长侦查羁押期限。

(4) 特殊延长侦查羁押期限。《刑事诉讼法》第155条规定："因为特殊原因，在较长时间内不宜交付审判的特别重大复杂的案件，由最高人民检察院报请全国人民代表大会常务委员会批准延期审理。"①此类案件必须是特别重大复杂的案件，一般是指在全国范围内具有重大影响、关系国计民生的重大复杂案件；②此类案件由于特殊原因在较长时间内不宜交付审判。这种特殊原因应当由最高人民检察院来界定，一般是出于政治原因或者外交原因。只有同时具备上述两个条件的，才由最高人民检察院报请全国人大常委会批准延期审理。其他任何案件都不能适用本规定来延长侦查羁押期限。

2. 延长羁押期限的审查批准程序

《人民检察院刑事诉讼规则（试行）》第278条规定："公安机关需要延长侦查羁押期限的，应当在侦查羁押期限届满七日前，向同级人民检察院移送延长侦查羁押期限意见书，写明案件的主要案情和延长侦查羁押期限的具体理由。人民检察院直接立案侦查的案件，侦查部门认为需要延长侦查羁押期限的，应当按照本条第一款的规定向本院侦查监督部门移送延长侦查羁押期限的意见及有关材料。"第279条规定："人民检察院审查批准或者决定延长侦查羁押期限，由侦查监督部门办理。受理案件的人民检察院侦查监督部门对延长侦查羁押期限的意见审查后，应当提出是否同意延长侦查羁押期限的意见，报检察长决定后，将侦查机关延长侦查羁押期限的理由和本院的审查意见层报有决定权的人民检察院审查决定。有决定权的人民检察院应当在侦查羁押期限届满前作出是否批准延长侦查羁押期限的决定，并交由受理案件的人民检察院侦查监督部门送达公安机关或者本院侦查部门。"

根据上述法律规定，无论是公安机关、国家安全机关、军队保卫部门、监狱侦查部门或者海关走私犯罪侦查部门办理的刑事案件，还是人民检察院直接立案侦查的刑事案件，只要是需要延长侦查羁押期限，都应当由人民检察院批准或者决定，办理延长侦查羁押期限都应当依法进行。《刑事诉讼法》、《人民检察院刑事诉讼规则（试行）》、《公安机关办理刑事案件程序规定》等法律法规均对办理延长侦查羁押期限程序作了详细的规定。

（1）公安机关延长侦查羁押期限的程序

公安机关办理的案件需要延长犯罪嫌疑人侦查羁押期限的办理程序为：

①首先由公安机关制作《提请批准延长侦查羁押期限意见书》，经县级以上公安机关负责人批准，在侦查羁押期限届满7日前，将《提请批准延长侦查羁押期限意见书》与《批准逮捕决定书》、《逮捕证》和《案情报告》等材料一并移送给同级人民检察院，书面呈报延长侦查羁押期限案件的主要案情和延长侦查羁押期限的具体理由。《提请批准延长侦查羁押期限意见书》应当载明以下内容：犯罪嫌疑人的基本情况，主要案件事实和证据，提请延长侦查羁押期限的原因，提请延长侦查羁押期限的法律依据，提请延长的期限等。

②受理案件的同级人民检察院应当由侦查监督部门具体办理，侦查监督部门应当对提请延长侦查羁押期限的相关材料和意见进行审查，制作《审查延长侦查监督羁押期限案件报告书》，并提出是否同意延长侦查羁押期限的意见，报检察长决定后，将侦查机关提请批准延长侦查羁押期限的材料和本院的审查意见呈报给上一级人民检察院审查。《审查延长侦查监督羁押期限案件报告书》应当载明以下内容：受理案件的文号和时间，犯罪嫌疑人基本情况，案由及主要案情，采取强制措施情况，此前延长羁押期限的情况，此次提请延长侦查羁押期限的具体原因和法律依据，承办检察官的审查意见，检察长意见等内容。基本格式如下：

×××人民检察院
审查延长侦查监督羁押期限案件报告书

×检审延〔×〕×号

一、受案和审查过程

本院×年×月×日接到×公安局×公提延〔×〕×号提请批准延长犯罪嫌疑人××侦查羁押期限的文书及相关材料后，承办检察官××审阅了相关材料，核实了相关事实，现已依法审查完毕。

二、犯罪嫌疑人基本情况

犯罪嫌疑人××，男，生于×年×月×日，身份证号码：××××，×族，××人，身份，×文化，现住址：××。

三、案由及主要案情

案由：涉嫌×罪。

主要案情：××。

四、采取强制措施情况

犯罪嫌疑人××于×年×月×日被×公安局刑事拘留，×年×月×日被执行逮捕，现在羁押于×看守所。

五、此前延长侦查羁押期限情况

此前×年×月×日经×××人民检察院批准延长侦查羁押期限×个月，或者此前无延长侦查羁押期限情况。

六、延长侦查羁押期限的具体原因和法律依据

因×××公安机关在侦查中发现犯罪嫌疑人××涉嫌×罪一案的某些重要证据还有待于进一步查证、核实，侦查羁押期限届满不能侦查终结。根据《中华人民共和国刑事诉讼法》第一百五十四条（或者第一百五十六条）之规定，可以经×××人民检察院批准延长×个月。

七、承办检察官意见

我院审查后认为，犯罪嫌疑人××涉嫌×罪一案因××××，期限届满之前不能侦查终结，符合《中华人民共和国刑事诉讼法》第一百五十四条（或者第一百五十六条）之规定，可以提请×××人民检察院批准延长侦查羁押期限×个月，自×年×月×日至×年×月×日止。

八、检察长意见

因××××，期限届满之前不能侦查终结，符合《中华人民共和国刑事诉讼法》第一百五十四条（或者第一百五十六条）之规定，同意提请×××人民检察院批准延长侦查羁押期限×个月。

×年×月×日

③上一级人民检察院（分、州、市人民检察院）如果没有直接决定延长侦查羁押期限的权力，就承担把侦查机关提请事项向省级人民检察院呈报的责任，作为中间环节，上一级人民检察院也应当进行审查并制作《移送延长侦查羁押期限案件意见书》，并随案一并呈报省级人民检察院。《移送延长侦查

羁押期限案件意见书》应当载明以下内容：提请机关和文书文号，犯罪嫌疑人基本情况，对呈报案件的延长侦查羁押期限原因是否符合刑事诉讼法规定条件提出的审查意见，上一级人民检察院对延长羁押期限的审核意见等内容。基本格式如下：

×××人民检察院
移送延长侦查羁押期限案件意见书

×检审延〔×〕×号

一、提请机关和审查过程

本院×年×月×日接到×××人民检察院呈报的×××公安局关于提请批准延长犯罪嫌疑人××侦查羁押期限的文书及相关材料后，承办检察官××审阅了相关材料，核实了相关事实，现已依法审查完毕。

二、犯罪嫌疑人基本情况

犯罪嫌疑人××，男，生于×年×月×日，身份证号码：××××，×族，××人，身份×，×文化，现住址：××。

三、承办检察官审查意见

我院审查后认为，犯罪嫌疑人××涉嫌×罪一案因××××，期限届满之前不能侦查终结，符合《中华人民共和国刑事诉讼法》第一百五十四条（或者第一百五十六条）之规定，可以提请×××人民检察院批准延长侦查羁押期限×个月，自×年×月×日至×年×月×日止。

四、审核意见

因××××，期限届满之前不能侦查终结，符合《中华人民共和国刑事诉讼法》第一百五十四条（或者第一百五十六条）之规定，同意提请×××人民检察院批准延长侦查羁押期限×个月。

×年×月×日

④有决定权的人民检察院在收到侦查机关提请批准延长侦查羁押期限相关文书、材料和下级人民检察院的审查意见后，该院侦查监督部门应当指派检察官全面审查提请延长羁押期限的相关文书和材料，并制作《延长侦查羁押期限审批表》，提出审查意见，报检察长决定。有决定权的人民检察院应当在侦查羁押期限届满前作出是否批准延长羁押期限的决定，制作《批准延长侦查羁押期限决定书》或者《不批准延长侦查羁押期限决定书》，并交由受理案件

的人民检察院侦查监督部门送达公安机关执行。

《延长侦查羁押期限审批表》一般应当载明以下内容：犯罪嫌疑人执行逮捕的日期、此前批准延长羁押期限情况、此次延长羁押期限的起止时间、主要案情及延长羁押期限理由等。《批准延长侦查羁押期限决定书》、《不批准延长侦查羁押期限决定书》应当载明以下内容：提请机关、提请时间和文书文号，犯罪嫌疑人姓名，批准或不批准延长的法律依据，批准延长的期限及起止时间。改变管辖的案件，不论是级别管辖还是地域管辖的改变，都应当由改变管辖后的侦查机关向同级人民检察院提请批准延长侦查羁押期限。

（2）县级人民检察院和分、州、市人民检察院延长侦查羁押期限的程序

县级人民检察院和分、州、市人民检察院直接立案侦查的案件，侦查部门认为需要延长侦查羁押期限的，办理程序如下：

①首先由侦查部门在侦查羁押期限届满7日前，制作《提请批准延长侦查羁押期限报告书》，并随同《逮捕决定书》、《逮捕证》和《案情报告》等材料移送给本院侦查监督部门。《提请批准延长侦查羁押期限报告书》内应当载明：犯罪嫌疑人的基本情况，主要案件事实和证据，提请延长侦查羁押期限的原因，提请延长侦查羁押期限的法律依据，提请延长的期限等。

②侦查监督部门应当对延长羁押期限的相关材料和意见进行审查，制作《审查延长侦查监督羁押期限案件报告书》，提出是否同意延长侦查羁押期限的意见，报检察长决定后，将侦查机关提请批准延长侦查羁押期限的材料和本院的审查意见层报给有决定权的人民检察院审查批准。《审查延长侦查监督羁押期限案件报告书》应当载明以下内容：受理案件的文号和时间，犯罪嫌疑人基本情况，案由及主要案情，采取强制措施情况，此前延长羁押期限的情况，此次提请延长侦查羁押期限的具体原因和法律依据，承办检察官的审查意见，检察长意见等内容。

③有决定权的检察院在收到提请批准延长侦查羁押期限案件材料和审查意见后，应当在侦查羁押期限届满前作出是否批准延长羁押期限的决定，并交由受理案件的人民检察院侦查监督部门送达本院侦查部门执行。

（3）省级人民检察院延长侦查羁押期限的程序

省级人民检察院直接立案侦查的案件，依法需要延长侦查羁押期限的，办理程序如下：

①第一次延长侦查羁押期限需要报经最高人民检察院批准，其办理程序参照县级人民检察院和分、州、市人民检察院延长侦查羁押期限的程序。

②第二次、第三次延长侦查羁押期限由省级人民检察院直接决定。直接决定第二次、第三次延长侦查羁押期限的，省级人民检察院的侦查部门在侦查羁

押期限届满7日前，制作《提请批准延长侦查羁押期限报告书》，并随同《逮捕决定书》、《逮捕证》和《案情报告》等材料移送给本院侦查监督部门，侦查监督部门应当对延长羁押期限的相关材料和意见进行审查，制作《审查延长侦查监督羁押期限案件报告书》，提出是否同意延长侦查羁押期限的意见，报检察长决定后，检察长应当在侦查羁押期限届满前作出是否批准延长羁押期限的决定。

（4）最高人民检察院延长侦查羁押期限的程序

最高人民检察院直接立案侦查的案件，需要延长侦查羁押期限（包括"一延"、"二延"、"三延"）的，由本院直接决定延长侦查羁押期限。具体程序如下：

①侦查部门在侦查羁押期限届满7日前，制作《提请批准延长侦查羁押期限报告书》，并随同《逮捕决定书》、《逮捕证》和《案情报告》等材料移送给本院侦查监督部门；

②侦查监督部门应当对延长羁押期限的相关材料和意见进行审查，制作《审查延长侦查监督羁押期限案件报告书》，提出是否同意延长侦查羁押期限的意见，报检察长决定；

③最高人民检察院检察长应当在侦查羁押期限届满前作出是否批准延长羁押期限的决定。

第三节　监督的程序及方法

侦查活动监督的程序是指人民检察院对侦查活动实施专门法律监督的途径。侦查活动监督的方法是指人民检察院对侦查活动中的违法情况进行纠正和处理的措施和手段。司法实践证明，完备的监督程序和有效的监督方法，对于保证人民检察院侦查活动监督的顺利进行，对于有效实现侦查活动监督目的，对于促进侦查机关严格执法和规范执法，均有着极为重要的作用。

根据《刑事诉讼法》的相关规定，人民检察院实施侦查活动监督的方法主要包括：（1）对于情节较轻的违法行为，口头通知纠正；（2）对于情节较重的违法行为，经检察长批准，发出纠正违法通知书；（3）对于违法行为构成犯罪的，应当立案侦查，追究刑事责任。

一、监督的途径

侦查活动监督的途径是指人民检察院在依法履行侦查活动监督权的过程

中，发现侦查机关在侦查活动中违法情况的具体途径。根据相关法律规定，结合司法实践，人民检察院实施侦查活动监督的途径主要包括以下四种：

（一）通过审查批准逮捕工作进行

审查批准逮捕是法律赋予人民检察院的一项重要职能，也是人民检察院对侦查活动实施监督的有效途径之一。《刑事诉讼法》第98条明确规定了人民检察院在审查批准逮捕工作中具有对侦查活动是否合法实施监督的权利。因此，人民检察院在审查批准逮捕时应当依法监督侦查机关的侦查活动是否合法，如果发现存在违法情况，应当通知侦查机关立即纠正。具体可以通过以下几种方式来发现侦查活动中存在的违法行为：

1. 严格审查侦查机关提请批准逮捕的案卷材料和法律文书

人民检察院通过仔细审阅、核查侦查机关提请批准逮捕时所报送的全部案卷材料和法律文书，可以对侦查机关的侦查活动进行全面的监督。审查的具体方式主要有：（1）审查犯罪嫌疑人的基本情况和犯罪事实是否属实；（2）审查有关侦查活动的法律手续、文书是否齐备；（3）审查侦查机关羁押犯罪嫌疑人的期限是否超过法律规定的期限；（4）审查侦查机关获取证据的方法和程序是否合法；（5）审查证据之间有无矛盾，有无假证、伪证可能，特别是要注意审查犯罪嫌疑人供述和辩解与其他证据之间是否存在矛盾；（6）审查侦查机关有无违法收集证据的情况；（7）审查侦查机关在侦查活动中有无其他违法情况等。只有严格仔细地审查侦查机关在提请批准逮捕时报送的案卷材料和相关法律文书，才有可能从中发现侦查活动中存在违法行为的疑点和线索。

2. 依法讯问犯罪嫌疑人

《刑事诉讼法》第86条规定："人民检察院审查批准逮捕，可以讯问犯罪嫌疑人；有下列情形之一的，应当讯问犯罪嫌疑人：（一）对是否符合逮捕条件有疑问的；（二）犯罪嫌疑人要求向检察人员当面陈述的；（三）侦查活动可能有重大违法行为的。"检察机关在审查逮捕时，要严格遵守《刑事诉讼法》的规定，尽可能地讯问犯罪嫌疑人。对是否符合逮捕条件有疑问的，犯罪嫌疑人要求向检察人员当面陈述的，侦查活动可能有重大违法行为的案件，检察机关作出是否批准逮捕决定之前，一定要先讯问犯罪嫌疑人。这样做的好处有：（1）通过依法讯问犯罪嫌疑人，听取犯罪嫌疑人的供述和辩解，注意发现犯罪嫌疑人在审查批准逮捕阶段的供述与侦查阶段的供述是否一致，并对照其他证据发现有无矛盾之处，以此来复核侦查机关认定的犯罪事实与获取的诉讼证据是否准确、可靠，从而及时发现侦查活动中可能存在的各种违法情况。（2）通过依法讯问犯罪嫌疑人，还要注意发现侦查机关在侦查过程中对犯罪嫌疑人有无刑讯逼供、诱供等违法行为，注意发现侦查机关的讯问人员是否2人以上，传唤、拘传的时间是否超过12小时，对没有阅读能力的犯罪嫌疑人是否向其如实宣读了讯问笔录，侦查人员是否告知犯罪嫌疑人可以委托律师为其提供法律帮助等。总之，检察人员在依法讯问犯罪嫌疑人的过程中，对于犯罪嫌疑人反映的违法侦查活动，要注意结合其他有关证据来进行综合分析和判断，从中发现侦查活动中的违法情况。(3) 通过依法讯问犯罪嫌疑人，取得其供述，为案件增加合法证据来源。如果在今后的诉讼中，嫌疑人及其辩护人提出侦查机关讯问中有刑讯逼供等违法行为，侦查机关又难以证明讯问的合法性的，侦查中的讯问记录被作为排除非法证据排除，检察机关审查批捕人员讯问的记录可以作为合法证据使用。因为换了办案单位和讯问主体后合法取得的证据不在非法证据排除的范围。因此，审查批捕中越是有刑讯逼供嫌疑的案件，越是要认真详细讯问嫌疑人。

3. 依法询问相关证人、被害人，听取辩护人的意见

《刑事诉讼法》第86条第2款规定："人民检察院审查批准逮捕，可以询问证人等诉讼参与人，听取辩护律师的意见；辩护律师提出要求的，应当听取辩护律师的意见。"询问证人、被害人，听取辩护人意见是复核证据的一种方式，也是发现侦查活动违法情况的一种重要途径。在依法询问证人、被害人时，要着重询问案件中存在的疑点，同时还要注意发现侦查机关获取证人证言、被害人陈述过程中是否存在逼供、诱供、骗供等行为，从中发现违法情况的线索。在听取辩护人意见时，既要听取辩护人提出的证明犯罪嫌疑人无罪、罪轻或者减轻、免除刑事责任的意见，也要注意发现侦查机关违法办案侵害其委托人合法权益的线索。

(二) 通过适时介入侦查机关的侦查活动进行

介入侦查机关的侦查活动，即通常所说的"提前介入"制度，但"提前介入"这个概念并不科学，只是约定俗成的说法。为更好地履行侦查活动监督权，人民检察院本来就应当主动介入侦查机关的侦查活动，怎么能说是提前介入呢？因此，我们认为"适时介入侦查"这个概念更为科学。"适时介入侦查"，是指人民检察院应侦查机关的邀请或者根据侦查活动监督的需要，派员参加侦查机关对于重大案件的讨论和其他侦查活动，从而引导侦查机关取证和依法开展侦查活动监督。适时介入侦查活动，既可以及时了解案情，掌握证据，为依法快捕、快诉打下基础，又可以及时对侦查机关在侦查活动中存在的违法情况依法实施监督，是一种行之有效的办案机制和监督途径。具体来说可以通过以下几种方式来发现侦查活动中存在的违法行为：

1. 参加公安机关对于重大案件的讨论

《刑事诉讼法》第 85 条规定:"必要的时候,人民检察院可以派人参加公安机关对于重大案件的讨论。"这是司法实践中经常采用的一种侦查活动监督方式。通过参加讨论,可以及时发现和纠正侦查活动中存在的违法情况。因此,检察人员在参加公安机关的案件讨论时,必须克服单纯为提高办案效率和重打击轻保护等片面认识,树立依法监督的司法理念。

2. 参与讯问犯罪嫌疑人、询问证人活动

检察人员与侦查人员一道参与讯问犯罪嫌疑人、询问证人,并不是代替有关侦查人员进行侦查活动,更不是干预侦查机关的侦查活动,而是通过这一方式及时了解案情,为及时、准确批准逮捕做准备。同时,在共同参与讯问犯罪嫌疑人和询问证人的过程中,实时监督侦查机关的侦查活动是否依法进行,切实履行侦查活动监督职责。

3. 提前审阅有关案卷材料和法律文书

在侦查机关提请批准逮捕之前审阅有关案卷材料和法律文书,既可以提前了解案情,又可以发现侦查活动中存在的违法情况,并予以及时纠正。

4. 参与现场勘验、检查活动

检察人员可以积极参与侦查机关对于重特大案件现场的勘验、检查活动,通过参与这些侦查活动,在指导侦查机关收集、固定证据的同时,也依法实施法律监督。在参与勘验、检查活动中,检察人员可以对公安机关的勘验、检查计划提出建议,对于违法情况及时提出纠正意见,但不能干预公安机关的上述活动。

(三)通过受理相关的检举、控告、申诉进行

《刑事诉讼法》第 14 条第 2 款规定:"诉讼参与人对于审判人员、检察人员和侦查人员侵犯公民诉讼权利和人身侮辱的行为,有权提出控告。"第 115 条规定:"当事人和辩护人、诉讼代理人、利害关系人对于司法机关及其工作人员有下列行为之一的,有权向该机关申诉或者控告:(一)采取强制措施法定期限届满,不予以释放、解除或者变更的;(二)应当退还取保候审保证金不退还的;(三)对与案件无关的财物采取查封、扣押、冻结措施的;(四)应当解除查封、扣押、冻结不解除的;(五)贪污、挪用、私分、调换、违反规定使用查封、扣押、冻结的财物的。受理申诉或者控告的机关应当及时处理。对处理不服的,可以向同级人民检察院申诉;人民检察院直接受理的案件,可以向上一级人民检察院申诉。人民检察院对申诉应当及时进行审查,情况属实的,通知有关机关予以纠正。"受理控告、申诉是发现侦查活动中违法行为的重要途径之一。诉讼参与人向人民检察院就侦查人员在侦查活动中侵犯

其诉讼权利和人身财产权利的违法行为提出控告是法律规定的侦查活动监督的信息来源。对于此类控告，人民检察院应当受理并及时审查，依法作出处理。对诉讼参与人以外的人民群众就侦查机关在侦查活动中的违法行为提出控告或者申诉的，人民检察院也应当加以重视，对控告、申诉的情况进行严格审查，注意从中发现侦查机关等在侦查活动中的违法情况。需注意的是，根据《刑事诉讼法》第 115 条的规定，当事人和辩护人、诉讼代理人、利害关系人认为司法机关及其工作人员存在采取强制措施法定期限届满，不依法予以释放、解除或者变更等五种法定情形之一的，应当先向该机关申诉或者控告。对处理不服的，才可以向同级人民检察院申诉。

（四）对执行逮捕情况进行同步跟踪监督

同步跟踪监督是指由人民检察院指派专门的检察人员，对于公安机关执行人民检察院批准逮捕决定或者不批准逮捕决定的情况，以及撤销、变更强制措施的情况实行跟踪了解，履行侦查活动监督职能，及时纠正侦查活动中存在的违法情况。简言之，就是人民检察院对批准逮捕或不批准捕等相关强制措施决定的执行情况进行跟踪监督。这是人民检察院近几年来在司法实践中总结出来的一种行之有效的侦查活动监督途径。

根据《刑事诉讼法》第 79 条、第 94 条、第 161 条的规定，对于人民检察院批准逮捕决定或者不批准逮捕决定，公安机关应当立即执行，并将执行情况及时通知人民检察院；公安机关释放被批准逮捕的人或者变更逮捕强制措施的，应当及时通知原批准的人民检察院。这样既有利于保护公民的合法权益，又有利于人民检察院通过对通知的审查，积极开展侦查活动监督工作，及时发现和纠正公安机关或者侦查人员在适用、撤销、变更强制措施过程中的违法行为。对于公安机关执行人民检察院自侦案件逮捕决定的活动，人民检察院也应当依法监督。

1. 人民检察院依法作出批准逮捕决定后，应当跟踪监督侦查机关的撤案情况。侦查机关在人民检察院作出批准逮捕决定后撤销案件，有的是因为原案犯罪事实并不存在，不应追究刑事责任而撤销案件，但也有的是违反法律规定把已经构成犯罪且应当追究刑事责任的案件作撤销案件处理，后者明显是错误和违法的。人民检察院应当将侦查机关违法撤销案件的情况列为侦查活动监督的重点内容，对侦查机关撤销案件的决定是否正确、合法，实行跟踪监督。

2. 人民检察院依法作出不批准逮捕决定后，应当跟踪监督侦查机关释放被刑事拘留犯罪嫌疑人的情况。司法实践中，某些侦查机关在接到人民检察院的《不批准逮捕决定书》后拖延时间释放，这种违法情况应当列为侦查活动监督的重点内容。同时，人民检察院因犯罪嫌疑人构成犯罪而无逮捕必要不批准逮捕的，有的侦查机关就擅自决定不追究其刑事责任，改作其他处理，不移送审查起诉，对这种该侦查而不继续侦查、该移送审查起诉而不移送审查起诉的违法情况，也应当列为侦查活动监督的重点内容。

3. 人民检察院退回侦查机关补充侦查后，应当跟踪监督侦查机关的处理情况。司法实践中，有的侦查机关以补充侦查困难为由无限期延长补充侦查的期限，甚至中止补充侦查而改作其他处理。因此，人民检察院对侦查机关补充侦查的情况也应当列为侦查活动监督的重点内容之一。侦查机关补充侦查完毕后，应当及时将补充侦查的结果报送人民检察院提请批准逮捕或者移送审查起诉，经审查后作出是否批准逮捕、是否起诉的决定。如果在补充侦查后，因案情发生变化需要改作其他处理的，应及时通知人民检察院，人民检察院应当依法对侦查机关的另行处理是否正确、合法实施监督。

二、口头通知纠正

口头通知纠正是依法履行侦查活动监督职责的检察人员，发现侦查机关在侦查活动中存在较轻的违法行为时，以言词的方式要求侦查人员予以纠正的一种监督方法。《人民检察院刑事诉讼规则（试行）》第566条规定："人民检察院发现公安机关侦查活动中的违法行为，对于情节较轻的，可以由检察人员以口头方式向侦查人员或者公安机关负责人提出纠正意见，并及时向本部门负责人汇报；必要的时候，由部门负责人提出。"第573条规定："人民检察院根据需要可以派员参加公安机关对于重大案件的讨论和其他侦查活动，发现违法行为，情节较轻的可以口头纠正。"第569条规定："人民检察院发现侦查机关或者侦查人员决定、执行、变更、撤销强制措施等活动中有违法情形的，应当及时提出纠正意见。对于情节较轻的违法情形，由检察人员以口头方式向侦查人员或者公安机关负责人提出纠正，并及时向本部门负责人汇报；必要的时候，由部门负责人提出。"

（一）口头通知纠正的适用情形

口头通知纠正是最常见的一种侦查活动监督方法，主要适用于情节较轻的违法行为。一般来说，轻微的违法行为对公民的人身权利和财产权利造成的损害不大，也不会对侦查工作造成太大的影响。例如，侦查人员未按规定出示有关的工作证件、侦查人员未按规定在讯问笔录上签名、侦查人员没有依法告知犯罪嫌疑人的权利义务等。但是这些行为同样也是违反法律规定的行为，对侦查工作有一定的危害性，因此，必须予以纠正。

（二）口头通知纠正的方法

1. 一般由履行侦查活动监督职责的检察人员直接提出纠正意见。对于情节较轻的违法行为，可以由检察人员以口头方式向侦查人员直接提出纠正，对于较为普遍的违法行为，也可以由检察人员以口头方式向公安机关负责人提出。

2. 检察人员直接提出口头纠正后应当及时向部门负责人汇报。检察人员口头提出纠正违法后，首先应当做好书面记录，并及时向本部门负责人汇报。

3. 必要时由部门负责人以口头方式提出纠正意见。这里的"必要时"法律没有作进一步的规定，通常的做法是：侦查机关的部门负责人在侦查活动中存在情节较轻的违法行为，或者侦查人员在检察人员口头提出纠正意见后仍然没有纠正的，这时候负责侦查活动监督的部门负责人就有必要以口头方式向上述侦查人员提出纠正意见。

4. 口头通知纠正一般不要求侦查机关给予书面答复，但是提出纠正的检察人员应当督促违法侦查人员及时改正。

三、书面通知纠正

书面纠正违法是人民检察院对于侦查机关在侦查活动中存在的情节较重的违法情形，以《纠正违法通知书》的方式要求侦查机关纠正的一种监督方法。《人民检察院刑事诉讼规则（试行）》第569条规定："对于情节较重的违法情形，应当报请检察长批准后，向公安机关发出纠正违法通知书。"第567条也作了相同或者类似的规定。

（一）书面纠正的适用情形

书面纠正违法主要适用于侦查机关情节较重的违法行为。所谓情节较重的违法行为，是指严重违反法律规定，尚未达到犯罪程度的行为。例如，侦查机关严重违反刑事诉讼程序，可能导致错误追究刑事责任或者放纵犯罪的；侦查人员非法拘禁或者刑讯逼供尚未造成严重后果的；侦查人员贪污、挪用赃款赃物，数额尚未达到犯罪标准的；侦查机关不规范执行检察机关批准逮捕决定或者不批准逮捕决定的；经检察人员多次口头通知纠正仍不改正的等情形；侦查人员的侦查行为严重违法，可能追究执法过错责任或者纪律责任的。对于情节较重的违法情形，人民检察院应当向违法的侦查机关发出《纠正违法通知书》，不能以口头通知纠正方式代替纠正违法通知书，并要求违法的侦查机关应当以书面形式回复纠正情况。

（二）书面纠正的方法

根据《人民检察院刑事诉讼规则（试行）》第570条的规定："人民检察院发出纠正违法通知书的，应当根据公安机关的回复，监督落实情况；没有回复的，应当督促公安机关回复。"第571条规定："人民检察院提出的纠正意见不被接受,公安机关要求复查的,应当在收到公安机关的书面意见后7日以内进行复查。经过复查,认为纠正违法意见正确的,应当及时向上一级人民检察院报告;认为纠正违法意见错误的,应当及时撤销。上一级人民检察院经审查,认为下级人民检察院的纠正意见正确的,应当及时通知同级公安机关督促下级公安机关纠正;认为下级人民检察院的纠正意见不正确的,应当书面通知下级人民检察院予以撤销,下级人民检察院应当执行,并及时向公安机关及有关侦查人员说明情况。同时,将调查结果及时回复申诉人、控告人。"人民检察院书面纠正违法的具体要求是:

1. 发出《纠正违法通知书》必须经检察长批准

需要书面纠正侦查机关情节较重的违法情形的,应当先由承办检察人员制作《纠正违法通知书》,然后经部门负责人审核,报经检察长批准后再向公安机关发出。不得由检察人员或者部门负责人自行决定发出。

2. 发出《纠正违法通知书》后要跟踪监督侦查机关的改正情况

《纠正违法通知书》一旦发出之后,侦查机关就应当将纠正情况书面回复人民检察院,人民检察院再根据侦查机关的回复监督纠正情况。公安机关没有按时回复的,人民检察院应当督促公安机关尽快回复。

3. 公安机关对人民检察院提出的纠正意见若不接受,可以要求复查

人民检察院应当在收到公安机关的书面意见后7日以内进行复查。经过复查,认为纠正违法意见正确的,应当及时向上一级人民检察院报告;认为纠正违法意见错误的,应当及时撤销。上一级人民检察院经审查,认为下级人民检察院的纠正意见正确的,应当及时通知同级公安机关督促下级公安机关纠正;认为下级人民检察院的纠正意见不正确的,应当书面通知下级人民检察院予以撤销,下级人民检察院应当执行,并及时向公安机关及有关侦查人员说明情况。同时,将调查结果及时回复申诉人、控告人。

四、追究刑事责任

追究刑事责任是人民检察院对于在侦查活动中违法行为情节严重,并已构成犯罪的侦查人员,依法追究其刑事责任的一种监督方法。《人民检察院刑事诉讼规则(试行)》第572条规定:"人民检察院侦查监督部门、公诉部门发现侦查人员在侦查活动中的违法行为情节严重,构成犯罪的,应当移送本院侦查部门审查,并报告检察长。"第573条规定:"人民检察院侦查监督部门或者公诉部门对本院侦查部门侦查活动中的违法行为,应当根据情节分别处理。情节较轻的,可以直接向侦查部门提出纠正意见;情节较重或者需要追究刑事责任的,应当报请检察长决定。"

(一) 追究刑事责任的适用情形

追究刑事责任是最严厉的一种侦查活动监督方法,只适用于侦查人员在侦查活动中违反法律规定情节严重,已经构成犯罪的违法情形。

(二) 追究刑事责任的方法

根据《人民检察院刑事诉讼规则(试行)》第 572 条、第 573 条的规定,追究在侦查活动中因违法行为情节严重而构成犯罪的侦查人员的刑事责任的程序和方式如下:

1. 侦查人员触犯的罪名属于人民检察院管辖的,由侦查监督部门、公诉部门将侦查人员涉嫌犯罪的材料移送本院侦查部门审查,并报告检察长。本院侦查部门审查后应当提出是否立案侦查的意见,然后报请检察长决定。

2. 侦查人员触犯的罪名不属于人民检察院管辖的,应当移送有管辖权的人民检察院或者其他机关处理。

第四节 侦查活动监督中的非法证据排除

一、非法证据排除概述

(一) 非法证据排除规则立法过程

非法证据排除规则产生于美国。1914 年,美国联邦最高法院通过审理威克斯诉美国案确立了非法证据排除规则,认为警察无证搜查和扣押被告人的信件和财产的行为违宪,搜查到的证据不应当在审判中被采纳;1964 年,联邦最高法院通过马修案明确规定,在对抗诉讼中未经被告同意,在律师不在场时进行讯问所取得的口供侵犯了律师帮助权,认定为非法证据予以排除;1966 年,联邦最高法院在著名的米兰达案中将非法证据排除与被告人的权利保障联系起来,裁定非法取得的言词证据也应当予以排除。自此,非法证据排除规则在美国联邦和州司法系统得到全面确立。但非法证据排除规则并非美国所独有。1984 年 12 月 10 日,第 39 届联合国大会第 93 次全体会议通过了《禁止酷刑和其他残忍、不人道或有辱人格的待遇或处罚公约》。其第 15 条规定:"每一缔约国应确保在任何诉讼程序中,不得援引任何业经确定系依酷刑取得的口供为证据,但这类口供可用做被控施行酷刑者刑讯逼供的证据。"该公约供各国签署、批准和加入,1987 年生效,截至 1997 年 1 月 1 日,缔约国有 101 个,这标志着,非法证据排除规则在世界范围内得到承认和执行。

1988 年 9 月,我国参加《禁止酷刑和其他残忍、不人道或有辱人格的待遇或处罚公约》。2012年,《刑事诉讼法》第50条规定:"严禁刑讯逼供和以威胁、引诱、欺骗以及其他非法的方法收集证据。"2012年,最高人民法院《关于适用〈中华人民共和国刑事诉讼法〉的解释》规定,严禁以非法的方法收集证据。凡经查证确实属于采用刑讯逼供或者威胁、引诱、欺骗等非法的方法取得的证人证言、被害人陈述、被告人供述,不能作为定案的根据。2010年6月24日,最高人民法院、最高人民检察院、公安部、国家安全部、司法部颁行《关于办理刑事案件排除非法证据若干问题的规定》,对非法证据排除做了详细规定,确立了非法证据排除规则。2012年3月14日,第十一届全国人民代表大会第五次会议通过《关于修改〈中华人民共和国刑事诉讼法〉的决定》,从立法层面上首次确立了非法证据排除规则。

（二）非法证据排除的内涵及特点

非法证据被联合国和许多国家所采用的概念都是指执法人员及其授权的人通过侵犯被取证人权利的非法手段所取得的证据。我国《刑事诉讼法》第54条第1款规定:"采用刑讯逼供等非法方法收集的犯罪嫌疑人、被告人供述和采用暴力、威胁等非法方法收集的证人证言、被害人陈述,应当予以排除。收集物证、书证不符合法定程序,可能严重影响司法公正的,应当予以补正或者作出合理解释;不能补正或者作出合理解释的,对该证据应当予以排除。"这一规定,明确了我国非法证据的范围包括非法言词证据和非法物证、书证。非法言词证据,是指采用刑讯逼供等非法方法收集的犯罪嫌疑人、被告人供述和采用暴力、威胁等非法方法收集的证人证言、被害人陈述。根据《人民检察院刑事诉讼规则（试行）》的解释,所谓"刑讯逼供"是指使用肉刑或者变相使用肉刑,使犯罪嫌疑人在肉体或者精神上遭受剧烈疼痛或者痛苦以逼取供述的行为;所谓"其他非法方法"是指违法程度和对犯罪嫌疑人的强迫程度与刑讯逼供或者暴力、威胁相当而迫使其违背意愿供述的方法。非法物证、书证,是指收集不符合法定程序,可能严重影响司法公正,不能补正或者作出合理解释的物证、书证。

我国非法证据排除规则不同与其他国家,具有以下特点:

1. 排除主体多元化

《刑事诉讼法》第54条第2款规定:"在侦查、审查起诉、审判时发现有应当排除的证据的,应当依法予以排除,不得作为起诉意见、起诉决定和判决的依据。"这一规定明确了我国非法证据排除主体包括侦查机关、检察机关、审判机关,这与其他国家由法院作为唯一排除主体的制度安排有很大不同。

2. 及时发现实时排除

《刑事诉讼法》第54条第2款的规定同时明确了公检法机关在各自的办

案阶段，发现非法证据，都应当及时排除，防止带病证据进入下一环节成为判案依据。及时排除非法证据，既体现对犯罪嫌疑人、被告人合法权益的保障，也是实现诉讼经济的内在要求。

3. 庭前会议排除

《刑事诉讼法》第 182 条规定，在开庭以前，审判人员可以召集公诉人、当事人和辩护人、诉讼代理人，对回避、出庭证人名单、非法证据排除等与审判相关的问题，了解情况，听取意见。对此，最高人民法院《关于适用〈中华人民共和国刑事诉讼法〉的解释》第 99 条规定："开庭审理前，当事人及其辩护人、诉讼代理人申请排除非法证据，人民法院经审查，对证据收集的合法性有疑问的，应当依照刑事诉讼法第一百八十二条第二款的规定召开庭前会议，就非法证据排除等问题了解情况，听取意见。人民检察院可以通过出示有关证据材料等方式，对证据收集的合法性加以说明。"在我国，法庭审判阶段排除非法证据，除了可以在法庭审判过程中进行，也可以在庭前会议进行。①

（三）审查逮捕阶段排除非法证据

《刑事诉讼法》虽然没有明确规定侦查监督部门在审查逮捕阶段排除非法证据的权责，但是《刑事诉讼法》第 98 条规定："人民检察院在审查批准逮捕工作中，如果发现公安机关的侦查活动有违法情况，应当通知公安机关予以纠正，公安机关应当将纠正情况通知人民检察院。"以及《关于办理刑事案件排除非法证据若干问题的规定》第 3 条规定："人民检察院在审查批准逮捕、审查起诉中，对于非法言词证据应当依法予以排除，不能作为批准逮捕、提起公诉的根据。"结合以上两条规定，可知侦查监督部门在侦查活动监督中履行非法证据排除权责，是法定的非法证据排除的主体。

审查逮捕是侦监部门最主要职责之一，也是检察机关介入刑事诉讼履行法律监督职能的第一道关口，在审查逮捕阶段排除非法证据具有重要意义。（1）落实尊重与保障人权原则。非法取证的过程，是国家公权力侵犯公民合法权利的过程，这是现代法治国家所不能容忍和接受的，各国法律都规定了公民有不受刑讯逼供、非法搜查、扣押的权利，国家有保障公民人权的责任和义务。《刑事诉讼法》将"尊重与保障人权"写入总则，是宪法原则在《刑事诉讼法》中的具体体现，在审查逮捕阶段排除非法证据既否定取证行为本身，也否定取得的证据，可以避免将非法证据作为批准逮捕的依据，防止公民的人身自由权受非法限制。（2）规范司法行为，促进司法公正。在刑事追诉活动中存在的刑讯逼供、非法搜查、扣押等违法侦查行为，导致了近年来发生的

---

① 至于是否应以庭前为主，存在观点之争。

"佘祥林案"、"孙万刚案"、"赵作海案"等一系列有重大社会影响的冤假错案。程序正义有助于实体正义的实现,审查逮捕阶段排除非法证据在侦查初期即纠正违法取证行为,可以督促侦查机关在刑事诉讼过程中依法、全面、客观地调查收集证据,有效遏制违法侦查,防止冤案错案的发生。(3)实现诉讼经济,提升诉讼效率。当非法证据在全案中关系到罪与非罪的认定时,等到批捕后再于审查起诉、审判阶段发现并排除,将会使案件面临撤案或无罪判决的结果,多影响一个诉讼环节就多浪费一份诉讼资源。因此,审查逮捕阶段排除非法证据无论是在时间上,还是效果上都优于其他阶段,能够实现诉讼经济,提升诉讼效率。

二、非法证据排除的启动

(一)线索来源

《刑事诉讼法》第55条规定:"人民检察院接到报案、控告、举报或者发现侦查人员以非法方法收集证据的,应当进行调查核实。对于确有以非法方法收集证据情形的,应当提出纠正意见;构成犯罪的,依法追究刑事责任。"在审查逮捕环节,由于案件处在侦查相对早期的阶段,被非法取证的当事人往往来不及反馈,而能够获知案件信息的人也较少,因此获取侦查人员以非法方法收集证据的线索主要是由检察机关在履行法律监督职能过程中发现,少数是依"报案、控告、举报"等申请方式获知。

1. 检察人员依职权发现

(1)阅卷中发现

侦查机关提请(移送)审查逮捕时提交的案卷材料是检察人员接触案情的第一手材料,也是检察人员全面了解案情的基础材料。案件卷宗材料由侦查机关收集移送,有人质疑,如果存在非法取证的情况,相关痕迹也会被清理再移送。但是发生过的案件事实所留下的信息是环环相扣的,经过矫饰的证据材料,包括言词证据,即使表面看上去合理,也必定存在漏洞。

在审查全案卷宗证据材料中,重点要审查犯罪嫌疑人、被害人、证人的历次讯问笔录、询问笔录是否相互矛盾;关注各类证据收集的程序瑕疵,包括侦查机关及侦查人员有关取证的书面说明、破案报告等在内的诉讼过程中的瑕疵;审查在卷的各种证据材料之间是否存在矛盾,从中捕捉可能存在的以非法方法收集证据的信息,排查案件事实是否存在无法排除的疑点。如体现在言词证据中的最为常见的:①同一犯罪嫌疑人、被害人、证人的多份讯问(询问)笔录前后变化太大、反复翻供(证)。翻供(证)的原因是多方面的,其中一种可能是原有口供是在刑讯逼供或者暴力、威胁下产生。②同一或者同案不同犯罪嫌疑人、被害人、证人的多份讯问（询问）笔录高度雷同。雷同笔录，可能是案情简单办案人员图省事复制粘贴所形成，还可能是违背当事人意愿先行制作笔录强迫当事人签字捺印而得。③连续讯问，时间过长。当讯问时间过长时，就存在疲劳讯（询）问即变相逼供（证）的可能性。当发现疑点或者线索，办案人员需综合全案证据，对该疑点抑或非法言词证据线索进行更深入的排查。

（2）讯问或者询问中发现

《刑事诉讼法》第86条第1款规定："人民检察院审查批准逮捕，可以讯问犯罪嫌疑人；有下列情形之一的，应当讯问犯罪嫌疑人：（一）对是否符合逮捕条件有疑问的；（二）犯罪嫌疑人要求向检察人员当面陈述的；（三）侦查活动可能有重大违法行为的。"① 直接听取犯罪嫌疑人的陈述，这既能对侦查人员所作笔录的客观性进行核实，又能增加发现非法证据的可能性。

在讯问犯罪嫌疑人的过程中，除了核实案件事实本身，还要主动问及其在侦查期间是否受到刑讯逼供等非法待遇，从中发现可能的非法取证线索。建议在讯问时，应首先告知其人民检察院具有对侦查人员以非法方法收集证据行为的调查职责和依法排除非法证据的职责，犯罪嫌疑人有权对侦查人员以非法方法收集证据的行为提出控告，有权申请排除非法证据，进而应直接发问有无这类控告，是否提出申请。在讯问中不仅要让犯罪嫌疑人充分行使辩解的权利，而且即使作有罪供述，也要注意其在供述中可能存在不正常心态和有违常规常理的现象，从中发现线索。② 当然，趋利避害是人之本性，在告知犯罪嫌疑人相关权利的同时，也应当告知其虚假供述诬告陷害的法律后果并注意讯问策略，防止犯罪嫌疑人为了拖延刑事诉讼程序或者混淆视听而捏造刑讯逼供事实。

审查逮捕阶段，较少对被害人陈述或者证人证言进行复核。在有需要的情况下，可以询问被害人或者其他证人，其间可比照讯问犯罪嫌疑人时的程序进行，审查是否存在暴力、威胁取证的情况。

---

① 根据该规定，我国在审查逮捕阶段执行的是有限的直接言词原则。逮捕作为检察机关审查批准的强制措施，其行政性色彩历年来受到诟病，尤其是在控辩双方地位不均衡这一点上。虽然新《刑事诉讼法》及有关司法解释并未规定在审查逮捕阶段必须讯问每个犯罪嫌疑人，但从保障人权的角度考察，在办理审查逮捕案件中，应当坚持每案讯问。目前实践中，有包括重庆在内的十余个省市实施每案讯问的制度。

② 卢乐云：《非法证据发现与排除的实践把握》，载《人民检察》2012年7月（下月刊），第17~18页。

(3) 监所检察监督发现

根据《刑事诉讼法》及有关规定，侦查机关对犯罪嫌疑人采取刑事拘留措施后，应当及时送看守所羁押。人民检察院在相应级别的看守所中均设置了监所检察部门，派驻监所检察人员每天都会巡查监所并制作工作日志，在押人员入所时和入所后定期与其谈心，在押人员还可以约见检察官进行控告申诉等。在这个过程中，检察人员可以获取到刑讯逼供线索，并及时将线索移交给相应的办案部门。为进一步配合非法证据排除规则的实施，应当加强检察机关对犯罪嫌疑人入所健康检查的法律监督，明确由驻所检察人员在场参与入所检查，从而对于发现的犯罪嫌疑人身体伤情及时固定，并予以调查核实。在羁押场所，监所检察部门应当以一定的方式公开明示人民检察院有调查核实侦查人员以非法方法收集证据行为的职责，鼓励有关知情人员对这类行为进行检举揭发。

2. 依申请发现

(1) 辩护律师提出

审前程序中权利与权力冲突相比审判程序更为复杂，辩护律师的介入和健全的辩护制度是维护犯罪嫌疑人合法权利，保障国家权力在正轨上行使的重要制度保障。《刑事诉讼法》充分肯定吸收了2008年《律师法》的规定，进一步完善了刑事辩护制度，确立了律师在侦查阶段的辩护人地位。《刑事诉讼法》第33条规定："犯罪嫌疑人自被侦查机关第一次讯问或者采取强制措施之日起，有权委托辩护人……"第36条规定："辩护律师在侦查期间可以为犯罪嫌疑人提供法律帮助；代理申诉、控告；申请变更强制措施；向侦查机关了解犯罪嫌疑人涉嫌的罪名和案件有关情况，提出意见。"第37条规定："辩护律师可以同在押的犯罪嫌疑人、被告人会见和通信……辩护律师会见在押的犯罪嫌疑人、被告人，可以了解案件有关情况，提供法律咨询……辩护律师会见犯罪嫌疑人、被告人时不被监听。"从以上规定可以看到，辩护律师几乎在侦查机关接触犯罪嫌疑人的同时可接触犯罪嫌疑人，且具有相对自由地与犯罪嫌疑人会面、通信等权利。辩护律师通过会见犯罪嫌疑人、收集证据等途径掌握侦查机关非法取证线索的概率是极大的，而且可能比检察机关介入侦查要来得早。

充分认识辩护律师在检察机关行使监督职能中的正面作用，侦查监督人员在审查逮捕时要认真听取辩护律师意见，对此《刑事诉讼法》在第86条第2款规定："人民检察院审查批准逮捕……听取辩护律师的意见，辩护律师提出要求的，应当听取其意见。"《人民检察院刑事诉讼规则（试行）》第309条对此进一步细化，规定："在审查逮捕过程中，犯罪嫌疑人已经委托辩护律师的，侦查监督部门可以听取辩护律师的意见。辩护律师提出要求的，应当听取辩护律师的意见。对辩护律师的意见应当制作笔录附卷。辩护律师提出不构成犯罪、无社会危险性、不适宜羁押、侦查活动有违法犯罪情形等书面意见的，办案人员应当审查，并在审查逮捕意见书中说明是否采纳的情况和理由。"对于辩护律师向批捕部门提出关于非法取证的控告或举报的，应当依法仔细甄别，从中发现有价值的线索。

（2）诉讼参与人及其近亲属报案、控告、举报

《刑事诉讼法》规定了犯罪嫌疑人、被害人等当事人及证人、诉讼代理人等诉讼参与人及其近亲属享有的诉讼权利，包括担任或委托辩护人、诉讼代理人，申请法律援助、进行控告等。如果证人或其近亲属投诉侦查机关以暴力、威胁等手段逼取证人证言的，检察人员应当予以核实。在侦查阶段，犯罪嫌疑人是追诉的对象，其近亲属自然十分关心其所受到的处遇。在犯罪嫌疑人未被羁押的情况下，近亲属能够了解嫌疑人在侦查期间所受的处遇，如果有刑讯逼供等非法取证行为的，近亲属可以向检察机关提出控告。在嫌疑人被羁押的情形，其近亲属亦可能从律师会见等其他途径了解相关情况。因此，诉讼参与人或其近亲属的投诉中，可能蕴含有价值的线索，应当客观对待，认真核实。在信息化时代，在传统的举报、申诉、控告途径外，互联网以其独有的特征吸纳民意表达，为执法者与民众之间提供了一个崭新的对话方式。作为负有法律监督职责的检察机关，要重视网络舆情，对于网络上的控告、申诉，同样要慎重对待，认真核实。2011年7月，重庆市人民检察院出台了《网络举报（控告、申诉）信息处置试行办法》，规定将各大网络论坛上的举报（控告、申诉）信息作为举报的重要线索来源，进行规范化管理。《办法》要求相关机构和人员每天对互联网进行巡检，从各大网站及其论坛中收集举报、控告、申诉信息；相关业务部门在接收信息后3个工作日内反馈情况；不及时报送、处置重大线索的，要给予纪律处分。

（二）启动条件

启动条件是指在审查逮捕阶段，检察人员依职权或者依申请发现非法证据后，启动非法证据排除程序所要达到的条件。我国《刑事诉讼法》没有明确规定启动非法证据排除程序的条件，我们认为，在保障人权的同时也应当防止犯罪嫌疑人滥用非法证据排除的申请权，设置一定的启动条件是必需的，依发现非法证据方式的不同，启动条件也不同。

1. 依职权启动排除程序的条件。在检察人员依职权发现非法证据的情况下，涉嫌非法取证的事实通常已比较清晰，如发现案卷材料或者录音录像属伪造、当事人身上有伤、关键言词证据变化大等。此时，除该事实明显合理，不

具有非法取证的可能之外，大多数情况下都具有非法取证的合理怀疑。所以，在检察人员依职权发现非法证据时，应该同时启动非法证据排除程序，而不需要获取其他具体线索或者材料。

2. 依申请启动排除程序的条件。《刑事诉讼法》第56条第2款规定："申请排除以非法方法收集的证据的，应当提供相应线索或材料。"最高人民法院、最高人民检察院、公安部等《关于办理刑事案件排除非法证据若干问题的规定》第6条规定："被告人及其辩护人提出被告人审判前供述是非法取得的，法庭应当要求其提供涉嫌非法取证的人员、时间、地点、方式、内容等相关线索或者证据。"虽然这两条规定适用于法庭审理过程中非法证据的处理，但是为了避免申请人滥用申请权，特别是为了防止犯罪嫌疑人的侥幸心理，应当允许侦查监督部门准用该条规定。所有申请人都应当提供涉嫌非法取证的人员、时间、地点、方式、内容等相关线索或者证据，当申请人提供以上信息后，检察人员应进行初步核实，除提供的相关线索或者证据明显不合理，不具有非法取证的可能之外，对非法取证行为有合理怀疑的，应当启动非法证据排除程序。

三、非法证据的调查核实

《刑事诉讼法》第55条规定，人民检察院对发现的非法取证行为应当进行调查核实。《人民检察院刑事诉讼规则（试行）》第70条对刑讯逼供调查核实的方法做出明确的规定："人民检察院可以采取以下方式对非法取证行为进行调查核实：（一）讯问犯罪嫌疑人；（二）询问办案人员；（三）询问在场人员及证人；（四）调取讯问笔录、讯问录音、录像；（五）调取、查询犯罪嫌疑人出入看守所的身体检查记录及相关材料；（六）听取辩护律师意见；（七）进行伤情、病情检查或者鉴定；（八）其他调查核实方法。"尽管该规定主要针对的是刑讯逼供，但可以比照适用于暴力、威胁方法取证以及非法物证、书证收集的调查核实，概括来说，非法证据排除的主要调查核实方法主要有以下七种：

（一）复核被非法取证当事人

对可能遭受了刑讯逼供或者暴力、威胁取证等非法方法收集言词证据的犯罪嫌疑人、被害人、证人进行复核查证，可以作为检察机关审查逮捕中调查核实非法取证行为的第一步。一方面，可以通过其对非法取证的人员、时间、地点、手段、情节、后果的详细陈述，进一步甄别非法取证行为是否存在；另一方面，还可以从中发现有关非法收集证据的线索，确立具有针对性的调查核实思路和方法。①在复核过程中，检察人员在对其关于被非法取证的陈述的逻辑是否合理进行判断时，还要关注原言词证据形成的时间、地点、环境、背景，是否与受害人关于被非法取证的陈述逻辑相吻合。

（二）询问相关办案人员

检察人员在审查非法证据时，可以向涉嫌非法取证的侦查人员了解核实办案情况，由侦查人员对取证当时的情况做出详细说明。对此，《人民检察院刑事诉讼规则（试行）》第72条规定："人民检察院认为存在以非法方法收集证据情形的，可以书面要求侦查机关对证据收集的合法性进行说明。说明应当加盖单位公章，并由侦查人员签名。"关于侦查机关合法性说明的证明力问题，检察人员在审查过程中要注意侦查机关出具的说明内容是否合理，是否能够与其他证据相印证，不能因为是侦查机关出具的说明视其证明力较高。在没有其他证据能够印证的情况下，应当由侦查机关承担举证不利的后果。

对于非法物证、书证的调查核实，《人民检察院刑事诉讼规则（试行）》第66条规定："收集物证、书证不符合法定程序，可能严重影响司法公正的，人民检察院应当及时要求侦查机关补正或者做出书面合理解释……经侦查机关补正或者作出合理解释的，可以作为批准或者决定逮捕、提起公诉的依据。"对非法物证、书证，目前采取的是严格排除的原则，调查核实的主要方式是对侦查机关的补正或者书面解释进行审查。在对非法物证、书证进行审查的过程中，主要关注物证、书证的真实性、关联性、保管链条完整性等。

（三）询问相关在场人员及证人

对非法证据调查核实的过程中，除对非法取证双方当事人的调查以外，还可以询问相关在场人员及证人。由于讯问、询问一般是在相对封闭的空间进行，除了侦查人员和被讯问、询问人以外，在场人员主要是负责同步录音录像的工作人员。证人的范围则要宽泛些，主要包括看守所管教人员、犯罪嫌疑人的同监人员、检察机关驻看守所人员、未被限制人身自由的犯罪嫌疑人、被害人、证人的亲友以及其他知情人等。调查时，向在场人可以直接调查取证行为是否存在；向其他证人可以调查犯罪嫌疑人、被害人、证人在接受讯问、询问前后的身体状态、精神状态，生活中是否经历变故，是否与他人发生过暴力斗殴，是否有自伤自残行为等，以辅助判断其是否遭受刑讯逼供或者暴力、威胁取证等非法取证行为。

---

① 卢乐云：《非法证据发现与排除的实践把握》，载《人民检察》2012年7月（下月刊），第19页。

（四）调取讯问笔录和讯问录音、录像

2005 年，最高人民检察院发布了《人民检察院讯问职务犯罪嫌疑人实行全程同步录音录像的规定（试行）》。2007 年 10 月起，全国检察机关开始全面实行讯问职务犯罪嫌疑人全程同步录音录像。经过近六年的运行，事实证明录音录像制度对于遏制刑讯逼供、固定犯罪证据、增强证据可信性、提高办案质量发挥了重要作用。《刑事诉讼法》第 121 条规定："侦查人员在讯问犯罪嫌疑人的时候，可以对讯问过程进行录音或者录像；对于可能判处无期徒刑、死刑的案件或者其他重大犯罪案件，应当对讯问过程进行录音或者录像。录音或者录像应当全程进行，保持完整性。"这一规定从法律上确立了讯问犯罪嫌疑人全程同步录音录像制度，是对检察机关近年来推行的讯问职务犯罪嫌疑人同步录音录像制度的充分肯定。

检察机关在审查逮捕中，认为存在刑讯逼供或者以暴力、威胁等非法取证行为嫌疑的，应当要求侦查机关提供全部讯问笔录、原始的全程同步录音录像。在调查过程中，应当对涉嫌刑讯逼供的相对应的录音、录像进行审查，必要时审查全部录音、录像。审查讯问过程的原始录音录像资料。在审查录音录像时，要审查制作人或持有人的身份、制作时间、地点、条件、制作方法、是否为原件、内容等相关情况，尤其要注意审查有无经过剪辑、增加、删改、编辑等伪造、变造情形。对讯问过程的录音录像资料有疑问的，要进行鉴定。根据《人民检察院刑事诉讼规则（试行）》第 311 条的规定："经审查录音、录像，发现侦查机关讯问不规范，讯问过程存在违法行为，录音、录像内容与讯问笔录不一致等情形的，应当逐一列明并向侦查机关书面提出，要求侦查机关予以纠正、补正或者书面作出合理解释。发现讯问笔录与讯问犯罪嫌疑人录音、录像内容有重大实质性差异的，或者侦查机关不能补正或者做出合理解释的，该讯问笔录不能作为批准或决定逮捕的依据。"

（五）调取、查询犯罪嫌疑人出入看守所的身体检查记录及相关材料

刑讯逼供或者暴力、威胁等非法方式收集证据，多数会给受害人的生理和心理造成影响，导致一定的伤情或者病情。在这种情况下，对于被羁押的犯罪嫌疑人，可以调取犯罪嫌疑人进出看守所的健康检查记录、看守所监舍监控录像；未被羁押的犯罪嫌疑人、被害人、证人，可以调取就医记录、体检报告等相关材料，确认其伤情、病情发生的时间和地点，审查是否与接受讯问、询问相关。

（六）听取辩护律师意见

与面对追诉机关不同，犯罪嫌疑人在面对自己的辩护律师时，有天然的信任。通常情况下，如果存在刑讯逼供或者变相刑讯逼供的情况，犯罪嫌疑人在与辩护律师交流时会提出并真实陈述当时情景。以辩护律师的职业操守，在接

受检察机关调查时,能客观重复犯罪嫌疑人当时的陈述;同时作为法律专业人士,辩护律师可以从其陈述判断侦查人员的行为是否系属刑讯逼供,为检察机关审查判断有所辅助。

(七)进行伤情、病情检查或者鉴定

可能被非法取证的受害人伤情、病情尚存可查的,应及时对其人身进行检查,固定证据;并及时委托有权机构进行鉴定,确认造成伤情、病情的原因以及身体、精神受损害程度。检察人员在审查过程中,应当注意鉴定意见与受害人陈述的非法取证手段、情节、后果等是否相符。

调查核实是一个实践性的工作,除了以上方法以外,在实践中还可以摸索其他行之有效的方法。在调查核实中,检察人员应当根据线索的不同特点、具体案情及办案环境确定采取调查核实方法,科学制定调查核实方案。尤其是审查逮捕环节期限短、任务紧,更需要灵活处理,注意统筹,一旦发现线索,多头并进,同步调查,尽可能在有限的时间内尽早确认证据的合法性,不让瑕疵证据进入下个环节,充分发挥侦查监督效能。需要强调的是,在对非法证据进行调查核实要注意对调查内容的保密,但不是秘密进行,《人民检察院刑事诉讼规则(试行)》第68条第4款明确规定:"人民检察院决定调查核实的,应当及时通知办案机关。"我们既要有效发挥调查核实的应有功能,又要注意避免给办案机关带来不必要的负面影响。

四、非法证据的排除处理

非法证据的排除处理是指检察机关经法定程序和方法调查核实后,对侦查机关取证的合法性所作出的可采性评价和处理意见。《刑事诉讼法》第54条规定,采用刑讯逼供等非法方法收集的犯罪嫌疑人、被告人供述,采用暴力、威胁等非法方法收集的证人证言、被害人陈述和收集物证、书证不符合法定程序,可能严重影响司法公正,不能补正或者作出合理解释的,对该证据应当予以排除。不得作为起诉意见、起诉决定和判决的依据。《人民检察院刑事诉讼规则(试行)》第71条规定,人民检察院调查完毕后,应当制作调查报告,根据查明的情况提出处理意见,报请检察长决定后依法处理。这是我国刑事证据制度的重大进步,也是刑事司法制度理性化、民主化、科学化的重要表现。检察机关在侦查阶段审查逮捕环节排除非法证据,既是检察机关的法定义务,也是对侦查机关侦查活动的有效监督。

(一)非法证据排除的原则与证明标准

1. 非法证据排除的原则

《刑事诉讼法》第54条规定:"采用刑讯逼供等非法方法收集的犯罪嫌疑

人、被告人供述和采用暴力、威胁等非法方法收集的证人证言、被害人陈述，应当予以排除。收集物证、书证不符合法定程序，可能严重影响司法公正的，应当予以补正或者作出合理解释；不能补正或者作出合理解释的，对该证据应当予以排除。"从中可以看出，我国法律对非法证据区分为不同类型采用不同的排除原则。即对非法言词证据包括犯罪嫌疑人、被告人的供述、证人证言、被害人的陈述采用的是强制排除原则，对非法物证、书证采用的是裁量排除原则。也有的学者将上述两种排除方法分别称为绝对排除的原则和附条件排除的原则。检察机关在审查逮捕环节强制排除非法言词证据，即一旦确认是通过刑讯逼供等非法方法收集的犯罪嫌疑人供述和采用暴力、威胁等非法方法收集的证人证言、被害人陈述，就应当坚决排除，不能被用作追究被刑讯逼供人刑事责任的证据。所谓裁量排除非法物证、书证，即对于违反法定程序收集的物证、书证，只有可能严重影响到司法公正并不能进行补正或作出合理解释时，才对该证据予以排除。法律之所以将言词证据的排除原则与物证、书证的排除原则分别加以规定，一方面是努力解决我国刑事侦查中长期存在的刑讯逼供问题，遏制侦查讯问过程中屈打成招，更有立法意图上加强对犯罪嫌疑人、被告人的人权保障；另一方面对违反法定程序收集的物证、书证采用裁量排除，是兼顾打击和惩罚刑事犯罪的实际需要，这与我国当前的司法实践现状是相吻合的。无论是公安机关还是检察机关，在刑事侦查技术手段和高科技设备方面，都还很难完全适应社会发展的需要，在很多方面还远远不能满足打击智能化、技术化和信息化犯罪的需要。即使在竭力倡导非法证据排除规则的美国，司法程序中所排除的实物证据，也主要是指违反美国联邦宪法第四修正案的规定而取得的证据，这些证据的取得也主要是发生在违法逮捕、搜查和扣押的过程中。

2. 非法证据排除的证明标准

《刑事诉讼法》第 58 条规定对于经过法庭审理，确认或者不能排除存在本法第 54 条规定的以非法方法收集证据情形的，对有关证据应当予以排除，确定了检察机关对指控证据合法性的证明应达到确定、无合理怀疑的程度。第 53 条规定对犯罪事实认定，必须达到证据确实、充分，即同时符合定罪量刑的事实都有证据证明；据以定案的证据均经法定程序查证属实；综合全案证据，对所认定事实已排除合理怀疑三个条件。对案件事实采用了排除合理怀疑的证明标准。笔者认为，虽然目前我国法律对检察机关在审查逮捕、审查起诉环节的非法证据排除证明标准没有作出明确规定，但从有利于准确打击犯罪、更加尊重和保障人权出发，检察机关在审查逮捕环节排除非法证据的证明标准应达到排除合理怀疑的程度。

排除合理怀疑是英美法系的刑事证明标准,英国、日本对自白的任意性的证明要求达到排除合理怀疑的程度。德国实践中大多数适用定罪的证明标准,即要求对证据的可采性达到排除合理怀疑的程度。什么程度是排除合理怀疑?目前国内外理论界和实务界还没有形成统一的解释和明确的定义,但对排除合理怀疑所包含的要素大体有以下一致认识:(1)"排除合理怀疑"以保护犯罪嫌疑人、被告人合法权益为价值目标。实行"排除合理怀疑"标准,一方面在于查明案件事实,维护司法的公平正义;另一方面在于防止滥用追诉权,保障犯罪嫌疑人、被告人合法权利。任何刑事司法制度都会面临错判无辜和错放有罪之人的风险。坚持排除合理怀疑标准就意味着宁可放纵部分犯罪分子,也不可冤枉一个无辜者。比起让犯罪分子逍遥法外,让无辜者蒙冤的性质更加恶劣。[①] 新修订的《刑事诉讼法》将"排除合理怀疑"作为"证据确实、充分"刑事证明标准的条件之一,就是避免无辜者被判刑,其价值取向就是最大限度地保障犯罪嫌疑人、被告人的合法权益。(2)"排除合理怀疑"中的"合理怀疑"是有理有据的怀疑。首先,怀疑应当合理。合理怀疑不是主观臆断,不符合一般经验常识、带有偏见的随意怀疑。因此,排除合理怀疑标准要求裁判者公正、独立,确保司法独立性。我国《刑事诉讼法》明确规定,人民检察院依照法律规定独立行使检察权,不受行政机关、社会团体和个人的干涉。实践中,受新闻媒体、党政机关或上级机关干扰的现象屡见不鲜。如果司法机关受干扰较大,势必影响其对"怀疑"合理性的认识。其次,怀疑应当有据。所谓怀疑,应当是一种有根据、有理由的怀疑,而不是无故质疑。否则,对于任何案件事实和证据,都可能发生妄想、悬念、臆测等主观想象或幻想式的怀疑。因此,"合理怀疑必须是以事实为根据,必须要有证据证明"。[②] 虽然"排除合理怀疑"是司法人员根据自己的主观认知与常识进行裁判,但其对于犯罪事实的所有怀疑以及怀疑的排除都必须以查证的证据为依据,否则不能称之为"合理怀疑"。(3)"排除合理怀疑"标准要求裁判者有理性与良知。司法实践中,法官根据控辩双方举证、质证、辩论等,形成对案件的主观认知和内心确信,最终作出有罪或无罪的判决。这就要求法官具有理性和良知,不偏袒地、不带感情色彩地理解、评价事实与证据。在英美法系,"排除合理怀疑"经常被解释为"一种道德上的确定性"、"在日常生活中足以使人在决定重要

[①] 参见杨宇冠、孙军:《"排除合理怀疑"与我国刑事诉讼证明标准的完善》,载《证据科学》2011年第6期,第645~655页。

[②] 樊崇义:《客观真实管见——兼论刑事诉讼证明标准》,载《中国法学》2000年第1期,第114~120页。

事务时产生犹豫的不确定性"、"一种对被告人有罪的内心的坚定相信"等表述[1]，其与"良知"总是密不可分，在一定程度上可以说符合"良知"是排除合理怀疑标准的核心。无论对"排除合理怀疑"的含义如何解释，实际上都要求裁判者公正、诚实的道德和以证据为基础进行裁决，其所产生之怀疑应当是"正当怀疑"，是"一种实在的、诚实的、为良心所驱使的怀疑"[2]。在此可以借鉴陈忠林教授的"三常理论"予以判断，即从"常识、常理、常情"角度出发，以社会一般人认同的标准来来衡量，对得起裁判者和社会大众的良心和良知。

（二）非法言词证据的排除处理

根据《关于办理刑事案件排除非法证据若干问题的规定》第1条规定，采用刑讯逼供等非法手段取得的犯罪嫌疑人、被告人供述和采用暴力、威胁等非法手段取得的证人证言、被害人陈述，属于非法言词证据。《人民检察院刑事诉讼规则（试行）》第65条完全采用了这一规定。这里的非法言词证据是指通过非法手段所获得的言词证据，不包括主体不合法、形式不合法、违法程序所获得的言词证据。至于讯问、询问过程中的程序瑕疵，如讯问笔录制作不完善、缺少讯问人员签名等情形下取得的证据，亦不属于非法言词证据。在审查逮捕环节排除非法言词证据时需要注意理解把握以下两方面：

第一，非法言词证据排除的适用对象是非法方法收集的犯罪嫌疑人供述和非法方法收集的证人证言、被害人陈述。根据《刑事诉讼法》第48条规定，可以用于证明案件事实的材料，都是证据，证据包括：物证；书证；证人证言；被害人陈述；犯罪嫌疑人、被告人供述和辩解；鉴定意见；勘验、检查、辨认、侦查实验等笔录；视听资料、电子数据，这里非法言词证据的种类不仅包括犯罪嫌疑人、被告人供述，还包括证人证言、被害人陈述。由于在司法实践中，采取刑讯逼供等暴力手段收集犯罪嫌疑人、被告人口供，是非法证据的主要表现形式，也是侵犯人权最严重的行为，危害大，社会影响恶劣，因此检察机关审查逮捕环节排除的非法言词证据，主要是针对采取刑讯逼供等非法手段获取的犯罪嫌疑人供述。

第二，排除的非法言词证据限于采用刑讯逼供等非法方法收集的犯罪嫌疑人供述和采用暴力、威胁等非法方法收集的证人证言、被害人陈述。《刑事诉

---

[1] 参见余剑：《"排除合理怀疑"证明标准在我国刑事审判中的运用——合理定位及实践意义探讨》，载《东方法学》2008年第5期，第157~160页。

[2] 转引自杨宇冠、孙军：《"排除合理怀疑"与我国刑事诉讼证明标准的完善》，载《证据科学》2011年第6期，第645~655页。

讼法》第 54 条只明确列举了刑讯逼供、暴力、威胁三种手段，因为在司法实践中最突出的问题是以刑讯逼供等暴力、威胁的方法获取言词证据。《人民检察院刑事诉讼规则（试行）》第 65 条规定刑讯逼供是指使用肉刑或者变相使用肉刑，使当事人在肉体或者精神上遭受剧烈疼痛或者痛苦以逼取供述的行为。其他非法方法是指违法程度和对当事人的强迫程度与刑讯逼供或者暴力、威胁相当，迫使其违背意愿供述的方法。最高人民法院《关于适用〈中华人民共和国刑事诉讼法〉的解释》第 95 条规定使用肉刑或者变相肉刑，或者采用其他使被告人在肉体上或者精神上遭受剧烈疼痛或者痛苦的方法，迫使被告人违背意愿供述的，应当认定为《刑事诉讼法》第 54 条规定的"刑讯逼供等非法方法"。"两高"的解释基本是一致的。实践中对违法程度和对当事人的强迫程度与刑讯逼供、暴力、威胁相当的理解，可以参照最高人民检察院《关于渎职侵权犯罪案件立案标准的规定》关于刑讯逼供、暴力、威胁立案标准的规定中对非法手段进行的列举：以殴打、捆绑、违法使用械具等恶劣手段逼取口供的；以较长时间冻、饿、晒、烤等手段逼取口供，严重损害犯罪嫌疑人、被告人身体健康的。此外还应当注意的是，《刑事诉讼法》第 54 条没有规定引诱、欺骗，并不意味着引诱、欺骗的取证手段就是合法的，《刑事诉讼法》第 50 条明确规定严禁刑讯逼供和以威胁、引诱、欺骗以及其他非法方法收集证据。司法实践中，引诱、欺骗的含义特别是标准难以界定，与侦查讯问中的讯问技巧、策略有时很难区分，如果将这些讯问方法都认定为非法，将导致大量口供被排除，给侦查工作带来较大冲击，因此对此问题应当根据具体案情作出具体判断和处理。如果采用引诱、欺骗的方法严重损害了被讯问人的人身权利，使得犯罪嫌疑人、被告人被迫作出供述，并且严重损害了口供的客观真实性的，也应当予以排除。[①]

检察机关在审查逮捕阶段启动非法证据排除程序后，经报检察长批准，检察人员应当及时进行调查核实，根据查明的情况，对涉嫌采用刑讯逼供等非法方法收集的犯罪嫌疑人供述和涉嫌采用暴力、威胁等非法方法收集的证人证言、被害人陈述区别情形提出不同处理意见：

1. 不予排除

经承办检察官调查，当事人及其辩护人、诉讼代理人报案、控告、举报侦查人员采用刑讯逼供等非法方法收集证据，由其提供的涉嫌非法取证的人员、时间、地点、方式和内容等，与检察官已查明的情况不符，而侦查机关对取证

[①] 参见孙谦、童建明主编：《新刑事诉讼法理解与适用》，中国检察出版社 2012 年版，第 82 页。

的合法性能及时进行说明和提供证据证明，相互之间能够印证，确认或者排除合理怀疑的，对该证据不予排除。由案件承办检察官根据查明的情况，制作《非法证据调查报告》，提出不予排除的意见，经处室负责人审核后呈报分管检察长决定。该证据可以作为检察机关批准或者决定逮捕的依据。

2. 予以排除

对于由检察人员自行发现或当事人及其辩护人、诉讼代理人报案、控告、举报侦查人员采用刑讯逼供等非法方法收集证据情形的，经承办检察官调查后，确认或者不能排除非法取证合理怀疑，而侦查机关对取证的合法性不能进行说明或提供的证据无法证明证据收集的合法性，无法相互印证的，对该证据予以排除，不得作为检察机关批准或者决定逮捕的依据。由案件承办检察官制作《非法证据调查报告》，根据查明的情况，提出予以排除的意见，在《非法证据调查报告》中详细说明排除的情况和理由，经处室负责人审核后呈报分管检察长决定。该证据排除后对犯罪嫌疑人拟作不捕决定的，经侦查监督部门集体讨论后层报分管检察长审批。司法实践中，检察人员在排除非法证据时需要注意：（1）排除非法证据是以单个证据来展开，不是所有的口供都要排除。当事人及其辩护人、诉讼代理人报案、控告、举报侦查机关涉嫌非法取证的人员、时间、地点、方式和内容等材料或者线索的，经检察机关调查属实，对涉嫌违法取证的该份证据予以排除，对于其他无法提供具体材料或者线索的证据而当事人及其辩护人、诉讼代理人申请非法证据排除的，应不予排除。在具体案件办理中，犯罪嫌疑人通常有多份口供，讯问地点有侦查机关专门的讯问室和看守所讯问室，犯罪嫌疑人及其辩护人报案、控告、举报侦查机关采用刑讯逼供等非法方法收集证据的，往往都是针对侦查机关在自己的讯问室所进行的讯问，检察人员可以对其中涉嫌非法取证一份或多份的口供予以排除，而不是一概排除。特别是侦查机关在看守所讯问室依法进行的讯问，涉嫌刑讯逼供等非法方法取证的可能性小，证明力较强，一般不予排除。（2）犯罪嫌疑人认罪但控告侦查人员刑讯逼供的。根据我国《刑事诉讼法》规定，对一切案件的判处都要重证据，据以定案的证据均经法定程序查证属实。程序法定是我国收集审查证据的一项法律原则，只有坚持证据的合法性标准，做到切实排除非法证据，案件质量才能有法律上的保障，诉讼的科学性、民主性、正当性才能得以体现。因此笔者认为，无论犯罪嫌疑人认罪与否，对侦查人员采用刑讯逼供等非法方法取得的供述都应当依法排除，不能作为定罪量刑的根据，当然也不能作为检察机关批准或者决定逮捕的依据。

（三）非法物证、书证的排除处理

《刑事诉讼法》第54条规定："收集物证、书证不符合法定程序，可能严重影响司法公正的，应当予以补正或者作出合理解释；不能补正或者作出合理解释的，对该证据应当予以排除。"修正后的《刑事诉讼法》确立了对非法物证、书证实行裁量排除的规则。检察机关在审查逮捕环节排除非法物证、书证时需要注意理解把握：（1）法律规定排除的实物证据仅包括物证、书证，不包括勘验、检查笔录和鉴定意见。因为物证、书证的收集通常采用搜查、扣押等手段，这些手段违法，就可能侵犯公民的人身权利、隐私权等基本人权，而勘验、检查笔录和鉴定意见的制作不存在侵犯人权的问题，因而不属于非法实物证据排除的适用范围。（2）修正后的《刑事诉讼法》对排除非法物证、书证持客观、审慎的态度，规定了收集物证、书证不符合法定程序，可能严重影响司法公正，不能补正或者作出合理解释三个条件，只有三个条件同时具备的，非法收集的物证、书证才能被排除。所谓收集物证、书证不符合法定程序，主要是指违反《刑事诉讼法》关于搜查、扣押的程序规定，如未经合法批准或授权，搜查人员不符合要求等。根据《人民检察院刑事诉讼规则（试行）》第66条第3款规定，可能严重影响司法公正是指收集物证、书证不符合法定程序的行为明显违法或者情节严重，可能对司法机关办理案件的公正性产生严重损害。严重影响公正包括实体公正和程序公正，检察人员在理解时要结合违法取证行为的违法程度、侵犯权利的性质和程度、非法取证行为的主观状态、取证手段造成的严重后果等因素进行权衡裁量。补正是指对取证程序上的非实质性瑕疵进行补救。补正的方法主要是针对侦查人员在原收集物证、书证过程中没有履行的程序性行为，在不影响原物证、书证真实性的情况下，要求侦查人员补充履行程序性行为。合理解释是指对取证程序的瑕疵作出符合常理及逻辑的解释，是在侦查人员因未履行法定程序导致对物证、书证的合法性和真实性产生合理怀疑，要求侦查人员作出合理解释。通过对不符合法定程序、没有严重影响司法公正收集的物证、书证补正或者作出合理解释，从而使非法瑕疵的物证、书证转化为合法证据。

检察机关在审查逮捕阶段启动对非法物证、书证排除程序后，应当按规定及时进行调查核实，并可以书面要求侦查机关对证据收集的合法性进行说明。承办检察官根据查明的情况，结合物证、书证取证情况和案件其他合法证据，对涉嫌非法方法收集的物证、书证区别情况处理。（1）不予排除。经承办检察官调查，侦查机关收集物证、书证符合法律规定的程序，或侦查机关对不按法定程序收集但未达到严重影响司法公正的物证、书证及时进行补正或者作出合理解释，排除了对证据合法性和真实性的合理怀疑，对该证据不予排除，予以采信，该证据可以作为检察机关批准或者决定逮捕的依据。由案件承办检察官制作《非法证据调查报告》，提出不予排除的意见，经处室负责人审核后呈报分管检察长决定。(2) 予以排除。检察人员发现或当事人及其辩护人、诉讼代理人报案、控告、举报侦查人员违法法定程序收集物证、书证的,经调查核实,侦查机关确系违反法定程序收集物证、书证,违法取证行为严重影响了司法公正,且侦查机关不能对物证、书证及时进行补正或者作出合理解释,或侦查机关所作的补正或者解释不能排除对证据合法性和真实性的合理怀疑,对该证据予以排除,不得作为检察机关批准或者决定逮捕的依据。案件承办检察官制作《非法证据调查报告》,根据查明的情况,提出予以排除的意见,在《非法证据调查报告》中详细说明排除的情况和理由,经处室负责人审核后呈报分管检察长决定。该证据排除后对犯罪嫌疑人拟作不捕决定的,经侦查监督部门集体讨论后层报分管检察长审批。

我们建议,检察机关在审查逮捕环节依法排除非法证据的,或者发现存在非法取证重大嫌疑未及时查证的,可以制作《关于排除非法证据调函》并附《非法(存疑)证据目录》,将被排除或者存疑的非法证据情况通告相关公诉部门,加强对被排除非法证据的跟踪监督,提高案件质量和工作效率,维护法律正确实施,彰显公平正义。

(四) 非法证据排除后的监督反馈

《人民检察院刑事诉讼规则(试行)》第71条规定,对于确有以非法方法收集证据情形,尚未构成犯罪的,应当依法向被调查人所在机关提出纠正意见。对于需要补正或者作出合理解释的,应当提出明确要求。经审查,认为非法取证行为构成犯罪需要追究刑事责任的,应当依法移送立案侦查。具体实践中,检察机关侦查监督部门发现侦查机关有采用刑讯逼供收集犯罪嫌疑人供述,采用暴力、威胁收集证人证言、被害人陈述等非法方法收集证据情形的,经承办检察官调查核实,查明属实的,在对该证据依法予以排除的同时,并根据情节轻重,向侦查人员和侦查机关提出纠正处理意见。对情节较轻的,由承办检察官以口头方式向侦查人员提出纠正意见,并及时向侦查监督部门负责人汇报。必要时,由部门负责人向侦查机关负责人提出纠正意见。对于需要补正或者作出合理解释的,向侦查人员提出明确要求。对于情节较重的违法情形,应当报请分管检察长批准后,向侦查机关发出纠正违法通知书。构成犯罪的,由侦查监督部门移送本院侦查部门审查,并报告分管检察长。侦查部门审查后应当提出是否立案侦查的意见,报请检察长决定。对于不属于本院管辖的,应当移送有管辖权的人民检察院或者其他机关处理。

检察机关依法排除非法证据的,应当及时告知侦查机关。侦查机关可以依法重新取证和补充证据。检察机关侦查监督部门在排除非法证据后以证据不足为由作出不捕决定的,侦查机关可以依据《刑事诉讼法》规定要求检察机关复议，如果意见不被接受，可以向上一级人民检察院提请复核。在检察机关提出违法纠正意见后，侦查机关应当及时将纠正违法情况向检察机关侦查监督部门回复。对检察机关提出的纠正意见不被接受，侦查机关要求复查的，应当在收到侦查机关的书面意见后7日以内进行复查。经过复查，认为纠正违法意见正确的，应当及时向上一级人民检察院报告；认为纠正违法意见错误的，应当及时撤销。

第四章
审查逮捕引导侦查的技巧

第一节　审查逮捕引导侦查概述

一、审查逮捕引导侦查的依据

《宪法》第135条规定，人民法院、人民检察院和公安机关办理刑事案件，应当分工负责，互相配合，互相制约，以保证准确有效地执行法律。《刑事诉讼法》第7条也作了相应的规定。因此"分工负责，互相配合，互相制约"是界定人民法院、人民检察院和公安机关三者之间关系的法律原则，从法律上确立了我国的刑事诉讼框架。这种诉讼框架为公安司法机关的分工、配合、制约提供了法律依据，但是在司法实务中，公安司法机关在不同诉讼阶段的任务不同，对证据的要求、对案件的认识和对法律法规的理解也不同，不乏存在侦查机关和检察机关互相制约的张力有余，而共同指控犯罪的合力不足，使检察机关在行使侦查监督权时，缺乏应有的权威的现象。突出表现在两个方面：一是检察对侦查的调控力度不足，不能适应新形势的需要，在刑事诉讼制度对控诉要求更高的情况下，检察机关对侦查机关的侦查取证控制指导不够，难以保证其侦查活动符合追诉要求，导致控诉力量不足，妨害对犯罪的有效追诉；二是法律与实践脱节，检察机关的法律监督名不副实，警察行为不能受到检察官有效的法律控制，仍然存在所谓"侦查任意主义"，"妨害了侦查程序的法治化"。① 为加强公安司法机关的协调配合，在1983年的"严打"中，检察机关开始介入侦查工作，当时的提法是提前介入。这就是检察机关最早实行的引导侦查工作机制。虽然当时提前介入还是新鲜事物，但是很快就成为检察机关必不可少的工作机制。尤其是在集中打击、统一行动的特殊时期，检察机关不仅对重大案件提前介入，而且对团伙、复杂、疑难案件也提前介入。不仅检察机关提前介入，而且人民法院也提前介入。毋庸置疑，提前介入的工作机制，在依法从重从快打击严重刑事犯罪和经济犯罪的斗争中，充分显示了其震慑犯罪的无可替代的作用。在1988年最高人民检察院、公安部的《关于加强检察、公安机关相互联系的通知》中，对这种介入机制正式确认。《关于加强检察、公安机关相互联系的通知》的精神是，为了提高办案效率，保证办案质量，为了更好地履行法律监督职责，对部分刑事案件，检察机关应当介入公安机关的现场勘查和预审活动。1997年《刑事诉讼法》第85条规定："公安机关要求逮捕犯罪嫌疑人的时候，应当写出提请批准逮捕书，连同案卷材料、证据，一并移送同级人民检察院审查批准。必要的时候，人民检察院可以派人参加公安机关对重大案件的讨论。"第88条规定："人民检察院对于公安机关提请批准逮捕的案件进行审查后，应当根据情况分别作出批准逮捕或者不批准逮捕的决定。对于批准逮捕的决定，公安机关应当立即执行，并且将执行情况及时通知人民检察院。对于不批准逮捕的，人民检察院应当说明理由，需要补充侦查的，应当同时通知公安机关。"第132条规定："人民检察院审查案件的时候，对公安机关的勘验、检查，认为需要复验、复查时，可以要求公安机关复验、复查，并且可以派检察人员参加。"第171条第1款规定："人民检察院审查案件，可以要求公安机关提供法庭审判所必需的证据材料。"

1997年6月，公安机关开始进行侦查改革，实行侦查和预审合一。公安机关提请批准逮捕案件的数量大幅度上升，但是由于缺少了预审部门的把关，公安机关提请批准逮捕的案件质量有所下降，② 有些侦查人员对该提取的证据没有发现、提取，或者收集证据的程序不合法；还有一些侦查人员不大了解案件批捕、起诉与审判所必须的证据材料，影响了对犯罪的打击力度。检察机关对侦查的监督主要是通过对侦查机关移送案件的证据材料进行审查，决定是否

---

① 龙宗智：《评"检警一体化"兼论我国的检警关系》，载《法学研究》2000年第2期。

② 据统计，2011年重庆市检察机关侦查监督部门对公安机关提请逮捕的犯罪嫌疑人不捕率为25.49%。

批准逮捕或是否提起公诉,从而对公安机关的立案、侦查是否合法进行监督。这种监督是针对侦查的事后监督,已不适应改革与发展的需要。为了提高侦查、批捕、起诉的质量,需要检察机关与公安机关共同努力解决存在的问题,因此各地纷纷探索检察引导侦查的新机制,以发挥检察机关参与侦查给侦查机关提建议的作用,又突出侦查机关的积极侦查的优势。

2000年9月召开的全国检察机关第一次侦查监督工作会议提出,"侦查监督部门的职责和任务,贯穿了从刑事立案到侦查终结的全过程,既包括对适用法律、定性等实体公正方面的监督,也包含了对收集证据、执行逮捕等程序公正方面的监督,工作方向主要是针对公安机关等侦查机关的侦查活动,工作重点要放在引导侦查取证工作,保证侦查活动的依法进行上。"① 会议明确提出侦查监督工作总方向就是全面履行职责,加强配合,强化监督,引导侦查,从而明确了引导侦查是侦查监督工作的一项工作措施。

2001年11月2日,最高人民检察院、公安部联合发布《关于在办理刑事案件工作中加强联系配合的通知》。该通知规定:为适应当前复杂的社会治安形势,准确、有效地打击各种犯罪活动,及时解决在侦查和审查逮捕、审查起诉工作中存在的问题,公安机关和人民检察院在办理刑事案件中,一是树立全局观念,加强联系配合,形成打击合力;二是建立联席会议制度,使联系配合工作经常化、制度化;三是建立情况信息通报制度、互通信息、加强联系;四是共同研究重大案件,提高侦办案件效率;五是强化证据意识,严格依法办案,确保办案质量;六是加强联合调查研究,及时解决刑事执法中遇到的突出问题;七是加强业务交流,促进办案协作。② 这个通知为公安机关和检察机关进一步加强协调作了切实可行的规定。

2002年3月最高人民检察院检察长韩杼滨在九届人大第五次会议上郑重提出,要深化侦查监督和公诉工作改革,建立规范适时介入侦查、引导侦查取证、强化侦查监督的工作机制。这是检察引导侦查首次在最高人民检察院的工作报告中正式提出。2002年5月,最高人民检察院召开了全国刑事检察工作会议,为推进刑事检察改革、促进公正执法,会议提出了"坚持、巩固和完

---

① 最高人民检察院侦查监督厅编:《侦查监督实务手则》,群众出版社2003年版,第640页。
② 新疆维吾尔自治区人民检察院侦查监督处编:《打击经济犯罪实用手册》,第240~242页。

善'适时介入侦查、引导侦查取证、强化侦查监督'的工作机制"[①] 四项改革措施。随着最高人民检察院将引导侦查作为刑事司法改革的一项重要举措加以推广，检察引导侦查这一新名词得到了理论界和司法实务界越来越广泛的认可。

2005年7月召开的全国检察机关第二次侦查监督工作会议指出，最高人民检察院正在按照党中央关于司法体制和工作机制改革的初步意见，对司法体制和工作机制改革中涉及检察工作的问题开展研究，其中有的问题涉及侦查监督工作。会后，各地检察机关和公安机关纷纷结合实际情况，共同协商建立了以推进司法公正、严格执法、提高案件质量、加大对犯罪的打击力度为目的的工作联系机制，这种工作联系机制在司法实务中对重大、疑难及新型犯罪案件的准确、及时处理提供了有效的平台。既有利于促使侦查机关完善证据，提高侦查质量，以从快批捕，又有利于发现侦查活动中的违法情况，加强监督，发挥出积极作用。但这种工作联系机制是建立在各地检察机关与侦查机关共识的基础上的，由于各地情况差异较大，在具体工作中存在程序、方式、办法等方面不统一的问题，需要进一步规范。因此，要真正将逮捕引导侦查机制落到实处，必须将检察机关与公安机关的工作联系机制上升到法律，强制检察机关与侦查机关共同遵守。因此，在统一的逮捕引导侦查立法出台之前，我们应在现有法律框架内，继续积极推进侦查监督工作改革，完善工作联系制度，提高工作效率和质量，探索侦捕协作的最佳途径，使之更加适应检察工作的实际。

二、审查逮捕引导侦查的概念及特征

尽管检察引导侦查的改革措施已被实务界和理论界广泛接受，但对引导侦查的概念却有不同的认识，主要有以下几种：

1. 引导侦查，是指公诉机关为确保公诉质量，完成指控、证实犯罪任务，就刑事证据标准向侦查机关提出建议和要求，引导其侦查和收集证据的一种方法。[②]

2. 检察引导侦查是检察机关通过参与公安机关重大案件的侦查活动，对其证据的收集、提取、固定及侦查取证的方向，提出意见和建议，并对侦查活

[①] 柴春元、张安平：《以改革推行"严打" 在"严打"中深化改革——全国刑事检察工作会议综述》，载《人民检察》2002年第6期，第5~8页。

[②] 周葵、陈英：《公诉引导侦查初探》，载《检察日报》2001年12月24日。

动进行法律监督。[①]

3. 引导侦查是指检察机关根据指控犯罪的需要，从立案侦查到公诉过程中，引导侦查机关按照批捕、起诉的要求，适用法律、收集证据，并监督侦查机关的侦查活动。[②]

4. 检察引导侦查，是指检察机关从法律监督的角度出发，及时介入侦查机关对重大、疑难、复杂案件的侦查活动，帮助确定正确的侦查方向，指导侦查人员围绕起诉指控所需，准确地收集和固定证据的侦查监督活动。[③]

5. 还有一种观点是从侦查指挥角度对引导侦查进行解释的。即侦查指挥就是负责批捕的检察人员，对公安侦查人员在侦查案件过程中，在遇到法律方面的问题和困惑时，为公安侦查人员厘清思路，指明方向，提出证据要求，仍由公安侦查人员负责侦查的一种方法。目的是为了在侦查阶段尽可能及时获取一定证据，查明犯罪事实，为今后庭审顺利进行打下良好的基础。[④]

上述解释对于引导侦查的主体、阶段、任务从不同角度进行了表述，但存在一定差异。如在主体的认识上，有的限定在公诉部门或侦查监督部门，有的限定在检察机关；在阶段的认识上，有的限定在侦查阶段，有的扩大到起诉阶段；在任务的认识上，有的仅限于为侦查机关正确获取证据提供帮助，也有的扩大到侦查活动监督。因此以上解释都是站在各自的角度对引导侦查作出的定义，都有一定的局限性。第一种解释属于公诉引导侦查的内容，但是仅强调了引导的目的是为庭审做准备，而忽略了检察机关在引证侦查时对侦查活动的监督职能；第二种解释属于检察引导侦查的内容，但是没有强调检察机关引导侦查的主动，使侦查活动监督过于被动；第三种解释使检察机关引导侦查的案件范围过于宽泛，没有重点，不利于发挥侦查机关的积极性；第四种解释虽然在主体上明确为检察机关，既包括侦查监督部门，也包括公诉部门，而且确定引导侦查的案件是疑难、复杂的案件，这较之前面几种解释都有所进步，但是却遗漏了侦查活动监督的内容，因此也是不准确的；最后一种解释是检察指挥侦查说，这有悖于《刑事诉讼法》第 7 条的规定，即人民法院、人民检察院和公安机关进行刑事诉讼，应当分工负责，互相配合，互相制约，以保证准确有

[①] 柴春元、张安平：《以改革推行"严打"在"严打"中深化改革——检察机关推行"检察引导侦查"工作机制概述》，载《法制日报》2002 年 7 月 16 日。

[②] 马旭升、张震东：《引导侦查，强化监督》，载《南京检察调研》2001 年第 6 期，第 11 页。

[③] 华为民：《检察引导侦查的基本内涵和理论基础》，载《检察日报》2001 年 9 月 18 日。

[④] 潘才兴：《侦查指挥初探》，载《中国检察论坛》2001 年增刊，第 1 页。

效地执行法律。检察机关和公安机关在刑事诉讼中虽然都是控方，但是地位是平等的，不存在隶属关系，因此检察机关指挥侦查机关的解释是不妥当的。我们认为，引导侦查应该在我国现有法律的框架下，结合司法实务有效地进行定义。首先在主体问题上，我们认为应该是指检察机关，但是由于在本书中只研究逮捕引导侦查，不研究公诉引导侦查，因此在本书中，引导侦查的主体仅指检察机关的侦查监督部门；在阶段问题上，应当包括从立案侦查到移送起诉的全部过程；在任务问题上，不仅要引导侦查取证，而且要对侦查活动进行监督。

所以我们认为，审查逮捕引导侦查是指检察机关的侦查监督部门为准确地认定犯罪、保证侦查活动的合法进行，而介入侦查机关①的侦查活动，围绕案件定案标准，引导侦查机关确立正确的侦查方向，准确、全面地收集和固定证据，并及时预防、纠正侦查活动中的违法行为活动，以达到侦查机关的刑事侦查与检察机关的侦查监督相协调的目的。对审查逮捕引导侦查可以从以下五个方面理解：

1. 从侦查监督部门的职能范围看，审查逮捕引导侦查贯穿于刑事立案至侦查终结的侦查活动全过程。引导取证既要符合审查逮捕的证据要求，又要考虑到起诉的证据需要，扭转了审查逮捕与侦查终结、审查起诉相脱节，监督不力的被动局面。

2. 从侦查监督部门的监督方式看，审查逮捕引导侦查不但要坚持事后监督，而且更加要强调事前预防，监督方式由单一变多重，监督职能延伸到刑事立案以后的侦查活动全过程，有利于更加充分地发挥检察机关的监督作用。

3. 从侦查监督部门的工作中心看，审查逮捕引导侦查的提出，更新了执法观念，改变了重办案或办案与监督并重的工作方法，明确了工作重心要调整到主要是监督侦查活动上来，通过引导取证，保证侦查活动依法进行。

4. 从侦查监督部门的监督目的看，审查逮捕引导侦查将保证侦查活动依法进行的监督效果放在首位，不仅能纠正违法取证，更能防止和减少违法取证，变"亡羊补牢"为"防患于未然"。

---

① 所谓侦查是指依法享有刑事案件侦查权的机关为了查明犯罪而进行的专门调查工作和有关强制措施，此类机关不仅包括公安机关、国家安全机关、军队保卫部门、监狱、缉私犯罪侦查机关，而且包括人民检察院的自侦部门。上述的机关和部门都是检察引导的对象，不过检察机关内部的自侦部门受到刑事检察部门的引导和制约，仅仅是检察引导侦查在引导范围上的拓宽，是一种特别的情形，并不改变法律监督权对侦查权控制的本质属性。

5. 从侦查监督部门的内外关系看，审查逮捕引导侦查加强了与侦查机关的联系和沟通，缓解了监督与被监督的矛盾，在收集和运用证据上容易达成共识，体现了"分工负责、互相配合、互相制约"的刑事诉讼原则，保证准确有效地追诉犯罪。①

审查逮捕引导侦查机制具有以下三个方面的特征：

1. 具有司法性和诉讼性。这是引导侦查区别于指挥侦查、领导侦查的重要特征。从各国关于检察机关与侦查机关关系的规定来看，虽然各国对检察机关与侦查机关密切程度的具体要求不同，但不可否认的是，强调检察机关与侦查机关的紧密性是各国的共识。当然，由于社会价值观和司法传统的差异，在具体规定上，大陆法系国家与英美法系国家之间也存在着一些差别。

大陆法系国家普遍实行检、警合一的关系模式。检察机关是法定的侦查权主体、形式上的侦查机关。警察机关作为实质的侦查机关，仅仅是为帮助检察机关行使侦查权而设的辅助机关，警察机关的任务就是为协助检察机关侦查犯罪或受检察机关的指挥、命令侦查犯罪。在侦查程序中，承担起诉职能的检察机关是主导和中心，检察机关不仅可以自行侦查，而且可以命令、指挥警察机关侦查犯罪。德国、法国等国家在检察制度诞生之初就将检察人员的作用定位在三个方面：使追诉和审判分开，以确保审判的客观性与正确性；使检察人员居于"法之看守人"地位，以确保刑事司法的公平与公正；使检察人员控制侦查，以保护被告人的人权。② 在德国，警察机关所起的作用始终受到限制，其仅是检察机关的辅助机构。《德国刑事诉讼法》第 163 条规定，在侦查刑事犯罪行为范围内，警察只担负着辅助检察院的责任，只能作出"不允许延误"的决定，对自己的侦查结果应当"不迟延地"送交检察院，由检察院进行进一步的侦查。德国的检察机关享有自行侦查权和侦查指挥权，一个案件，检察机关既可以自行侦查，也可以将案件交付警察机关进行侦查，警察机关在进行侦查时负有迅速向检察机关报告侦查结果的义务。如《德国刑事诉讼法》第 161 条规定：检察人员可以向一切公共机关收集情报，除了宣誓下的讯问外，可以进行各种侦查，或者交付警察机关及其他人员侦查。警察机关及其他人必须执行检察人员的委托或命令。③ 在法国，检察人员兼具有司法警察的职权，并有权指挥司法警察的一切侦查活动。《法国刑事诉讼法》第 75 条规定，司

---

① 参见姜伟主编：《专项业务培训教程》，中国检察出版社 2004 年版，第 154 页。

② 陈卫东：《侦检一体化模式研究——兼论我国刑事司法体制改革的必要性》，载《法学研究》1999 年第 1 期，第 43 页。

③ 李昌珂译：《德国刑事诉讼法》，中国政法大学出版社 1995 年版，第 53 页。

法警官以及司法警官助理在司法警官的监督下,根据共和国检察人员的指示或者以自己的职权,对案件进行预侦。预侦行动受检察监督。① 而在意大利,初期侦查阶段由检察人员领导侦查工作并直接调动司法警察。在侦查人员将初步收集的犯罪材料移送检察人员后,由检察人员负责领导司法人员进行正式侦查。《意大利刑事诉讼法》第 59 条规定,司法警察机构隶属于所在地检察署的领导人。司法警察的官员向法院中的共和国检察人员负责。第 327 条规定,公诉人领导侦查工作并且直接调动司法警察。②

与大陆法系国家不同,在英美法系国家,侦查犯罪被认为是警察机关的职权,检察机关一般不直接行使侦查权,控诉权与侦查权相对独立,检察机关与警察机关也相对独立,由此形成了检、警分立的关系模式。在英国,检察机关只负责提起公诉,侦查由警察机关负责。但是,这并不意味着英美法系国家的检察机关对警察机关毫无影响力。实际上,英美法系国家的检察机关对警察机关的侦查权仍有相当程度的介入。英国 1995 年《犯罪起诉法》规定为了防止警方对应该起诉的案件不予提起诉讼,法律要求警察局长将本辖区内的每一起严重犯罪都通知检察人员。③

需要注意的是,检、警合一与检、警分立这两种代表性的检、警关系模式各有优劣,从世界各国检、警关系的发展趋势来看,两大法系的检、警关系模式趋于协调、融合。一方面,英美法系国家逐渐加强了检察机关对警察机关的控制和干预,甚至检察机关能直接行使侦查权。在这方面,美国是个典型代表,一旦检察人员决定亲自进行侦查,其侦查工作不受到其他侦查机关如警察机关的任何限制和拘束。④ 另一方面,在大陆法系国家的司法实务中,检察机关的侦查职能也存在一定程度的弱化现象。特别是在日本,检察机关一般以两种方式行使侦查权,一是对警察侦查终结后的案件进行补充侦查,二是检察人员对直接受理的案件独自侦查。但是,检察机关直接受理的案件多是重大、复杂的案件,仅占案件总数的 0.3%,警察机关移送的案件占案件总数的99.7%。检察机关侦查职能的弱化使得检察机关的侦查权退化为一般情况下备

---

① 谢朝华、余叔通译:《法国刑事诉讼法典》,中国政法大学出版社 1997 年版,第 32 页。

② 黄风译:《意大利刑事诉讼法典》,中国政法大学出版社 1994 年版,第 38 页。

③ 中国政法大学刑事法律研究中心编译:《英国刑事诉讼法》(选编),中国政法大学出版社 2001 年版,第 157 页。

④ 卞建林译:《美国联邦刑事诉讼规则和证据规则》,中国政法大学出版社 1996 年版,第 179 页。

而不用的"第二次权利",而检察机关也属于"第二次侦查机关"。①

  我国宪法和法律规定检察机关是法律监督机关,检察机关通过追诉犯罪,纠正刑事诉讼中的违法行为来保障国家法律的统一正确实施,维护诉讼参与人的合法权益。这是我国检察制度的特色,是与其他国家检察制度根本区别所在。我国现行的检、警模式是"分工负责,互相配合,互相制约"。一方面吸收了检、警分离模式的优点,分工负责,相互独立,有利于发挥侦查机关的优势和积极性。另一方面又吸收了检、警结合模式的优点,通过检察机关对侦查活动的参与,尤其是检察机关对侦查活动的监督,有利于防止侦查权的滥用,体现了"参与"和"控制"的统一。但是这种模式在运行过程中,由于检察机关与公安机关配合不够默契,有时未能形成打击犯罪的合力。检察机关行使法律监督权的滞后性和被动性,对侦查行为缺乏有力的制约和纠正。侦查机关侦查终结的刑事案件在质量上难以达到公诉的要求,在案件的退查率上,不诉率居高不下,诉讼效率低。为克服和弥补现行检、警关系在运行中的不足,在不违背现行立法精神的前提下,加强检察机关与侦查机关的协作,探索并建立检察机关对侦查机关进行引导的机制,是相对合理的选择。当前检、警关系调整的关键是加强对刑事侦查活动的检察调控和监督。② 因此,审查逮捕引导侦查机制是检察机关对侦查机关侦查工作的配合和监督,没有侵犯侦查机关的侦查权,是业务上的合作与制约,而不是组织隶属关系的一体化,具有司法性和诉讼性。司法性是指逮捕引导侦查是检察机关的一项司法活动,对侦查活动进行监督,具有法律约束力。诉讼性是指逮捕引导侦查是检察机关在刑事诉讼过程中,采取法定方式来引导侦查机关收集、固定和完善证据,以有效地指控犯罪。

  2. 重点在于取证,而不是所有侦查活动。《刑事诉讼法》第 113 条规定,公安机关对已经立案的刑事案件,应当进行侦查,收集、调取犯罪嫌疑人有罪或者无罪、罪轻或者罪重的证据材料。对现行犯或者重大嫌疑分子可以依法先行拘留,对符合逮捕条件的犯罪嫌疑人,应当依法逮捕。可以认为,侦查就是指享有侦查权的主体,在诉讼程序中为发现、提取和收集证据,证明犯罪事实,查获犯罪嫌疑人,根据《刑事诉讼法》所进行的有关的专门调查工作和实行的强制性措施。检察人员的优势在于对公诉案件证据的把握以及审查和运

---

  ① 郝银钟:《论法治国视野中的检、警关系》,载《中国人民大学学报》2002 年第 6 期,第 37 页。

  ② 龙宗智:《评"检、警一体化"兼论我国的检、警关系》,载《法学研究》2002 年第 2 期,第 59 页。

用证据的能力,因此,审查逮捕引导侦查的重点是收集和保全证据。而侦查人员证据意识较弱,重抓获犯罪嫌疑人,轻收集证据。主要表现为:一是依赖犯罪嫌疑人的供述。将侦查工作的重点放在犯罪嫌疑人口供的获取上。只要获取口供,就大功告成,对其他相关证据的收集不够全面,对证据间的关联性也缺乏分析,一旦犯罪嫌疑人翻供,往往使案件陷于定否两难的境地。二是证据保全意识差,提取证据程序不合法。比如作案工具、赃物、账本、指纹、脚印、血液、精斑等一些重要物证或书证未及时提取和保全,时过境迁后,无法补查,或者仅注意到物证提取,而对指纹、血迹等均不作鉴定,致使关联性、证明力下降,或者搜查程序不合法,导致搜查中所获取的重要书证、物证的合法性受到质疑,或者在辨认时,对被辨认对象数量安排过少,不符合司法解释规定,不能作为证据使用等。三是只注重有罪、罪重等控诉证据的收集,而轻视无罪、罪轻证据的收集。因此,审查逮捕引导侦查机制的功能是要使检察人员与侦查人员形成优势互补,其核心内容是收集证据、固定证据和完善证据。如果检察机关在审查逮捕引导侦查时,介入并主导侦查过多,通过指挥侦查活动而将侦查行为演变为检察机关自身的行为,或者侦查监督与侦查竞合的行为,就会减少检察机关对侦查机关监督的公正性和客观性,从而检察机关在诉讼中的法律监督地位就会受到严重威胁甚至失去立足之地。

3. **强调检察机关侦查监督部门的主动性和积极参与性。**引导侦查制度解决的是检察机关在配合、制约和监督方面主动性、积极性发挥不够充分的问题。我国检察机关在刑事诉讼中具有代表国家追诉犯罪和对诉讼活动进行法律监督的双重职能,这是我国检察制度的特色。为更好地履行法律监督的职能,检察机关侦查监督部门必须积极主动地参与到侦查活动中去,发现违法行为,以保证侦查活动的依法进行,最终目标是保证国家法律得到统一正确的实施。

检察机关侦查监督部门引导侦查是检察制度改革的一项重要内容和建立新型检、警关系的一种理想模式,其意旨是检察机关通过参与侦查机关重大案件的侦查活动,对其证据的收集、提取、固定及侦查取证的方向,提出意见和建议,并对侦查活动的合法性进行法律监督。检察机关侦查监督部门引导侦查是法律监督权的合理延伸,符合我国现行的法律规定,顺应了侦查机关刑侦体制改革的需要,是当事人主义庭审方式改革的必然要求。要完善检察引导侦查机制,必须发挥检察机关侦查监督部门的主动性和积极性,必须坚持"引导但不指挥、介入但不干预、讨论但不定论"的适度引导原则,防止越俎代庖,防止侦查监督与侦查行为产生竞合。引导的范围不仅仅是引导侦查取证,还应包括对侦查活动合法性的监督。在引导途径上除注意抓个案引导外,更应注重执法理念、工作程序和类案侦查的引导,在引导过程中还要注重对于新型犯罪案件的研究和沟通协调，以及时解决在司法实践中出现的新情况和新问题。此外，对自侦案件亦适用检察引导侦查的理论，而且更示范意义。

最后需要强调几个问题：一是介入侦查是依法进行，不是非正常的程序，因此，也不存在"提前"的问题。二是引导侦查是同步监督，是对侦查进行有效的法律监督，通过监督保证办案的质量，在此基础上加快案件的处理，加强检察机关和公安机关的联系与合作。绝不能认为检察机关进入侦查阶段，是简单的联合办案，可以职责不分，是为了临时加快办案速度的权宜之计。三是之所以说"引导侦查"而不说"领导侦查"、"指挥侦查"，是因为在我国，检察机关与侦查机关之间没有隶属关系，因此领导侦查和指挥侦查的提法是不准确的。检察机关侦查监督部门对侦查的引导是从批捕的角度，对侦查机关收集证据等侦查活动进行引导，而不是全局指挥。"引导侦查"的提法，符合我国法律的规定，正确反映了我国的检、警关系。

三、引导原则

审查逮捕引导侦查的原则是检察机关侦查监督部门应当遵守的，并且贯穿于完善审查逮捕引导侦查机制始终的行为准则。建立和完善审查逮捕引导侦查机制应在检察改革的范畴之内。根据最高人民检察院提出的检察引导侦查的四条原则：要符合诉讼规律，不能突破现行的法律规定；要有利于维护司法公正和法制统一；要有利于提高办案质量和效率；要符合中国的国情。我们认为审查逮捕引导侦查的原则应当包括：

（一）分工负责、互相配合、互相制约原则

我国《宪法》第135条和《刑事诉讼法》第7条都明确规定人民法院、人民检察院和公安机关进行刑事诉讼，应当分工负责、互相配合、互相制约，以保证有效地执行法律。

审查逮捕引导侦查中的分工负责是指侦查人员以调查犯罪为主着眼于刑事侦查技术，检察人员则着眼于法律监督及收集和掌握刑事追诉所需要的证据。审查逮捕引导侦查，并不是要将检、警的角色合二为一，它只是调整两者之间的角色关系，并没有要求以其中的一个角色取代另一个角色。侦查人员在侦查过程中具有其自身的独立性，接受检察人员的引导和法律监督，但并不接受检察人员非专业的指示。审查逮捕引导侦查强调的是检察人员对侦查人员收集证据的指挥与检察人员对侦查人员侦查活动合法性的监督，但侦查人员的侦查专业并不受到影响。从我国长期的司法实务来看，对于刑事诉讼中侦查活动缺少必要的制约，就难以确保侦查、逮捕的质量和效率，并且容易造成冤案、错案，侵犯公民的正当权益。正是立足于这样的基本国情，我国《刑事诉讼法》

建构了检、警分离的基本格局,即公安机关负责绝大多数刑事案件的侦查,检察机关负责批捕,同时对法律规定的少数案件行使侦查权,还负有对刑事诉讼实行法律监督的职责。公安机关独立进行侦查后,把案件移送检察机关,由检察机关进行审查,决定捕或不捕。公安机关的侦查活动和检察机关审查逮捕活动在程序上被明显地划分开。

审查逮捕引导侦查中的相互配合是指侦查监督和侦查在追诉犯罪的任务上的一致性决定了检、警之间必须在取证等方面进行合作,在证据的收集上检察人员是专长,由检察人员引导侦查人员的证据收集,将弥补侦查人员因证据知识和意识不足造成的缺陷,以提高侦查的效率,来保证批捕的准确性、合法性。正是因为侦查人员和检察人员在刑事诉讼中存在任务上的差异,因此为获得满意的侦查结果和实现侦查目的,只有互相尊重和彼此之间更好地合作。

审查逮捕引导侦查中的相互制约是为了保障人权和侦查的合法性,这是检察机关监督侦查活动最基本的价值取向。检察人员监督侦查机关在侦查活动中的人权保障,而收集和掌握必需的证据则是要求检察人员必须按照证据法则与犯罪构成要件的规定,确定侦查的方向,收集确实、充分的证据,以达到刑事追诉的目的。检察人员监督侦查人员的侦查活动,则可以阻止侦查人员在侦查活动中的违法行为,从而在制度上保障侦查程序的正当性。在侦查程序当中,公民的权利保护问题确实是一个重要的方面,但是却不能认为是侦查权行使的最终目的。侦查的本意其实就是调查,旨在实现对事实真相的查明。因此侦查机关采取的各种专门的调查工作和有关强制性措施都是力求还原事实的本来面目。而引导侦查的目的不仅要使检、警双方形成合力,打击犯罪,提高效率,而且还要求充分有效地发挥检察机关控制侦查的职能,强化法律监督职能,在检察机关的职能理念上,要摆脱单纯的控诉职能带来的偏颇立场,更要以中立的态度遵守客观公正的义务,这是检察机关执行法律监督职能所依赖的一个重要的理性基础。正因为如此,我国《刑事诉讼法》明确规定,检察人员必须依照法定程序收集能够证实犯罪嫌疑人、被告人有罪或者无罪、犯罪情节轻重的各种证据,不得以非法方式收集证据。这就表明检察人员不是简单意义上的控方当事人,检察人员的工作不以完成追诉为己任,而应当站在客观公正的立场上收集有利于查明案件真相的各种证据。

(二)公正、效率原则

侦查机关在侦查中,特别是在侦查经济犯罪案件、新罪名、新犯罪手段案件时,在侦查方向上常常有偏差,围绕犯罪构成要件取证的针对性不强,致使在提请批捕时因证据不足而不捕的情况屡有发生,从而造成了此类案件侦破难、逮捕难、甚至久拖不决。而审查逮捕引导侦查机制的建立,检察机关可以帮助侦查机关及时收集、固定和完善证据，使案件真相尽快得到查明，使犯罪分子尽早受到公正的裁判。一是在侦查机关立案、破案之后，提请逮捕之前，检察机关及时派员参与侦查活动，帮助确立或调整侦查方向、侦查思路，这样既有利于检察人员及时熟悉、了解案情，掌握证据的获取情况，又有利于提高侦查人员的证据意识，还有利于对证据的及时收集、固定和保全，防止证据毁损灭失，进而降低诉讼成本。二是能够实现检、警思路的互补、人员的互补、技术的互补，从而进一步实现检、警职能的互补。侦查机关拥有经验丰富的侦查人员、先进的侦查设备，而检察人员有较高的法律水平，能够较好地处理刑事诉讼中的法律问题。审查逮捕引导侦查机制为两者的结合提供了平台，它对于降低诉讼成本、缩短诉讼周期、突破诉讼阶段的限制，合理配置司法资源，进而提高诉讼效率，促进司法公正，无疑具有积极意义。三是对于一段时间内集中出现的新型犯罪，检察机关能迅速作出反应，一方面积极引导侦查取证，另一方面对此类新型毒品犯罪进行调研，积极向上级有关部门反映，引起社会的普遍关注，形成对此类新型毒品犯罪综合治理的态势，形成打击和预防此类新型毒品犯罪的合力。

例如在2007年第一季度，重庆市人民检察院第一分院辖区两级院连续批捕了5名涉嫌贩卖丁丙诺啡口含片、地西泮（安定）等国家管制的一、二类精神类药品的犯罪嫌疑人。贩卖此类新型毒品的犯罪案件在重庆市尚属首次，呈现出以下犯罪特点：一是该药品连续使用会使人形成瘾癖，很难戒除，对人体的危害性极大。二是呈快速增长趋势。由于制毒原料获取容易，加工方法简单，成本低廉，制作一支丁丙诺啡和地西泮混合制剂仅需5元至10元，且效果不亚于海洛因等传统毒品，有相当一部分以前吸食海洛因的吸毒人员改为注射这种混合剂。三是容易滋生其他影响社会治安的违法犯罪行为。贩毒人员在贩卖此类精神类药品时常常为垄断市场发生纠纷，诱发更为严重的影响社会治安和妨害社会管理秩序的犯罪。第一季度重庆市某区检察院就批捕了3名为争夺此类新型毒品市场而聚众斗殴的犯罪嫌疑人。

但是在查办此类毒品犯罪的过程中遇到了一些难题：一是国家相关部门对二类精神类药品的管制力度不够。有些制毒原料来自医院有处方权的医生开出，有些是通过医药品市场批发零售获得。如某区检察院批捕的贩卖地西泮注射液一案，犯罪嫌疑人就是从药品批发市场违规购得700余支地西泮注射液用于贩卖。二是侦查人员对贩卖国家管制的精神类药品的行为属于贩毒认识不到位。虽然根据我国《刑法》第357条第1款的规定，毒品是指鸦片、海洛因、甲基苯丙胺、吗啡、大麻、可卡因以及国家规定管制的其他能够使人形成瘾癖的麻醉药品和精神药品。但有的基层一线侦查人员对贩卖国家管制的精神类药品是否属于贩毒还不明确，直接影响对此类新型毒品犯罪的遏制力度。三是现行法律和司法解释对此类毒品犯罪量刑的标准不具体，给办案工作带来不便。根据我国《刑法》第347条的规定，走私、贩卖、运输、制造毒品，无论数量多少，都应当追究刑事责任，并且明确规定了走私、贩卖、运输、制造鸦片、海洛因、可卡因等毒品的量刑幅度，但对走私、贩卖、运输、制造贩卖国家限制的精神类药品的量刑标准和非法持有国家限制的精神类药品的追刑标准没有明确规定，导致办案人员在处理该类案件时难以把握。因此，我们充分运用逮捕引导侦查机制，采取了以下措施：

1. 建议重庆市药品监督管理局等相关部门加强对限制精神药品的监督管理，从源头上遏止该类毒品犯罪。一是建立和完善精神类药品从生产、销售到使用各环节的审查、登记、备案的各项制度；二是加强对医疗部门的管理监督，严禁有处方权的医生随意开处方给无关人员；三是规范各级药品批发市场，严禁将该类药品任意销售给不具备购药资质的人员或超剂量销售。

2. 与重庆市公安局共同建立毒品犯罪预防机制。一是加强禁毒法制宣传力度，提高人们对新型毒品的认知度，使其自觉地抵制和远离毒品。二是建立吸毒人员档案资料库，加强对吸毒人员特别是复吸人员的监督管理，强化戒毒工作。三是加强对接收吸毒人员戒毒的精神病院以及歌厅、舞厅和酒吧等场所的管理和整治，铲除毒品犯罪滋生的"土壤"。

3. 统一打击此类新型毒品犯罪的认识。在我们的建议下，重庆市检察院、高级法院、公安局召开了联席会议，就办理贩卖地西泮（安定）、丁丙诺啡违法犯罪案件适用有关法律问题达成了以下共识：一是对于贩卖地西泮（安定）、丁丙诺啡的违法犯罪行为应当依法查处。但鉴于地西泮（安定）和丁丙诺啡分别属于《精神药品管理办法》规定的第二类精神药品和第一类精神药品，在医疗实践中使用较多，在处理此类案件时，应当严格区分正常的医疗使用及销售与非法买卖、注射、吸食这两类药品之间的区别，慎重掌握合法行为与违法行为、罪与非罪的界限。二是明知是吸食、注射或贩卖地西泮（安定）、丁丙诺啡的吸贩毒人员而向其贩卖地西泮（安定）在0.3克以上或者丁丙诺啡在0.1克以上的，可以追究刑事责任。未经处理的，数量累计计算。虽未达到上述标准，但具有其他情节严重行为的，可以追究刑事责任。三是向吸食、注射或贩卖地西泮（安定）、丁丙诺啡的吸贩毒人员贩卖地西泮（安定）不满0.3克、丁丙诺啡不满0.1克的，可视为情节显著轻微。四是对于贩卖地西泮（安定）、丁丙诺啡违法行为较轻，不予追究刑事责任的，应当依照有关规定给予行政处罚或者劳动教养。

公正和效率是刑事诉讼价值体系中最重要的价值。既要重视刑事诉讼对社会的控制功能,又要在实施惩罚权过程中体现出权力主体对被惩罚者的人格和权利的尊重,以实现实体公正和程序公正。另外公正和效率密不可分,相互包容。公正应当是讲究效率的公正,而效率应当是建立在公正的基础之上,因而既有公正又有效率的法律制度才是一种理想的法律制度。逮捕引导侦查是这一诉讼价值理念的体现,它使公正与效率得到有机的统一。

(三) 适度引导原则

《刑事诉讼法》第3条第1款规定,对刑事案件的侦查、拘留、执行逮捕、预审,由公安机关负责。由于当前司法实务中推行的逮捕引导侦查机制,并非是基于检、警一体化模式下对侦查活动的控制,而是在现行刑事诉讼框架下采取的改革措施,因此检察机关的侦查监督部门要遵守《刑事诉讼法》基本原则,注意引导侦查的适度性,在分工负责的基础上协调一致,共同完成刑事诉讼任务,避免引导侦查时大包大揽。因为没有分工,就谈不上配合,更谈不上制约。只强调配合而不分工,则必然分工不明,只强调配合而不管制约,就可能因照顾检、警两家的关系,放弃刑事诉讼的基本原则,从而造成司法不公。所以,如果在侦查活动中检察机关介入并主导侦查程序过多,那么有可能使逮捕引导侦查行为演变为检察机关侦查监督部门自身的行为,或使检察机关的侦查监督与侦查机关的侦查相竞合的行为。因此在逮捕引导侦查活动中,要做到引导而不领导,引导而不代替,引导而不干预。

(四) 以取证为中心的引导原则

证据是认定案件事实的根据,需要公安司法人员去发现、提取、保全和完善。取证是审查判断证据的基础,如果没有取证,就无从审查判断证据,更谈不上运用证据证实犯罪了。因此,取证的成败直接关系到能否破案,关系到案件能否得到公正的处理。可见,审查逮捕引导侦查机制是否取得实效,关键是看是否有效地引导取证。检察机关侦查监督部门在审查逮捕引导侦查中,应做到以下几点:

一是引导侦查机关严格依照法定程序取证。为了保证一切与案件有关或者了解案件的人能客观地提供证据,使取证工作顺利进行,《刑事诉讼法》对收集证据的主体、方法和程序作了具体的规定。只有严格按照法律的规定收集证据才能切实保障公民的合法权益不受侵害,为正确认定案件事实提供可靠的依据。因此,在审查逮捕引导侦查过程中,应切实做到有法必依,执法必严。

二是引导取证必须及时。取证是一项时效性很强的工作,这是由刑事案件的特点所决定的。如果取证行动迟缓,贻误时机,犯罪嫌疑人就可能毁灭、伪造罪证,刑事现场就可能遭到破坏,实物证据就可能变质、变形或灭失,被害人可能死亡等。这样就会给刑事诉讼造成很大困难,有的案件就可能因关键证据的不可弥补而难以认定，造成疑案。因此，引导取证的及时，是发现、收集、保全证据的关键。

三是引导取证必须客观。收集证据必须客观，不能以主观臆断来代替客观事实，或者先入为主，选择性取证，更不能弄虚作假，歪曲事实，制造伪证。收集证据能否客观地进行，直接关系到证据的真实性。

四是引导取证必须全面。收集证据时还必须全面反映案件事实的一切证据，查明案件的来龙去脉。犯罪嫌疑人在未经法院判决以前，存在着有罪与无罪两种可能，因此取证时，在积极收集有罪证据的同时，也要重视收集无罪或罪轻的证据，并对证据进行比较分析，合理地排除矛盾。

五是引导侦查机关妥善保全证据。从侦查阶段收集证据，到法庭审判时举证、质证，有相当一段期间。如果证据保全不善，导致证据毁损，那么经过艰苦努力才取得的证据，就可能失去证明力。因此，证据的保全在刑事诉讼中十分重要，检察机关侦查监督部门在审查逮捕引导侦查过程中，要重视证据的保全工作。例如，在刑事现场勘验检查时要制作刑事现场勘验检查笔录，绘制刑事现场方位图，拍摄刑事现场照片，并附卷；对于扣押的文件、资料和其他物品，侦查人员应当会同在场见证人和被扣押物品持有人查点清楚，当场开列扣押物品清单一式二份，写明文件、资料和其他物品的名称、型号、规格、数量、重量、质量、颜色、新旧程度和缺损特征等，由侦查人员、见证人和持有人签名或者盖章，一份交给持有人，另一份附卷；对于扣押的金银珠宝、文物、名贵字画、违禁品以及其他不易辨别真伪的贵重物品，应当当场密封，并由侦查人员、见证人和被扣押物品持有人在密封材料上签名或者盖章；对于应当扣押但是不便提取的物品，经拍照或者录像后，可以交由被扣押物品持有人保管，并且单独开具扣押物品清单一式二份，在清单上注明该物品已经拍照或者录像，物品持有人应当妥善保管，不得转移、变卖、毁损，由侦查人员、见证人和持有人签名或者盖章，一份交给物品持有人，另一份连同照片或者录像带附卷。

四、引导分类

审查逮捕引导侦查的途径根据不同的标准可以划分为不同的种类：一是以被引导刑事案件的特征为标准，可以分为重点引导和一般引导，重大、复杂、疑难案件和新罪名案件是重点引导的对象；二是以引导的时间为标准，可以分为审查逮捕前引导、审查逮捕中引导、审查逮捕后引导；三是以一次引导的刑事案件的数量为标准，可以分为个案引导和类案引导；四是以引导侦查人员参与侦查活动的程度为标准，可以分为直接引导和间接引导；五是以引导的方式为标准，可以分为口头引导、书面引导；六是以引导的主体为标准，可以分为个人引导、集体引导；等等。本书着重于实务操作，以引导的时间为标准，将审查逮捕引导侦查分为审查逮捕前引导侦查、审查逮捕中引导侦查和审查逮捕后引导侦查，以具体展开并介绍一些可行的工作方法。

(一) 审查逮捕前引导侦查

在司法实务中由于证据缺陷而导致不捕案件比例较大。其原因，一是对具体犯罪构成要件所需证据的取证不力，罪与非罪、此罪与彼罪难以区分，各个罪种的要件特点难以掌握，导致盲目取证，关键证据不到位。二是证据意识不强。认为只要有犯罪嫌疑人的供述就大功告成，不注意收集其他证据，犯罪嫌疑人一旦翻供就导致证据不足。三是丧失最佳取证时机，时过境迁，有些证据很难再取。检察机关侦查监督部门通过引导侦查机制，在审查逮捕前引导侦查机关确定正确的侦查方向，帮助侦查机关准确认定犯罪性质，并就强制措施的适用、侦结后的处理、证据材料的完善提出指导性建议，从而及时、准确、全面地收集、保全证据，确保成功指控犯罪。

在侦查活动中所采取的专门调查活动和强制措施的显著特征是隐蔽性和强制性，通常是以限制或干预公民的权利为前提的，国家权力极有可能被滥用。保障人权是检察机关行使法律监督权的重要内容，但是如果检察机关对侦查的监督只局限于事后审查中的监督，不能直接介入到侦查机关的侦查活动中去，侦查机关侵害公民权利的行为就不能得到有效的纠正和遏制。检察机关侦查监督部门通过引导侦查机制，在审查逮捕前对立案活动和侦查活动进行监督，就可以及时发现和纠正侦查机关的以下违法行为：一是不当立案的、该立案而不立案的；二是对犯罪嫌疑人刑讯逼供、诱供的；三是对被害人、证人以体罚、威胁、诱骗等非法手段收集证据的；四是伪造、隐匿、销毁、调换或者私自涂改证据的；五是徇私舞弊，放纵包庇犯罪分子的；六是故意制造冤、假、错案的。

(二) 审查逮捕中对补充证据的引导

证据是刑事诉讼中控辩双方争议的焦点，是认定犯罪事实、定罪量刑的客观依据，是整个刑事诉讼活动的核心。公安机关收集的证据，对检察机关能否成功指控犯罪具有决定性作用。在审查逮捕环节，犯罪嫌疑人已被拘留的，检察机关应当在接到提请批准逮捕书后的 7 日以内作出是否批准逮捕的决定；未被拘留的，应当在接到提请批准逮捕书后的 15 日以内作出是否批准逮捕的决定，重大、复杂的案件，不得超过 20 日。由于办案时限短，因此对于需要补充证据较少的案件，往往采取通知公安机关补充证据的方法或采取与公安机关联合补充证据的办法，使案件如期快速办结。这样，既避免了因证据不足不捕而增加办案期限、浪费诉讼资源的情况发生，又克服了公安机关盲目地补充证据的不良现象，同时也使证据达到了批捕案件的质量要求，促进了案件质量的提高。

（三）审查逮捕后引导侦查

由于我国绝大部分地区的公安机关内部考核办法的规定，使公安人员对逮捕环节的证据较为重视，而对捕后的侦查取证往往重视不够。对于因事实不清、证据不足不捕的案件，或虽已批捕但对其他犯罪事实或有关证据仍须调查的案件，侦查机关对检察机关提出的补充侦查意见而不认真补查的是较为普遍的现象。在我国目前刑事诉讼制度中，检察机关对这一阶段的侦查工作缺乏应有的制约和监督。侦查机关在案件批捕后，收集证据也不如捕前那样尽职尽责，又由于侦查人员庭审意识不强，给起诉和庭审造成了很大困难。因此检察机关的审查逮捕部门在批准（决定）逮捕后，要向侦查机关充分表达对证据的意见，督促侦查机关对犯罪嫌疑人逮捕后继续完善取证工作。

第二节　审查逮捕前引导侦查的技巧

一、侦查阶段的证据收集缺陷及其原因

（一）侦查阶段证据收集存在的缺陷

1. 收集证据的主体不合法。一是由不具有侦查人员身份的联防队员、治安员、协勤、乡镇行政干部、律师收集证据，或者联合收集证据。例如在办理曹某抢劫案过程中，侦查人员让律师协助调查，共同提取了本案唯一目击证人曹某的母亲梁某的证言，梁某在侦查机关作了抢劫犯罪的证言。在审查逮捕阶段，梁某翻证，称是在侦查人员及律师共同诱骗下作出的虚假证言，是他们告诉了案情后，叫她作的有罪证言，否则就难以保住她儿子曹某的脑袋。经检察人员核实查明了律师协助侦查人员刑事调查的事实，致使该证言的证明力大大降低。二是以双重身份参与刑事诉讼，违反了《刑事诉讼法》第28条关于回避的规定。如在毒品犯罪案件侦查中，公安人员乔装购毒人员购买毒品后，又作为侦查人员调查取证。这种在取证主体不合法情况下取得的证据，是非法证据，特别是这种情况下取得的言词证据不能作为指控证据使用。

2. 收集言词证据的程序不合法。一是侦查人员一人讯问犯罪嫌疑人，违反了《刑事诉讼法》第116条第1款的规定。虽然犯罪嫌疑人的供述内容是客观真实的，但是犯罪嫌疑人若控告侦查人员是一人讯问，一经查证属实，该

份笔录就没有证据能力,不能作为证据使用。二是抓获时间与讯问时间矛盾,抓获在后,讯问在前。三是不同的犯罪嫌疑人在同一时间地点,由相同侦查人员进行讯问。四是讯问笔录未交犯罪嫌疑人确认,修改部分也未交犯罪嫌疑人捺印。五是询问证人时,一份证言多人签字,召开座谈会的形式调取证言,违反了《刑事诉讼法》第122条第2款的规定。

3. 收集实物证据的程序不合法。一是侦查人员在扣押物证、书证时,未出具《扣押物品清单》,或在《扣押物品清单》上未记明持有人、种类、数量,或未将《扣押物品清单》交持有人核对。二是在对扣押物品称重时,《称重记录》未载明可疑物的重量,外观包装,并交犯罪嫌疑人签字。这一点在毒品犯罪中非常重要,如果犯罪嫌疑人拒绝在《毒品称重记录》上签字,应当在《毒品称重记录》上载明。三是在《扣押物品清单》、《称重记录》上侦查人员、见证人未签字,违反了《刑事诉讼法》第140条的规定。四是在勘验、搜查中发现可用以证明犯罪嫌疑人有罪的物品、文件未予扣押,或扣押的物品、文件去向不明,既未随案移送,又不说明保管场所,违反了《刑事诉讼法》第139条的规定。如李某故意杀人案,尸检报告证明被害人头部被钝器打击,有直径约2厘米的圆形骨折圈。侦查人员在现场勘验、检查笔录中记载了被害人身旁有一块不规则的石头,但是侦查人员没有对该不规则的石头进行提取。之后,死者家属在现场提取到有血迹的石头送交侦查机关,侦查机关在讯问犯罪嫌疑人曹某时出示给其辨认,曹某承认是用此块石头打击被害人头部的。但是,侦查机关却没有将石头妥善保管或封存,也没有拍照或摄像,导致这一重要物证丢失。在侦查机关提请批准逮捕时,律师认为侦查机关是随意找的一块石头来让曹某辨认,因为在案材料中没有物证,甚至侦查机关在提取该石头时都未作提取笔录。由于重要物证的丢失,全案证据链条出现了严重脱节,导致审查逮捕工作相当被动。

4. 证据来源不合法。一是侦查人员收集书证、物证或视听资料过程中,未注明来源,尤其是对复印件、复制品的提取,没有原件、原物存放处的说明,没有制作人签名或者盖章。二是侦查机关委托专门的鉴定人后,鉴定人未及时作出鉴定意见或检验报告。例如黄某抢劫杀人案,发案时间是1999年9月10日,当时犯罪嫌疑人黄某潜逃,侦查机关对被害人的尸体进行了检验。4年后的2003年9月26日,犯罪嫌疑人黄某到案。尸体检验报告和鉴定意见却是在2003年9月28日才出具,此时被害人尸体高度腐败、头骨白骨化。在犯罪嫌疑人没有到案指认的情况下,应该是无名尸体检验报告,而此尸体检验报告却是有名尸体检验报告,且没有对尸体进行解剖以检验其内脏器官,也没有留下检验标本。在审查逮捕阶段,我们核实鉴定人时,鉴定人补充说明尸体检

203

验报告和鉴定意见初稿是 1999 年 10 月 7 日完成，未打印出来，直到 2003 年 9 月 28 日才将尸体检验报告和鉴定意见打印出来。这种做法使尸体检验报告和鉴定意见的客观性受到重大质疑。

5. 证据的疑点或矛盾点突出。一是言词证据之间的矛盾没有排除。由于犯罪嫌疑人惧怕受到法律制裁，会歪曲或隐瞒犯罪事实和犯罪情节；受害人为加重对方责任，会夸大损害程度；证人受利害关系或害怕打击报复等思想影响，会不能如实作证。如果侦查人员不能摆脱这些因素的制约，侦查阶段收集的证据就会存在较多疑点或矛盾点，这些都随时危及整个证据体系的稳定性。二是言词证据与实物证据之间的矛盾没有排除。一般来说实物证据的证明力比言词证据效力高，但是也不排除实物证据是不客观的，而言词证据是客观真实的。如果矛盾不排除，严重的甚至造成案件难以认定或久拖难决。如审查逮捕的李某故意杀人案中，李某为报复陈某，骗租陈某的摩托车至长江边一偏僻地段时，用事先准备好的木棒猛击陈某头部数下，致陈某当即死亡，后逃离现场并将作案工具木棒丢入长江。经法医鉴定：陈某系带条形的钝器打击左枕部，致颅骨骨折、大脑及小脑损伤、蛛网膜下腔出血死亡。犯罪嫌疑人李某在侦查机关供述被害人陈某当天没有戴头盔，被害人的妻子刘某证实陈某出租摩的时有戴头盔的习惯，在李某骗租陈某的摩托车至案发现场的中间路段有一出城收费站监控录像，录像中一摩托车驾驶员搭载一男子在作案时间之前十几分钟通过，但图像比较模糊，经刘某根据该摩托车驾驶员的衣着、身高、脸型及摩托车的外形等判断，辨认出该驾驶员就是其丈夫陈某，陈某戴有头盔。但是在现场勘验、检查中没有提取到头盔，也没有提取到头盔的碎片。在审查逮捕时，犯罪嫌疑人李某翻供，否认乘坐陈某的摩托车到达作案现场的事实，辩称出城收费站监控录像的坐车人并不是他。我们分析认为，致命伤在后脑，如果陈某戴有头盔，就应该在现场勘验、检查时提取到头盔，至少头盔对后脑有保护作用，在现场勘验、检查时应提取到头盔的碎片。由于就是否戴有头盔这一关键事实出现矛盾，致使该案只能是事实不清、证据不足不批准逮捕。

6. 收集证据存在片面性。侦查活动是侦查机关根据案件发生的结果或已掌握的侦查线索来收集证据以证明犯罪事实的。实务中侦查人员常常把工作的重心放在突破犯罪嫌疑人口供和收集证明案件主要事实的证据上，对围绕犯罪嫌疑人口供去收集、固定相关细节证据重视不够，导致重主要证据而轻辅助证据，重直接证据而轻间接证据，重有罪证据而轻无罪的证据，重认定主要事实情节的证据而轻相关情节的证据的弊端，从而造成证据体系的片面性，不能全面地反映案件的真实情况。

7. 证据收集简单化。侦查人员在侦查活动中经历了对案件的发生、发展，由未知到已知的过程。对未知事物的探知心理使侦查人员的注意力和侧重点往往集中在事实的转化、演变和发展的过程上，致使在收集证据时，特别是收集言词证据时，事实经过调查得多，主观上的动机和目的调查得少，具体的动作和行为描述得多，而对思想、语言和感情涉及得较少，使证据有"形"无"神"。

8. 证据的疑点或矛盾点突出。由于犯罪嫌疑人惧怕受到法律制裁，会歪曲或隐瞒犯罪事实和犯罪情节；受害人为加重对方责任，会夸大损害程度；证人受利害关系或害怕打击报复等思想影响，会不如实作证。如果侦查人员不能摆脱这些因素的制约，侦查阶段收集的证据就会存在较多疑点或矛盾点，这些都随时危及整个证据体系的稳定性，严重的甚至造成案件难以认定或久拖不决。

9. 收集证据的手段落后，对相关犯罪手段了解不够，取证效果不佳。随着社会的发展，犯罪手段也在翻新，如果侦查人员对犯罪手段不了解，侦查手段比不上犯罪手段，就会处于极端被动的地步。如信用证诈骗案中涉及的仓单、仓单买卖、转口贸易、一般贸易、信用证附随单据等专业名词，这些往往是犯罪分子进行犯罪活动的必备手段，弄清楚了这些，也就基本弄清楚了犯罪过程。反之，无法着手调查，对犯罪嫌疑人的辩解也无从甄别。

（二）导致侦查阶段收集证据存在缺陷的原因

从逮捕的角度看，侦查机关的证据收集存在缺陷的原因表现在以下几个方面：

1. 侦查阶段和逮捕阶段是刑事诉讼活动的两个不同的阶段，其各自的工作任务、工作重点以及工作方法都有所不同，以致对案件的认识存在差异。侦查人员重打击犯罪、轻人权保护，重视有罪、罪重的收集，轻视无罪、罪轻证据。对犯罪嫌疑人的精神状态，在共同犯罪中的地位、作用，犯罪形态，自首、立功等可能有利于犯罪嫌疑人的证据，常有收集或简单否定，不能客观全面地反映案件原貌。

2. 侦查人员和检察人员对案件的认识不同，侦查人员认识案件是由未知到已知，而检察人员认识案件是对已知的证据进行综合分析，这样就导致各自对证据的意识不一样。刑事案件的立案模式有两类：一类是因发现犯罪事实而立案。这类案件虽然一般不知犯罪嫌疑人是谁，但犯罪事实却是清楚的，一般也都有显露的可供勘查的犯罪现场，如杀人、放火等案件大都属此类。另一类是因发现犯罪嫌疑人而立案。这类案件虽然知道犯罪嫌疑人是谁，但犯罪事实却是不清楚的，如指认、告发案件即属此类。对于因事立案型案件，侦查人员最先接触的是事，并围绕着对事的调查而掌握相关的物证、书证，其侦查目的是发现犯罪嫌疑人，所以是取证在先，口供在后。而对于因人立案型的案件，其侦查人员一开始面对的就是人，虽然并不一定必须从人入手，但是直接接触犯罪嫌疑人，讯问并获取犯罪嫌疑人的口供对于这类案件的侦查至关重要。侦查人员常常是重破案，重抓获犯罪嫌疑人、对证据的保全意识差，提取的证据不规范，不合法，一旦出现翻供，往往使案件陷于证据不足的境地。如对凶器、赃物、赃款等重要物证或书证没有及时保全和固定，造成时过境迁、证据灭失后无法弥补；在提取书证、物证时，对于附着的指纹、血迹等均未作鉴定，致使关联性、证明力下降；在搜查时，程序不合法，导致搜查中所获取的书证、物证有瑕疵；在辨认时，对被辨认对象的数量安排过少，不符合司法解释的规定，造成辨认笔录没有证据能力等。

3. 侦查人员重直接证据，轻间接证据，最终造成证据认定的被动。直接证据大多为言词证据，多表现为犯罪嫌疑人的口供，被害人的陈述，证人证言。这些证据在证明案件事实时虽然简单明了、关联性强，但往往存在不够客观和易于变化等缺陷。忽视相关物证、书证以及其他派生证据的收集，容易出现翻供、翻证，导致整个案件事实的基础发生动摇。

4. 侦查机关侦查、预审合并以后，过分强调侦查。预审力量被削弱，预审程序被淡化，加之检察机关的侦查监督部门和侦查机关的侦查部门协调配合不够，侦、捕人员对案件中出现的问题和矛盾，文来文往地应付多，人来人往地沟通少，侦、捕脱节，对逮捕标准的把握难以统一。检察机关是被动地接受侦查机关移送的案卷材料，侦查机关获取的证据是否到位完全取决于其单方面的侦查活动，不能充分发挥检察机关引导取证的作用，更为重要的是审判前的侦查活动既没有法官和检察人员的参与，也不存在司法授权和法律监督机制，侦查权难以得到有效监督。由于不存在同步进行的法律监督活动，侦查机关采取的任何强制措施和专门性调查活动，都按照方便侦查、有利于破案的要求来进行。至于侦查程序的公正性和犯罪嫌疑人的基本人权的保护，则很难得到侦查机关的关心。因此，犯罪嫌疑人遭受羁押的时间越长，越符合侦查破案的目标；犯罪嫌疑人越是作出有罪供述，就越有助于查明事实；侦查人员在搜查、扣押、查封等方面越是手续不全，就越可能收集到实物证据。可以说，在这种对侦查活动缺乏有效监督的情况下，侦查阶段出现权力的滥用问题就不可避免了。实行逮捕引导侦查，检察机关把侦查过程纳入视野，及时发现违法行为，并予以纠正，一改事后监督、被动监督的弊端。实行逮捕引导侦查，使侦查机关按照检察机关的取证要求进行运作，即使侦查机关在取证过程中发生违法收集证据的现象，也能被检察机关及时发现，将非法证据排除在提请批准逮捕之前。检察人员引导侦查人员以合法方式收集相关证据，从而形成新的证据链。

二、引导目的

审查逮捕前引导侦查是加强检察机关侦查监督部门与侦查机关侦查部门提请批准逮捕犯罪嫌疑人前沟通的重要渠道,这对于加强监督、保证依法取证是行之有效的。审查逮捕前引导侦查的目的是了解案情、熟悉证据,提出具体的侦查取证意见,不仅要提出收集证据意见,而且要提出固定证据、完善证据的意见。要有意识地使侦查机关的取证工作实现四个转变:一是使言词证据由不确定性向稳定性转变,引导公安机关使用技术手段固定言词证据,有效防止可能出现的翻供、翻证;二是使实物证据间的关系由离散性向关联性转变,增强实物证据的关联性;三是使犯罪行为的特征由自然性向法律性转变;四是引导侦查机关紧扣犯罪的法律特征,实现执法观念的转变。

(一) 引导转变证据理念

证据的理念,往往易被侦查人员所忽视,在侦查过程中,少数侦查人员,重口供,轻其他证据;重言词证据,轻书证、物证、现场勘验检查笔录;重侦查,轻预审的现象依然存在,说到底还是证据理念的问题。因此,在审查逮捕引导侦查的过程中,务必强化证据意识。一是引导以言词证据为中心向以实物证据为中心转变,言词证据是通过人的主观意志反映出来的证据,如犯罪嫌疑人的口供、证人证言,这种证据受人的主观意志的影响较大,客观性成分相对较少。有时甚至真假难辨,矛盾重重,造成难以定案。实物证据指以物质形态表现出来的证据,如痕迹、伤情、精液、毛发等,这种证据直观性强、可信度大,能直观地证明案件事实。因此,引导侦查机关实现言词证据向实物证据的转变是从根本上解决目前困扰司法实务中的犯罪嫌疑人翻供、证人翻证的有效措施。二是引导思维方式由经验型向思维型转变。如果侦查人员一味地只按自己的经验,主观地分析证据是否足以定罪量刑,而不是围绕犯罪的构成要件,根据《刑事诉讼法》的规定来进行理性的思考,就会导致案件质量不高,甚至会导致冤、假、错案的发生,思维方式的转变是司法民主、科学的要求。三是引导侦查手段由传统型向科技型转变。侦查手段必须适应时代的进步,侦查机关不要仅仅局限于言词证据的收集,而要在侦查过程中加强科技手段的运用。如视听资料的运用、DNA 遗传基因鉴定技术的运用等,这些都能有力地证明案件事实。

(二) 引导侦查取证方向

证据引导是否准确,往往关系到案件的成败。这要求检察人员要有过硬的业务素质,既要有侦查的谋略,又要有审查的技能,做到侦查思路与审查技巧并重,把审查证据的理念向侦查的方向前置,把案件中的证据问题解决在审查逮捕之前。一是对案件定性的引导。有些侦查人员在案件事实查清后，却不知怎样去认定案件性质。我们认为，要本着相互学习、相互提高的态度，在引导侦查中，既要讲明各犯罪构成要件的联系与区别，又要引导侦查人员从什么角度、围绕什么问题去调查取证。这样引导侦查，不仅丰富了相互间的业务知识，而且也增强了相互间的信任。二是对定案所需证据的引导。刑法分则所规定的罪名共有十章四百多个，由于各个犯罪的构成要件不同，复杂程度有别。因此，具体个案所需的证据也必然有所不同。这就要求应当因案而异，分门别类地加以引导侦查。一般而言，下列证据在引导侦查中不容忽视：一是主体证据；二是犯罪客体和犯罪对象证据；三是首要犯罪分子的证据；四是犯罪行为与危害后果之间因果关系的证据；五是情节轻重的证据；六是罪轻、罪重及无罪的证据等。上述所列情况，具体个案应具体分析，具体个案应具体引导。总而言之，所有证据的质量和数量都必须达到证据规则及证明标准的要求，形成锁链，相互印证，不能脱节，把握每一个证据，不放过任何一个疑点。

（三）发现立案监督线索

立案阶段存在着一定的程序虚无化倾向。侦查活动在一定范围内存在着不破不立、有案不立的现象，立案被视为一种不必要的负担和手续。因此，认为通过审查逮捕引导侦查机制，从发案、立案阶段即开始介入侦查，就可以及时发现侦查机关应当立案而未立案和不应当立案而立案的线索，维护国家法律的统一实施。例如检察人员在审查逮捕中引导侦查的兰某违法发放贷款案。1997年3月，某区农村信用联社成立信实公司，经营管理权受控于信用联社主任兰某，主要业务由信用联社业务科科长陈某实施。为弥补信用联社贷款规模的不足，同时也为了逃避人民银行的监管，信用联社决定以信实公司发放借款的名义变相发放贷款，以获利差。兰某安排陈某采取由信用联社担保，以信实公司名义向其他区县信用联社借款，指令区农村信用联社下属信用社借款给信实公司以及借投资国债之名套取区农村信用联社信贷资金，共为信实公司融入1.8825亿元资金。全数由信实公司采取打借条和签假联营协议的方式借款给27家单位和个人，多数借款未有抵押和担保，也未经审批。2004年10月，区农村信用联社报案称，至案发时陈某借贷出的资金仅收回5000余万元，尚有1.3亿余元无法收回。某市公安局经侦总队以陈某涉嫌用账外客户资金非法拆借罪进行初查，由于无法取得陈某用账外资金非法拆借、发放贷款的证据，侦查陷入僵局。2005年3月，该局经侦总队请求检察机关引导侦查。检察人员在认真听取案件介绍后，果断地建议侦查人员改变取证方向，围绕违法发放贷款罪收集证据，侦查取证重心放到证实信实公司与区农村信用联社的关系和发放贷款是否违反了相关行政法规这两个点上，并向经侦总队发出《建议立案函》。经侦总队随即立案，并迅速收集到违法发放贷款罪构成要件的证据，并固定了证明损失的证据。同月，市公安局将兰某、陈某刑事拘留。后兰某、陈某被判处有期徒刑十五年和十三年。

（四）发现职务犯罪线索

审查逮捕引导侦查的案件，除了案件性质涉及罪与非罪、此罪与彼罪难以认定，取证量大、面广难以收集，致使案件重大、复杂外，各种社会关系对公安司法人员的干扰，特别是国家工作人员参与其中，也是致使案件难以查办的重要原因。因此，在审查逮捕引导侦查过程中，要敏锐地发现贪污贿赂、渎职侵权等职务犯罪线索，深挖普通刑事犯罪后面的"保护伞"。例如，2004年8月，某市检察机关在引导侦查辖区某县矿山机械厂制售劣质钢材案件时，发现该公司法人吴某是县政协常委，在媒体对此案曝光后，该企业仍然非法生产"地条钢"。当地公安机关虽做过调查，但不敢贸然立案。检察人员在监督该案从立案、侦查、逮捕到移送起诉的全过程中，先后发现了县人大主任张某、经委主任曾某、质监局局长杨某、质监局执法队队长左某、工商所所长许某、副所长高某6人涉嫌滥用职权罪、放纵制售伪劣产品罪的职务犯罪线索，在检察长指示下，两次与该县政法委、检察院、公安局积极联系，建议查处以上6名职务犯罪嫌疑人，并将线索移交有管辖权的分院职侦部门侦查，现张某、曾某、杨某已被判处有期徒刑。

（五）纠正违法侦查活动

审查逮捕引导侦查在一定程度上加强了检、警配合，但是要在配合中进一步强化监督，不能放弃对侦查活动违法行为的监督。《人民检察院刑事诉讼规则（试行）》第565条规定了侦查活动监督的20种违法行为。

我们认为对以下三种严重违法行为需要进一步强调：一是对犯罪嫌疑人刑讯逼供的问题。刑讯逼供所获取的证据不仅能作为定案的根据，而且也严重侵害犯罪嫌疑人的合法权益，因此检察人员在逮捕引导侦查中要把刑讯逼供作为监督的重点。二是对被害人、证人以体罚、威胁、诱骗等严重侵犯人身权利的非法手段收集证据的问题。在办案过程中，确有少数侦查人员为了表现自己，好大喜功，或为了亲情、人情、金钱，不惜采用上述手段收集证据，对此检察人员要严格审查，严格把关，以防止此类现象的发生。三是关于伪造隐匿、销毁、调换或者涂改证据的问题。证据的数量和质量直接关系到案件能否得到正确的处理。在侦查中，侦查人员实施上述违法行为，会使犯罪嫌疑人由重罪变成轻罪、由有罪变成无罪，或者使嫌疑人由轻罪变为重罪、无罪变为有罪。因此，对上述三种违法行为要大胆监督，坚决予以纠正。对一般违纪违法的行为通过口头交换意见的方式予以解决；对严重违法而导致犯罪嫌疑人伤残、死亡，或者导致证据灭失、损毁或由于侦查人员的主观因素致使案件不能侦破的，应向侦查机关发《纠正违法通知书》，构成犯罪的，要依法追究其刑事责任。通过上述纠正的方法，以促使侦查机关的侦查人员依法、公正、及时、全面地收集证据，确保刑事诉讼的顺利进行。

三、引导的案件范围

审查逮捕引导侦查是检察机关行使侦查监督权的一种表现，因而从理论上讲不应当有案件范围的限制，但是在实务中，侦查机关对取证工作积极主动，对一般的刑事犯罪的取证绝大部分能达到定罪、量刑的要求，对重大、疑难案件和新罪名案件才需要检察机关引导取证。因此，对审查逮捕引导侦查的案件范围作出规定并不是为了限制检察机关的侦查监督范围，而是为了防止检察机关消极行使监督权，防止侦查监督流于形式。所以说，在检察机关侦查监督部门人员少、任务重的情况下，没有必要对侦查机关的所有刑事案件都引导取证，也不可能达到，而应当集中精力，有针对性地对一些取证困难、证明标准不好把握的案件进行重点引导，以有效利用检察资源，最大限度地发挥侦查监督的效用，突出重点，优化监督。

1. 上级公安司法机关确定为专案的重特大刑事案件。这类案件往往社会影响大，涉案人员多，社会关系复杂，案件侦破难度大。这类案件恰恰又必须尽快破案，必须迅速收集、固定证据。为排除干扰，对这类案件的逮捕引导侦查，必须坚持侦监部门负责人亲自参与，共同引导侦查，密切与公诉部门配合以保障案件质量。

2. 跨省、市的重、特大案件。这类案件涉及面广、取证量大，要求参与检察人员在逮捕引导侦查时，必须全面、细致，从案件整体情况出发，明确侦查方向，做到引导取证有条不紊，避免因取证不到位而多次调取所造成的资源浪费。

如2004年，在办理震惊全国的朝某等6名德恒证券公司高级管理人员非法吸收公众存款252亿元、造成损失77亿元的案件中，重庆市公安局在接到公安部指定管辖的通知后，就邀请检察机关侦查监督部门引导侦查。检察人员在通过听取侦查人员介绍案情后，了解到本案案情复杂，犯罪嫌疑人违法违规操作很多，对侦查人员的侦查思路造成了严重的干扰，于是提出"以查清非法吸收公众存款为切入口、确定各相关人员应该承担的责任为方向"的侦查思路，为快速、顺利地侦破案件打下了基础。在侦查过程中，德恒证券公司是否具备资产管理业务资格成为困扰侦查人员的一大障碍。在引导侦查时，一是积极引导侦查人员快速从德恒证券公司调取《经营证券许可证》、《营业执照》

及中国证监会的相关规定,这些书证证明证券公司在开展资产管理业务时必须向中国证监会提出专项资格申请,在取得专项资格证书或者批文后,还必须就具体办理定向资产管理业务、集合资产管理业务或专项资产管理业务,再次向中国证监会提出逐项申请。本案中虽然德恒证券于2002年6月15日向中国证监会提出了专项资格申请,在2002年6月到12月的过渡期内,被允许经营的范围包括了资产管理业务,但是这只是申请开展资产管理业务的前提,还必须有中国证监会的专项审批,在未取得批准的情况下禁止开展资产管理业务。二是引导侦查人员提取主管人员和直接责任人员的证人证言,相关证人证言均证明德恒证券公司在开展资产管理业务时,其资格正在申报中,还没有由中国证监会批准。此后,又先后7次与侦查人员召开案件研究会,明确侦查思路,分析事实证据,在第一时间取得了大量的证据,以上证据为庭审中认定德恒证券有罪起到了关键作用,为起诉和审判节约了大量的时间和精力。由于对该案逮捕引导侦查早、引导取证得力,成为涉及上海、天津、广州、武汉等10个城市的德恒证券公司系列案件中的批捕、起诉最早的案件。最高人民法院、最高人民检察院、公安部组成的专案组到重庆指导工作时,明确指出该案的成功查处,是检察机关引导侦查得力、检察机关与侦查机关密切配合的结果。

3. 重大的制假售假犯罪案件。由于查处制假售假案件的行政执法部门多、涉及的行政法规繁杂、犯罪嫌疑人经济实力雄厚、涉案人员反侦查意识强等原因,历来属于侦查难度大的案件。根据最高人民检察院紧紧抓住"重点领域、重点环节、重点地区、重大案件"为突破口的思路,侦查监督部门将逮捕引导侦查机制向前延伸,创建行政执法与刑事执法衔接工作机制平台,充分利用行政执法机关的力量,拓宽案件渠道,打击了一批制假售假犯罪。

如严某等人销售假药案。犯罪嫌疑人严某于2006年3月在四川省成都市五块石药品市场购得三件外包装标识为"四川远大蜀阳药业有限公司"、产品批号为"20060107"的假冒人血白蛋白,于同年3月将其中一件(120瓶)假冒人血白蛋白以1200元卖给了犯罪嫌疑人黄某。后在给丁某、苏某夫妇注射后,致使丁某、苏某产生败血症的严重后果。检察人员在引导取证时,要求侦查人员收集是否为假药的鉴定意见及二被害人的伤情鉴定,并确定该伤情与所用药品的因果关系。由于涉案药品没有专门的鉴定机构来鉴定,导致该案一度陷入困境。为突破这类案件没有相应鉴定机构鉴定的"瓶颈",检察人员借助药监部门的技术力量,一是要求查明涉案药品标示的厂家是否生产过该批号的药品,该批号的药品是否经药品检验所检验,其指标是否符合规定等,以此认定该批号的药品是否为假药;二是提取检验人员检验原始记录以及检验人员资

211

质证书,以确定涉案药品是否为假药以及与伤情是否有因果关系。在该案起诉到法院后,法院以涉案药品标示的厂家没有生产过该批号的药品,该批号的药品经四川省药品检验所检验各项指标均不符合规定等,认定该批号的药品为假药,同时根据法医学鉴定及药监部门的说明认定该伤情与所用药品有因果关系,依法作出有罪判决。

4. 严重破坏市场经济秩序的重特大案件。严重破坏市场经济秩序案件,在罪与非罪、此罪与彼罪上较易混淆,取证难度较普通刑事案件大,特别是对于有合法外衣掩护的单位和人员,取证难度更大。在运用引导侦查机制时,需要在充分获取外围证据的情况下,再进行相关人员的调查,要稳、准、狠地提取关键证据。

例如2004年4月初,检察机关办理的光大东丰轧钢有限公司"地条钢"的案件,由于该企业在当地很有名气,涉案人员吴××又是当地政协常委,即使在中央电视台等重要新闻媒体相继作了报道后,该企业仍然非法生产劣质钢材。工商行政执法人员在现场发现该公司占地20亩,4台中频炉、"地条钢"成品220吨。公安机关在接到工商局报案后,即邀请检察机关侦查监督部门引导侦查。检察人员在听取案情、共同研究后,认为这是一起刑事犯罪案件,督促市工商局执法部门移交公安机关立案侦查。随后与公安局经侦总队研究立案、收集、固定证据的方案,检察人员提出在充分收集外围证据后再接触犯罪嫌疑人的侦查思路,要求侦查人员查明涉案人员是否明知有关部门明令禁止生产,从有关部门明令禁止生产后仍然生产的数量,要求质量监督部门进行鉴定。在侦查人员通过外围证据的调查初步查明了上述情况后,开始立案侦查。随后,检察机关又就取证主体、侦查程序、案件事实等方面提出了40余条建议,经过近1个月的引导取证,成功地抓获了犯罪嫌疑人吴某、吴某某。在对两名犯罪嫌疑人刑事拘留后,侦查人员迅速提取了光大东丰轧钢有限公司内部的相关书证,结合外围证据,检察机关在该案提捕的第二天就对犯罪嫌疑人吴某、吴某某批准逮捕。并且为扩大战果,在批捕的同时还制作了《提供法庭审判所需证据材料意见书》,就三个方面提出20多条继续侦查建议,将犯罪金额从40万元扩大到300多万元。现法院采信了全部证据,吴某、吴某某分别被判处有期徒刑15年和15年6个月。

5. 作案手段新、社会影响大的疑难案件。随着社会的进步,犯罪手段也在不断翻新,检察机关的侦查监督部门是刑事案件进入司法程序的第一关,一些作案手段新、社会影响大的疑难案件会首先进入,在没有相关案例、时间紧迫的情况下,如何引导侦查是审查逮捕引导侦查机制的难点。

例如2005年年初,一些不法分子趁重庆市汽车租赁行业起步晚,行业管理法规不健全之机,让一些急需毒资的吸毒人员出面,用真实身份大肆租赁车辆,质押获取现金后予以挥霍。由于该类案件作案手段新,又涉及租赁合同和质押合同两个民事法律关系,租赁车辆的手续都是真实的,质押关系亦存在,从理论上讲,租车公司未失去对车辆的控制,在对该类案件是合同纠纷还是合同诈骗犯罪的认识上存在重大分歧,公安机关迟迟未立案侦查。一时间该类案件频频发生,不法分子纷纷效仿,报案数量在短短的两个月内急剧增加到十几起,媒体报道不断升温,社会影响极其恶劣。部分被骗租赁公司甚至失去了通过正当途径解决问题的信心,产生了以黑制黑、以暴制暴的倾向,这又将诱发更为严重的治安问题。如果不及时遏制这种势头,必定会对汽车租赁行业的发展和社会稳定带来严重的影响。公安机关抱着试探的心理要求检察机关引导侦查。检察机关在听取案情介绍后,初步确定涉嫌合同诈骗犯罪,建议进行初查,并锁定了其中五起犯罪事实,制作了详细的侦查提纲,引导公安机关从收集书证、物证等实物证据入手,在不惊动犯罪嫌疑人的情况下进行取证,逐步开展外围证据的收集。通过收集、固定证人证言、被害人陈述等言词证据,突出了在办理经济犯罪案件中以实物证据突破言词证据、以确实充分的证据突破犯罪嫌疑人口供的取证策略。在公安机关初查后,检察机关办案人员又细致地审查了已经收集到案的证据,并提出了补充侦查提纲,进一步排除了证据之间、证据与事实之间的矛盾及部分有瑕疵的证据,使证据形成了完整的锁链。此案经过引导侦查成功获判,此判例是全国首例。此后,重庆市公安局以此案为样板,又成功破获了采取同样犯罪手段诈骗100余辆出租车的特大案。

四、介入时间

立案是侦查活动的最初阶段,一经立案,侦查机关就取得了对刑事案件的侦查权。由于人民检察院的侦查监督是对整个侦查活动的监督,因此,立案应当成为侦查监督的一个内容。

在审查逮捕实务中,介入侦查的时间通常有三种情形:一是对重大、特大、人民群众反映强烈的刑事案件,侦查机关应当在立案后向检察机关发出邀请介入函,检察机关接到邀请介入函后,派员及时介入、引导侦查,出席现场勘查,按照逮捕的证据标准引导侦查人员收集证据,同时也要对侦查机关收集证据的合法性进行监督。二是对于立案监督的案件或检察机关认为有必要主动介入的案件,即使侦查机关未向检察机关发出邀请介入函,检察机关也可随时派员介入,引导侦查人员收集有关证据材料,同时也要对其搜集证据的合法性进行监督。三是对于一般刑事案件,检察机关可以在侦查机关对犯罪嫌疑人采取强制措施后介入。总之,检察机关介入侦查不能干预侦查机关开展侦查活动，介入的目的是对侦查机关的侦查活动进行监督，介入的时间应当以有效发挥引导侦查的功能来确定。

五、引导方式

检察人员在运用审查逮捕引导侦查机制引导侦查时既可以从宏观上引导，提高侦查人员的证据意识，转变他们的执法观念，也可以从微观上对具体案件证据的收集加以引导；既可以通过与侦查人员口头交流的方式对侦查取证加以引导，也可以通过《补充侦查提纲》的书面形式对其加以引导。不管是哪一种方式的引导，都要有明确的目的、方向和标准，对为什么要侦查这些内容，如何侦查，侦查到什么程度都应当作出具体要求，使侦查建议具有可操作性。同时，检察机关应当跟踪监督，定期催办，及时与侦查人员交流取证过程中的困难和障碍，对侦查人员的违法活动依法进行监督，对遇到的障碍提出新的解决意见，保证引导侦查目的的完成，使侦查机关获取的证据足以指控犯罪，以便准确、及时、有力地追诉犯罪。

当然，审查逮捕引导侦查的方式必须依法，必须在现有法律框架内进行，发挥现有法律所确定的司法体制的最大效能。要正确把握引导侦查的"度"，必须坚持"引导不是领导，引导不能代替，参与不是干预，讨论不是定论，职能一体化不是组织一体化"的原则，防止参与过多，出现包办代替，或只讲配合不讲监督的问题，避免将侦查监督工作转变为侦查活动，影响侦查监督职能的行使。在审查逮捕实务中，常用的引导侦查方式有如下六种：一是列席现场勘验、检查，或者参加复验、复查等，对勘验、检查、复验、复查工作中有关收集、固定、保全证据问题提出合理化建议；二是旁听讯问犯罪嫌疑人、询问被害人、证人，就讯问、询问的方法、角度、内容提出建议，必要时建议侦查机关对讯问、询问过程以视听资料形式固定或要求其书写亲笔供词、亲笔供述；三是参与侦查机关的案件讨论，对法律适用作出分析，对证据收集、完善提出意见，对进一步侦查取证提出建议；四是提前审查案件侦查机关已经提取的材料，对案件的性质和现有证据进行综合分析，根据犯罪构成要件和证据标准，为下一步侦查确定方向；五是就案件的管辖提出建议；六是发现侦查人员在侦查过程中具有《人民检察院刑事诉讼规则（试行）》第565条规定的违法情形之一的，及时提出纠正意见。

六、引导程序

全国检察机关在审查逮捕引导侦查的程序上没有统一的规定。我们认为，根据侦查机关邀请和检察机关主动介入两种情况可以作如下探索：

1. 侦查机关邀请检察机关侦查监督部门引导侦查的案件,应在侦查机关分管领导批准同意后由侦查机关法制部门内勤通知检察机关侦查监督部门内勤,侦查监督部门内勤在《引导侦查案件登记簿》上登记,经检察机关分管检察长批准决定后,指定主办检察官引导侦查。

2. 检察机关认为应当引导侦查的案件,由侦查监督部门负责人召开主办检察官会议研究,并经分管检察长批准后,指定主办检察官引导侦查,侦查监督部门内勤在《引导侦查案件登记簿》上予以登记。

3. 主办检察官在开展引导侦查工作过程中,应将侦查取证动态情况及时向侦查监督部门负责人汇报,同时制作《提前介入案件讨论笔录》、《参加勘验(检查、复验、复查)笔录》、对被害人、证人询问情况的记录等,如实反映逮捕引导侦查的过程。

4. 主办检察官在参加侦查机关有关是否立案的讨论时,不能当场表态是否立案,应当在侦查监督部门负责人召集主办检察官会议研究,并向分管检察长汇报后,才能向侦查机关发出《建议(不)立案意见书》。公安机关在收到《建议(不)立案意见书》后及时将是否立案情况反馈引导侦查的主办检察官,由侦查监督部门内勤予以登记。

5. 主办检察官参加侦查机关有关是否提请逮捕的讨论时,认为不符合逮捕条件,需要补充侦查的,可以当场提出补充侦查意见。侦查机关补充侦查完毕后,及时反馈引导侦查的主办检察官,由侦查监督部门内勤予以登记。

6. 检察机关对作出逮捕决定的案件,可以根据案件具体情况,发出《提供法庭审判所需证据材料意见书》,一式三份,送达侦查机关、检察机关公诉部门,并由侦查监督部门内勤存档。

7. 在引导侦查过程中发现侦查活动有违法情形的,主办检察官及时提出口头纠正意见。情节严重,需要书面纠正的,由侦查监督部门负责人召开主办检察官会议研究,并经分管检察长批准后,发出《纠正违法通知书》,同时侦查监督部门内勤在《引导侦查案件登记簿》上予以登记。

8. 在检察机关与侦查机关不定期召开的联席会上,侦查监督部门与侦查部门应将前阶段逮捕引导侦查的案件处理情况进行通报。

9. 引导侦查的主办检察官应严格遵守办案纪律和保密制度,具有《刑事诉讼法》第28条、第29条规定情形之一的应当依法回避。

七、引导主体及其权限

具体的引导侦查活动应当由主办检察人员承担。而主办检察人员是指从检察人员队伍中选拔的,具有较高的业务素质,相对独立地承担侦查监督职责的检察人员。由于主办检察人员对案件或引导活动享有部分自行决定的职权，所以有利于效率价值的实现，同时，由于他们是从广大检察人员中选拔产生，具有较高的业务和政治素质，所以也能保证公平、正义价值的实现。主办检察人员具体负责与侦查部门的个案联系，引导侦查人员的侦查活动，使侦查活动更规范、更有效、更具目的性。而对引导侦查的主办检察人员的权限设定，应以是否有利于充分发挥引导侦查机制的功能，是否有利于提高案件质量作为标准。我们认为，主办检察人员在审查逮捕引导侦查过程中，应当享有以下权限：一是参与部分侦查活动，但是没有侦查权。如参与现场勘验检查，讯问犯罪嫌疑人，询问被害人、重要证人等活动。二是参加侦查机关对于案件的讨论，提出侦查建议。主办检察人员应认真听取案情介绍，查阅证据材料，可以从逮捕的角度出发，对侦查方向、侦查思路、案件管辖、案件事实、涉嫌罪名以及证据的收集、固定等方面发表意见，并可以通过制作书面意见要求侦查机关收集、完善和保全有关证据。三是参加侦查机关的复验、复查，并提出建议。四是发现违法行为并予以纠正。主办检察人员在引导侦查过程中，发现侦查活动违法或侦查机关的不合法侦查行为时，有向侦查机关提出纠正的权力。

八、分歧意见的解决

审查逮捕前引导侦查是检察机关对案情、侦查方向、思路、证据收集、固定等方面发表的意见，提出的建议，对侦查机关不具有强制的法律约束力，侦查机关享有取舍权。检察机关强制要求公安机关按照引导侦查的建议取证，是不太可行的。而且检察机关引导侦查的建议，因检察人员认识上的分歧、业务水平的高低，也不必然具有科学性、合理性。因此，对侦查机关的侦查取证，检察机关只有建议的权利，只要侦查机关采取的措施没有违反法律的规定，检察机关就不能借口不批准逮捕或者非正当行使侦查监督权强迫侦查机关按照自己的意愿收集、固定证据。在具体实施侦查取证的过程中检察机关也只能监督侦查机关的取证活动，而不能协助甚至代替侦查机关的取证活动。事实上，在具体收集、固定证据方面，检察人员只需要说明逮捕应当有哪些证据、证明力应当到什么程度即可。鉴于我国对逮捕引导侦查机制还没有具体的法律或司法解释加以细化规定，在司法实务中应当由检察机关和侦查机关达成共识，减少不必要的司法资源内部消耗，提高诉讼效率。这就要求检察人员提高说服能力，最高人民检察院《关于加强侦查监督能力建设的决定》指出："提高释法说理、化解矛盾和群众工作能力。在审查逮捕、刑事立案监督和侦查活动监督中，善于针对不同环节、不同对象、不同问题，阐明法理、释疑解惑，使监督对象心悦诚服地接受监督意见……"

九、引导技巧

（一）引导梳理证据的技巧

反映案件事实的证据是通过各种侦查措施获得的，无论其数量和质量如何，相对于全案整个证据体系来说，都是分散的和孤立的。一般还不能直接、完整地表明各证据间的关系及各证据与全案的关系，需要侦查人员加以分析和梳理。侦查机关所收集的证据同案件事实之间的联系，既有因果关系和时空关系，直接关系和间接关系，又有偶然关系和必然关系等。一般来讲，证据类型有：确定案件发生时间先后的顺序性证据，反映现场发生变化的方位性证据，说明现场情况的限定性证据，证明有关人的动作的行为性证据。根据已有的证据，按照证据类型进行梳理，确定证据间的关系及证据与案件事实的关系，来推定案件发生的时间、地点及行为持续的过程，再现案件情况。

对证据进行梳理归纳，就是要将证据按一事一证，一证多用、交叉排列，纵向证据的组合排列，横向证据的组合排列等方法，确定梳理证据的排列顺序。

一事一证是对犯罪事实清楚，过程单一的事实，按时间或地点排列，每一事实将证据组合在一起，组合为若干纵向系统。

一证多用、交叉排列是对同一案件中的不同事实之间，有的证据证明了数个事实，在梳理证据的排列中，将该证据重复使用，交叉排列。对证据排列后，就要确定顺序。首先是从构成犯罪的直接证据或实物证据开始；其次是将间接证据或言词证据，形成一条完整的证据链；最后是能证明犯罪情节和其他情况的证据。

纵向证据的组合排列是指对同一个人就同一个案件事实在不同的时间所提供的多次言词证据作前后对照，联系起来进行对比分析，看其内容是否一致，有无矛盾。如果发现犯罪嫌疑人时供时翻，供述不一，极不稳定，那就说明此口供必有问题。通过纵向证据的组合排列，可以查出产生问题的原因是由于刑讯逼供引起的犯罪嫌疑人时供时翻，还是由于监管场所管理不严引起的犯罪嫌疑人串供，还是由于犯罪嫌疑人恶习较深而蓄意翻供，或者是由于犯罪嫌疑人出于包庇他人或者自暴自弃的心理造成的供述不稳定，通过排查矛盾，发现解决问题的有效途径。只有在问题得到合理解决后才能作为定案的证据。

横向证据的组合排列是指对案件中证明同一个案件事实的不同种类的证据，或者不同的诉讼参与人就同一案件事实的提供的言词证据作组合排列，进行对比，审查其内容是否协调一致，有无矛盾。横向组合排列既可以在同案犯口供之间进行，也可以在当事人的言词证据和证人证言之间、不同证人的证言之间、被告人口供与被害人陈述之间进行，还可以在证人证言、被害人陈述、犯罪嫌疑人口供与物证、书证、鉴定意见和勘验检查笔录之间进行，甚至可以在物证、书证、鉴定意见与勘验检查笔录之间组合排列。

（二）引导收集证据的技巧

收集证据要做到依法、全面、细致、及时。一是要严格按照《刑事诉讼法》规定的程序取证，《刑事诉讼法》第113～152条对讯问犯罪嫌疑人，询问证人、被害人，勘验、检查，搜查，扣押物证、书证，鉴定，技术侦查措施，通缉等侦查措施作了详细具体的规定，本书在此不赘述，仅仅强调取证时须做到客观性、合法性和关联性。二是要及时收集调取有关的原始书证、物证来固定和完善案件的证据体系。三是要在获取口供的基础上，注意收集可以证实其口供真实的其他间接证据，使之形成锁链，一旦翻供翻证，间接证据也可定案。四是要注意收集再生证据，特别是犯罪嫌疑人反侦查活动中产生的证据。五是要加大科技含量，注意使用录音、录像、视听资料等技术，对犯罪嫌疑人容易翻供的关键供述和证人可能翻证的重要证据要加以固定。必要时，可要求证人提供亲笔撰写的证言，应当告知证人如实作证的义务和故意作伪证或隐匿罪证要承担的法律责任，促使其积极如实作证。对一些恶意、故意作虚假证词的证人，侦查人员应进行政策法律教育，揭穿证词的虚假性及翻证、作伪证的真实动机和目的，促其如实作证。

（三）引导突破犯罪嫌疑人口供的技巧

犯罪嫌疑人是案件的当事人，对案件事实是最知情的。如果其愿意如实供述，那么其供述本身就能全面地展示案件的事实真相。从而能使案件被迅速地侦破。但是合法地获取口供又是一门技巧性、挑战性的工作，突破犯罪嫌疑人口供的技巧有多样的形式，下面重点介绍几种形式：

1. 政策攻心是一种基本技巧。政策攻心的主要方法是对犯罪嫌疑人进行情势、政策、法律和出路教育。通过政策和法律教育使犯罪嫌疑人认识到自己犯罪应当受什么样的刑罚，又使得其认识到办案人员是实事求是、依法办案的，是值得信任的，达到使其悔罪、交代罪行，愿意接受公安司法机关的查处。使其认识到狡辩、抵赖掩盖不住犯罪真相，只有认罪服法才是唯一的出路。

政策攻心要把握有利时机。一是在讯问犯罪嫌疑人的抵触情绪有所缓和的时候；二是在犯罪嫌疑人处于悔恨、自责的时候；三是在犯罪嫌疑人的谎言被揭穿的时候；四是在侦查人员使用证据击中其要害的时候。侦查人员只要紧紧抓住这些有利时机，强化政策攻心，就能促使讯问嫌疑人坦白交代罪行，达到讯问目的。

2. 善于发现和利用矛盾是揭露犯罪嫌疑人虚假供述的技巧。有的犯罪嫌疑人在受讯问前或在受讯问中临时编造口供,这些口供中都存在各种各样的矛盾,通常表现在:口供中自身的矛盾,口供与案件事实的矛盾,口供与其他证据的矛盾,口供与现场的矛盾,口供与自然条件的矛盾,口供与规章制度和政策的矛盾,口供与风俗习惯的矛盾,口供与一般常识的矛盾。只要仔细地分析案情,进行研究,就一定能够发现这些矛盾的口供。在讯问中,还应当让犯罪嫌疑人把话说完,然后就有矛盾的问题进行认真的分析判断,对嫌疑人故意说谎的矛盾,结合其心理,选择有利时机,有步骤地在讯问中加以揭露,以迫使犯罪嫌疑人转变态度,交代罪行。

3. 正确使用证据是突破犯罪嫌疑人顽抗心理的技巧。在讯问过程中,犯罪嫌疑人往往自以为行为隐蔽,手段高明狡猾,有的与共同作案行为人订立攻守同盟,不相信侦查人员能够掌握其犯罪证据,因此,态度顽固,否认自己的犯罪事实。在这种情况下出示证据,可揭穿嫌疑人的侥幸心理,促使其交代罪行。使用证据不但是为了使犯罪嫌疑人供认所出示证据证明的部分犯罪事实,更重要的是为了通过这个策略,揭露其犯罪事实,打击其嚣张气焰,使其全面交代犯罪事实。因此要认真做好准备工作,一是熟悉材料,掌握案情,若有犯罪现场,则要熟悉现场。选用的证据要十分可靠,似是而非的证据不能使用,选用的证据必须进行严格的审查。二是要掌握犯罪嫌疑人的思想状况和个性,从而制定好证据的使用方法。对犯罪嫌疑人可能提出的各种狡辩要有充分的驳斥理由。三是使用证据要留有余地,尽量做到用少量的证据材料达到最好的讯问效果。

使用证据的方法取决于多方面的因素。我们在使用证据时采用的方法,一是直接出示证据,这种证据必须是十分可靠的直接证据;二是暗示证据,当犯罪嫌疑人处于犹豫不决时,把证明犯罪行为的证据轻轻暗示,就可收到较好的效果;三是连续使用,对于拒不交代犯罪事实的犯罪嫌疑人,只使用部分犯罪事实的某个证据不能达到使其认罪的目的。必须连续使用证据,要围绕多个犯罪行为或者在一个问题上先出示次要的证据,后出示主要证据,由浅入深,逐步接触实际问题揭露犯罪行为,就会使被讯问的嫌疑人在思想上产生相应变化,使其全面地交代犯罪行为。

4. 迂回讯问是因势利导突破犯罪嫌疑人口供的技巧。迂回讯问是指对案件的证据材料掌握不多、不充分时,侦查人员不直接揭露本质,而采取从现象到本质,由次要问题到主要问题,循序渐进的讯问方法。要根据犯罪嫌疑人的年龄、文化、性格、智力、意志力、生活环境、经历和社会地位,以及所犯罪行的特点,采取先从侧面,由远到近,由表及里的讯问方法,主要目的是麻痹被讯问的犯罪嫌疑人,使其不会在精神紧张下回答所提出的讯问,又摸不到侦查讯问人员的真实意图,从而无意中说出案件中带有重要价值的问题或暴露可供利用的问题,为追问主要犯罪事实提供有利的条件。如有相当多的经济犯罪嫌疑人在首次被传唤时,供述问题常时断时续,避重就轻,或只供述犯罪经过,不供述具体事实,像"挤牙膏"。这类犯罪嫌疑人有一定的心理压力和较严重的思想顾虑,而且也有重大经济犯罪嫌疑。在讯问中,要根据嫌疑人的思想情况和表现状况,采用点现象或提事不提人,避开此罪,突破彼罪,旁敲侧击,迂回的方法打开缺口,突破案件。

5. 离间激将是突破共同犯罪案件中保持沉默的犯罪嫌疑人口供的技巧。离间激将是在共同犯罪案件中对保持沉默的犯罪嫌疑人进行审讯时,经常使用的手段。一是用语言暗示其同案人通过教育已经认识到自己的犯罪行为,只有彻底交代才是唯一出路。如果一意孤行,拒不交代犯罪行为,那么通过收集和掌握的证据,将依法对其从严惩处。二是暗示其同案人在有意推诿责任,让其深感已无退路可走,促使其按捺不住内心冲动的情绪而进行辩解。三是声东击西,故意讯问一些并非犯罪嫌疑人所为的问题,让其感到冤枉,使犯罪嫌疑人感到气愤或委屈,极力表示自己的清白或辩解。此时,审讯工作趁机导入主题,置犯罪嫌疑人于骑虎难下的境地,从而交代犯罪事实。

(四) 听取侦查情况、提出意见的技巧

在引导侦查过程中,由于案件的复杂程度、证据的收集情况、检察人员的自身素质等多种因素的影响,在听取侦查情况介绍时,要把握好以下几个方面。一是介入不是投入,要留有余地,掌握分寸,要把主动权留给侦查机关,不喧宾夺主;二是要听完、听清、听细案情,听完后有不明确的地方可以提问,必要时可以查阅已收集的证据,待吃透案情后再发表自己的意见,发表的意见要力求准确,重点应放在固定、完善证据上;三是对于罪与非罪,定性定罪有争议的案件不要轻易表态,一般情况下给侦查机关的答复要待回检察机关研究后再表示,对于非表态不可或吃得准的案件,也要说明仅是个人的观点,而不代表检察机关的意见;四是要注意察看现场及尸体解剖的程序,以便提出进一步勘验、检查的建议;五是要注意发现侦查中的违反诉讼程序及刑讯逼供等违法行为等。

第三节 审查逮捕中引导侦查的技巧

一、审查逮捕中证据的审查判断

对证据的审查判断包括证据的来源、证据本身的内容以及证据与案件事实的关系三大部分。其中，证据的来源包括提供证据的动机、提供证据者本身的情况、发现证据时的客观环境、调查收集证据的方法以及证据本身的特性。证据本身的内容包括证据本身所反映的事实，证据能力和证明力；证据与案件事实的关系，包括明确本案已经和应当查明的案件事实，分析证据与案件事实之间的关系。而审查判断证据的步骤，一是明确需要查明的案件事实；二是确立查明案件事实的标准；三是明确为认定案件事实所需要的证据；四是审查判断现有证据和证据材料；五是进行全案综合分析。在对证据进行审查后，才能确定：（1）有关犯罪构成要件的事实，即"七何"证据，何人、何地、何时、何行为、何动机、何手段、何后果。（2）有关犯罪情节的事实，如因累犯、投案自首、未成年人等因素，而予以从重、加重、从轻、减轻、免除处罚的理由和事实。（3）因程序法需要的有关证据，如新、旧法交替的法律适用等问题。

在审查判断证据时，除对其合法性、客观性、关联性进行分析外，还应着重对全案证据的整体性进行分析、判断，而不是孤立地判断某一个证据有无证明力，证明力的大小，必须将其放在全案证据体系中加以考察，在证据体系中找到其位置。审查判断证据的常用方法如下：

一是逐一鉴别法。逐一鉴别法是指对证据逐一地进行单个审查，判断其证据能力和证明力。它是对证据进行初步筛选、审查和判断的必要手段。对单一证据的特征、性质、表现形式等是否符合客观事物的产生、发展和变化的一般规律，是否符合常理，进行识别和判断，从而得出审查结论。主要是要查明证据的内容与形式有无矛盾，查明言词证据的多次表述是否一致，对比犯罪嫌疑人的多次口供以确定是否有矛盾。

二是相互对比法。相互对比法是指对涉及两个以上具有可比性的证据时，对证据进行相互比较，以查明证据与证据之间有无矛盾的方法。如将同案犯罪嫌疑人口供之间、口供与证人证言、被害人陈述之间，物证、书证、鉴定意见和勘验、检查笔录之间相互比较以查明有无矛盾。采用此法的条件：（1）基于事物之间存在差异使识别成为可能，如果不具备这种相互间的差异，那么就无从采用这种互相对比法；（2）作为对比的证据之间必须具有可比性，这一可比性是由这些证据均与案件事实具有某种关联性所决定的，都能够用来证明案件事实。

三是综合认定法。综合认定法是指将全案证据加以综合性分析、判断，以确定证据之间以及证据与案件事实之间是否相互印证的认定方法。一般而论，任何证据都无法自证其真实性，只有与其他证据结合起来加以综合分析、判断，才能确认其真伪。只有通过综合考察所有证据之间的关系以及这些证据与案件事实之间的关系，才能对案件事实作出正确的认定。这一印证过程既是分析矛盾、解决矛盾的过程，也是鉴别证据真伪，揭示证据与案件事实之间内在联系的过程。证据之间以及证据与事实之间有着不同联系，缺乏这种联系，就无法证明一个事实。假如证据与证据之间缺乏联系，就难使案件得到判决。如黄某曾供认杀人事实，但是在现场没有黄某留下的任何痕迹，作案工具也未收集到案，黄某的供述与其他证据之间得不到有机的联系，就不能定案。证据与证据之间存在矛盾，就说明有关证据不确实；证据与案情结论之间存在矛盾，就说明证据不充分的因素，或者得出的案件事实不正确。要排除矛盾，要针对矛盾的症结所在进行调查、核对，以达到查清案件事实的目的，而不能局限于对案卷材料本身的分析思考。更不能先入为主，以想象来排除矛盾。

二、审查判断证据后的引导

（一）通过审阅和分析卷宗证据，发现疑点和矛盾点后的引导技巧

在审查逮捕前引导侦查时所发表的意见，毕竟是基于侦查人员介绍案情的基础上所提出的建议。因为侦查是粗放型的，不可能一下子就达到逮捕的证据要求。而审查是直观型的、实体型的，这就要求检察人员紧紧抓住审查的契机，对案中证据所存在的矛盾和疑点，拿出具体的补充和完善证据的方案，进一步引导侦查。要紧扣有证据证明有犯罪事实这一实质条件，认真仔细审阅卷宗，反复审核案中证据，把证据进行分析归类，加以连接，排除疑点和矛盾，使定案的证据环环相扣，形成锁链，依法作出捕与不捕的决定。对有矛盾，特别是对以事实不清、证据不足作出不捕决定的案件，要列出详细的《补充侦查提纲》，同时定期或不定期地对此类案件进行跟踪，以防侦查机关以证据难以补充、事实难以查清等为由而终止侦查；对于已作出批捕决定但有疑点，证据不够完善的案件，应向侦查机关发出《提供法庭审判所需证据材料意见书》，同时要求侦查机关随内卷移送给公诉部门。对于上述的《补充侦查提纲》及《提供法庭审判所需证据材料意见书》，力求详实具体，一一列明所要补充侦查的事项，切忌过于笼统，让侦查机关无所适从。

（二）讯问犯罪嫌疑人发现问题后的引导

讯问犯罪嫌疑人时，对犯罪嫌疑人口供形成过程的讯问显得格外重要。要查明是先有证据后有口供，还是先有口供后有证据。一般情况下，是先有口供，后侦查人员根据其口供，收集证据。在这类案件中，犯罪嫌疑人口供的可信度较高。但在有的案件中，侦查人员是先掌握证据，后形成口供，在审查逮捕时，讯问犯罪嫌疑人就应小心鉴别真伪。在这种情况下，切忌盲目寻找吻合点。如黄某杀人案，侦查机关先获取现场证据，在将黄某抓获后，形成的口供

与现场基本吻合。在审查逮捕阶段，黄某翻供，辩解其在侦查阶段的口供是侦查人员诱供的结果。经审查侦查机关在讯问黄某时的同步录音录像资料，发现侦查人员有指供、诱供行为。此案的违法取证事实告诉我们，对证在先、供在后的口供应当仔细甄别，确属非法证据的，还应当启动非法证据排除程序。

（三）对关键证据进行必要的复核，排除质量隐患的引导

在案件审查中，往往把过多的精力集中在审查证据的合法性与关联性，而对证据的客观性、证据所证明的结果是否合理却没有太多的关注，致使存在质量隐患。如陈某盗窃案，陈某偷到两根渔竿，销售后获 80 元赃款，赃物渔竿被估价成 1400 元。该案的事实清楚、证据充分，并且从形式到内容都合法，可谓"铁"案。在审查批捕时，发现价值 1400 元的渔竿仅以 80 元价格销赃，太不合常理，于是对渔竿能否值 1400 元提出质疑。经重新估价，其价值仅 550 元。显然，该案低于追诉标准。最后只能认为陈某不涉嫌犯罪，作出不批准逮捕决定。可见，在审查逮捕中应增强对证据锁链中的关键证据的合理怀疑意识，对关键证据进行必要的复核，从而排除隐患。

三、运用证据规则引导取证

犯罪嫌疑人、被告人的行为是否构成犯罪，犯罪性质、罪责轻重等法律事实，必须运用证据进行证实。刑事司法意义上的证据是指按照证据规则被允许用于证明或者反驳处于调查中的事项的事实。我国当代证据法学通常使用证据的客观性、关联性、合法性来阐述证据特征，同时，将证据能力和证明力作为证据的构成要件。刑事证据规则就是关于证据能力和证明力的规则。证据能力是指被允许作为证据加以调查并得以采纳的能力，又称"证据的适格性"、"证据资格"，起源于英美法系的可采性理论。没有证据能力的证据资料，不得在法庭上举示，如已举示，必须排除，不得对其进行证据调查，更不得将其作为认定事实的基础。证据的可采性和关联性是证据能力的两项重要的判明标准。证据的可采性本质上是法律为了满足某种价值观念的需要而从外部加于证据的特征，证据的关联性在本质上是一个单纯的事实或经验问题。证据的可采性以证据的关联性为前提，同诉讼中的待证事实没有关联的证据不可采纳为定案的根据。证明力是指证据对案件事实有无证明作用及证明作用如何。不同的证据因各自的特性和与案件待证事实的关系不同，对待证事实具有不同的证明价值，发挥着不同程度的证明作用。可见，证据的证明力是具有可采性的证据对待证事实的证明价值的量化。

我国尚没有统一的《刑事证据法》，其一直是作为《刑事诉讼法》的一部分而存在。我国《刑事诉讼法》用 7 节 37 条对公安司法机关的取证行为作了

系统性的规定，不仅对每一种取证手段作了具体规定，而且对取证原则也予以明确。与此相比，我国《刑事诉讼法》对证据规则仅有 16 条相关规定，是一个粗略、抽象的框架性规定，对证据的证明要求、违反证据规则的后果以及在证据的运用过程中涉及的具体规则都未明确规定。规范证明力的规则主要散见于民事诉讼立法中，在刑事诉讼立法中则不甚明确。1998 年 7 月 11 日起施行的最高人民法院《关于民事经济审判方式改革问题的若干规定》第 27 条规定，判断数个证据的效力应当注意以下几种情况：（1）物证、历史档案、鉴定意见、勘验笔录或者经过公证、登记的书证，其证明力一般高于其他书证、视听资料和证人证言；（2）证人提供的对与其有亲属关系或者其他密切关系的一方当事人有利的证言，其证明力低于其他证人证言；（3）原始证据的证明力大于传来证据。同时，该司法解释第 28 条进一步否定了某些证据单独定案的能力，即下列证据不能单独作为认定案件事实的依据：（1）未成年人所作的与其年龄和智力状况不相符的证言；（2）与一方当事人有亲属关系的证人出具的对该当事人有利的证言；（3）没有其他证据印证并有疑点的视听资料；（4）无法与原件、原物核对的复印件、复制品。

尽管如此，我国《刑事诉讼法》还是有些相关规定，如与非任意性自白排除规则相关的第 54 条规定，采用刑讯逼供等非法方法收集的犯罪嫌疑人、被告人供述和采用暴力、威胁等非法方法收集的证人证言、被害人陈述，应当予以排除。与口供补强规则相关的第 53 条规定，对一切案件的判处都要重证据，重调查研究，不轻信口供，只有被告人供述，没有其他证据的，不能认定被告人有罪和处以刑罚。这些都为我国刑事诉讼制度确立相应的刑事证据规则奠定了法律基础。

（一）运用非法证据排除规则引导取证

公安司法人员收集、审查和判断证据，用证据查清案件事实的证明活动，应当严格依照法定程序进行。在我国刑事诉讼中，证据的合法性体现在来源、内容、文体必须合法几个方面。一是必须具有合法的来源。我国《刑事诉讼法》第 48 条规定了八种证据形式：物证；书证；证人证言；被害人陈述；犯罪嫌疑人、被告人供述与辩解；鉴定意见；勘验、检查、辨认、侦查实验笔录；视听资料、电子数据。不属于上述法定证据种类的，不得采纳为证据。例如，证人证言必须出自适格的证人；讯问笔录必须由被讯问人签名或盖章等等。二是证据内容合法。证据内容合法不是指证据所表述的事实合法，而是指证据的内容必须具有法律所要求的与特定的证明对象之间的关联性事实。例如，内容违法的合同书，伪造、变造的票据，犯罪所得的赃物等，只有与案件中证明对象有客观联系，才能起到证明作用，即该证据内容合法。又如证人提出的书面证言若仅仅是进行人身攻击的侮辱和谩骂，与案件事实无关，则其内容不合法。三是收集证据的主体必须合法。公安司法人员有权向有关单位和个人收集、调取证据，没有例外情况。而辩护律师需要经过检察机关或者审判机关许可，并且经被害人或者其近亲属、被害人提供的证人同意，才可以向他们收集与案件有关的材料。四是收集证据的形式必须完备、手续必须齐全，违法收集的证据不具有合法性，这是证据合法性的核心所在。因此我们重点介绍非法证据排除规则，以引导侦查取证。

1. 运用非法言词证据规则引导取证。设立非法言词证据排除规则的理由是言词证据容易受到客观因素、主观因素和陈述者的感受力、记忆力、判断力、表述力等影响，以违法行为收集的言词证据虚假可能性较大，可能妨害案件的实质真实。同时，以违法手段取得言词证据，是对基本人权的侵犯，是对法律的践踏，必须予以禁止，确立并适用非法言词证据排除规则是保护公民权利的有效手段，是现代法治的内在要求。

《刑事诉讼法》第 50 条规定："审判人员、检察人员、侦查人员必须依照法定程序，收集能够证实犯罪嫌疑人、被告人有罪或者无罪、犯罪情节轻重的各种证据。严禁刑讯逼供和以威胁、引诱、欺骗以及其他非法方法收集证据，不得强迫任何人证实自己有罪。必须保证一切与案件有关或者了解案情的公民，有客观地充分地提供证据的条件，除特殊情况外，可以吸收他们协助调查。"第 54 条规定："采用刑讯逼供等非法方法收集的犯罪嫌疑人、被告人供述和采用暴力、威胁等非法方法收集的证人证言、被害人陈述，应当予以排除。"以上规定从正反两方面对收集证据的合法性作了规定。对于违法取证行为，我国立法持彻底的否定态度，并将刑讯逼供行为规定为犯罪。《刑法》第 247 条规定，司法工作人员对犯罪嫌疑人、被告人实行刑讯逼供或者使用暴力逼取证人证言的，处三年以下有期徒刑或者拘役，致人伤残、死亡的，依照故意伤害罪、故意杀人罪的规定定罪从重处罚。不仅如此，相关的司法解释还进一步确立了非法言词证据排除规则，不但非法取得的犯罪嫌疑人、被告人供述应当加以排除，而且非法取得的证人证言、被害人陈述也不得作为证据使用。《人民检察院刑事诉讼规则（试行）》第 379 条规定："人民检察院公诉部门在审查中发现侦查人员以非法方法收集犯罪嫌疑人供述、被害人陈述、证人证言等证据材料的，应当依法排除非法证据并提出纠正意见，同时可以要求侦查机关另行指派侦查人员重新调查取证，必要时人民检察院也可以自行调查取证。"2010 年 7 月 1 日起施行的最高人民法院、最高人民检察院、公安部、国家安全部、司法部《关于办理刑事案件排除非法证据若干问题的规定》第 1 条规定："采用刑讯逼供等非法手段取得的犯罪嫌疑人、被告人供述和采用暴力、威胁等非法手段取得的证人证言、被害人陈述,属于非法言词证据。"第2条规定:"经依法确认的非法言词证据,应当予以排除,不能作为定案的根据。"第3条规定:"人民检察院在审查批准逮捕、审查起诉中,对于非法言词证据应当依法予以排除,不能作为批准逮捕、提起公诉的根据。"最高人民法院《关于适用〈中华人民共和国刑事诉讼法〉的解释》第95条规定:"使用肉刑或者变相肉刑,或者采用其他使被告人在肉体上或者精神上遭受剧烈疼痛或者痛苦的方法,迫使被告人违背意愿供述的,应当认定为刑事诉讼法第五十四条规定的'刑讯逼供等非法方法'。"

2. 运用非法实物证据规则引导取证。非法实物证据通常是在逮捕、搜查和扣押过程中取得的。所谓非法实物证据是指公安司法机关违反法律规定的权限与程序,采用非法方法搜查、扣押而获取的各种物证、书证等实物证据。虽然,《刑事诉讼法》第137条至第142条对搜查、扣押实物证据的具体程序作了规定。包括:搜查时,应有被搜查人或其他见证人在场;搜查妇女的身体应由女性工作人员进行;搜查、扣押要制作搜查笔录和扣押清单,不得扣押与案件无关的物品;扣押犯罪嫌疑人的邮件、电报的,应当经公安机关或人民检察院批准。《刑事诉讼法》第54条规定:"收集物证、书证不符合法定程序,可能严重影响司法公正的,应当予以补正或者作出合理解释;不能补正或者作出合理解释的,对该证据应当予以排除。"最高人民法院、最高人民检察院、公安部、国家安全部、司法部《关于办理刑事案件排除非法证据若干问题的规定》第14条规定:"物证、书证的取得明显违反法律规定,可能影响公正审判的,应当予以补正或者作出合理解释,否则,该物证、书证不能作为定案的根据。"

(二)运用证据补强规则引导取证

证据补强规则是指由于特定类型的证据的虚假可能性较大,法律规定此类证据不得单独作为认定案件事实的证据,只有在与其他证据相互印证时,才能作为定案证据。世界上大多数国家的刑事证据法基于自由心证原则,只是对证据的可采性作某种限制,如排除传闻证据、排除非任意性口供等,对证据的证明力则没有限制。但是对于口供,则又例外地作了限制。不承认口供对案件事实独立和完全的证明力,禁止以口供作为定罪的唯一根据,而要求提供其他证据予以补强。依据《刑事诉讼法》第53条第1款规定:"只有被告人供述,没有其他证据的,不能认定被告人有罪和处以刑罚。"

犯罪嫌疑人口供的来源,一是先有犯罪嫌疑人,后有侦查机关掌握的其他证据;二是先有侦查机关掌握的其他证据,后获取犯罪嫌疑人的口供。前一种情况可以排除非法取证的可能,可以说是犯罪嫌疑人的自由供述,因而可信度较大。而对于后一种情况，难以排除非法取证的可能。因为一般而言，刑讯逼供产生的主要原因一是要进一步获取其他证据或抓获同案犯，二是证据不足以定案而依赖于口供。所以，对于后一种情况，口供的可信性就有了瑕疵。由于犯罪嫌疑人口供不能证明自身的真实性，在某些情况下，被告人作出口供并不是出于本人的真实意愿，即使在自愿供述的情况下，也有可能是故意作出虚假口供。因此，为了防止因采用虚假口供而导致错误定案，就有必要确立证据补强规则。

对补强证据的证明程度，在理论和实务中有两种主张：一是要补强证据大体能独立证明犯罪事实的存在，这是较高的证明要求；二是要求达到与供述一致，并能确保有罪供述的真实性，这是较低的证明要求。我们认为，补强的证据不仅要符合作为定案证据所具备的与案件有关的特征，更要能将案件事实直接与犯罪嫌疑人联系起来，或者能通过一些间接证据将犯罪嫌疑人与案件事实联系起来。前者如被害人的辨认，后者如现场留有犯罪嫌疑人的指纹、脚印等。例如陈某盗窃案中，犯罪嫌疑人陈某供认于2006年7月10日在重庆市江北区某小区盗窃了一辆摩托车，失主王某陈述当日其摩托车确实丢失，另外摩托车价格鉴定书也证实了被盗摩托车的价值。在本案中，除陈某供述之外，剩下证据仅能证实可能发生过盗窃事实，并不能将盗窃行为与陈某直接或间接地联系起来。因此，侦查机关需要补充如下证据：该摩托车在犯罪嫌疑人陈某手中，或在其他人手中但可证实是由陈某交给他的或在案发后有人曾见陈某占有过该摩托车等，而不能只补充类似于失主王某证实其曾丢失摩托车这样的一类的证据。即便是时间、地点、物品均与犯罪嫌疑人陈某的供述相吻合，由于该证据仅能证实可能有摩托车被盗的事实，并不能将犯罪嫌疑人与盗窃实质地联系起来，因此也不能认为已经满足了补强要求。

（三）运用关联性证据规则引导取证

我国的刑事证据制度是建立在辩证唯物主义认识论的基础上的。世界是可知的，没有不可认识的事物，只有尚未被认识的事物。在刑事诉讼活动中，犯罪必然会在客观外界留下各种不同形式的痕迹或引发外界事物的某种变化。这些痕迹或变化虽然表现形式不同、形成时间有异，但是都是客观存在的事实，这些证据事实与案件事实之间存在着客观联系。关联性规则侧重的就是证据与证明对象之间的形式性关系，包括因果关系、时空关系、偶然联系和必然联系、肯定联系和否定联系、直接联系和间接联系等，分别从不同的角度去反映与案件有关的事实，而不涉及证据的真伪和证明力。只有具有关联性的证据才可能有可采性，证据的关联性是可采性的前提。判断证据关联性的步骤，首先是证据证明什么问题，其次是否为案件的实质性问题，最后是证据对待证问题是否有证明力。如果缺少三者中任何一个，都不具备关联性。任何证据均应在证据事实与案件的待证事实之间存在一定的客观联系，使证据具有借以判断争议事实的能力，否则，该证据就因不具有关联性而不被采纳。

根据证据对案件事实的证明方式可以分为直接证据和间接证据。直接证据是以全面、直接的方式证明案件实质性问题的证据，因而总是具有关联性的。间接证据则是以推论的方式，间接地去证明案件事实，因此，对其与案件事实之间有无关联性的明显程度、表现方式较难判断。在刑事司法实务中，判断证据的关联性主要就是针对间接证据而言的。我国《刑事诉讼法》并未明确规定证据关联性规则，但是司法解释体现了关联性证据规则的精神。最高人民法院《关于适用〈中华人民共和国刑事诉讼法〉的解释》第203条规定，控辩双方申请证人出庭作证，向法庭出示物证、书证、视听资料、电子数据等证据，应当向审判长说明证据的来源和拟证明的事实。审判长同意的，即传唤证人或者准许出示证据；审判长认为与案件无关或者系明显重复、不必要的证据，可以不予准许。可见，只有确实与案件事实存在关联性的证据才可以采纳为诉讼中的证据。不具备关联性的证据不得采纳。关联性是证据必须在逻辑上与待证事实之间具有证明关系，有这个证据一定要比没有这个证据更能明显地证明某个案件事实的存在或者不存在。没有关联性的证据，不具有证据能力。

（四）运用优先证据规则引导取证

优先证据规则是指某证据比其他证据具有更高的证明价值而应予优先采纳。在我国刑事诉讼中，优先规则主要是指原件原物优先规则。

最高人民法院《关于适用〈中华人民共和国刑事诉讼法〉的解释》第70条规定："据以定案的物证应当是原物。原物不便搬运、不易保存，依法应当由有关部门保管、处理或者依法应当返还的，可以拍摄、制作足以反映原物外形和特征的照片、录像或者复制品。物证的照片、录像、复制品，经与原物核实无误、经鉴定为真实或者以其他方式确认为真实的，可以作为定案的根据。"原物的照片、录像或者复制品，不能反映原物的外形和特征的，不得作为定案的根据。据以定案的书证应当是原件。只有在取得原件确有困难时，才可以使用副本或者复制件。书证的副本、复制件，经与原件核实无误、经鉴定为真实或者以其他方式确认为真实的，可以作为定案的根据。书证有更改，或者有更改迹象不能作出合理解释，以及书证的副本、复制件不能反映书证原件及其内容的，不得作为定案的根据。

第四节 审查逮捕后引导侦查的技巧

一、对因证据不足不予批准逮捕案件的引导侦查

《刑事诉讼法》第88条规定，人民检察院对于公安机关提请批准逮捕的案件进行审查后，应当根据情况分别作出批准逮捕或者不批准逮捕的决定。对不批准逮捕的，人民检察院应当说明理由，需要补充侦查的，应当同时通知公安机关。我们认为，虽然检察机关在审查逮捕阶段不能作出补充侦查决定，但是此条规定为检察机关对于因证据不足、不符合逮捕条件而不捕的案件，在作出不批捕决定的同时制作《不予批准逮捕案件补充侦查提纲》提供了法律依据。当然，并不是所有因证据不足、不符合逮捕条件而不捕的案件都需要通知侦查机关补充侦查，只是对有重大作案嫌疑，但是又因证据不足、不符合逮捕条件，侦查机关补充侦查后可以达到逮捕条件的案件，才有必要。具体包括以下四个条件：一是据以定罪的证据存在疑问，需要进一步查证属实；二是犯罪构成要件事实缺乏必要的证据予以证明，这种缺乏包括因取证行为严重违法而导致证据被排除所造成的证据欠缺；三是据以定罪的证据之间的矛盾不能合理排除，只能根据疑罪从无的原则，作出不捕决定；四是根据现有证据得出的结论具有其他可能性，证据量不足，需要进一步侦查取证。可见，对于不涉嫌犯罪或没有逮捕必要，或即使补充侦查也不能达到逮捕条件的案件，当然不能补充侦查。

检察机关审查逮捕部门在制作《补充侦查提纲》时，不能只是向侦查机关简要列出需要补充侦查的事项，对于为什么要补充侦查、如何查、查到什么程度不作具体要求，造成侦查机关在补充侦查时的目的、方向和标准都不明确。所以，不仅要将需要补充侦查的事项列出来，而且要对每一事项的侦查目的、侦查方向以及证据要求作必要的说明，然后将案卷材料发还给侦查机关，积极引导侦查机关开展取证工作。补充侦查完毕后，侦查机关应制作《补充侦查终结报告》，详细写明补充侦查的经过和结果。如果补充侦查后，仍然不能达到逮捕条件的，侦查机关应将该报告交检察机关审查逮捕部门归档；如果补充侦查后，已经达到逮捕条件的，侦查机关应重新提捕。检察机关审查逮捕部门也应当监督侦查机关补充侦查的情况，在发现符合逮捕条件时，应当督促公安机关重新提请批准逮捕，防止案件在不捕后不了了之。

二、对批准逮捕案件的引导侦查

（一）附条件批准逮捕案件的逮捕引导侦查

对于证据有所欠缺但已基本构成犯罪、经过进一步侦查能够取到定罪所必需的证据、确有逮捕必要的重大案件的犯罪嫌疑人，根据《人民检察院审查逮捕质量标准（试行）》第13条的规定，经过检察委员会讨论决定可以批准逮捕，在批准逮捕的同时制作《补充侦查提纲》，列明需要完善的证据，如在侦查羁押期限内未能取到定罪所必需的充足证据，届时将撤销批准逮捕决定。

例如，王某运输毒品案。2006年12月16日晚，犯罪嫌疑人王某出资并伙同犯罪嫌疑人杨某到云南省某市犯罪嫌疑人叶某家中以23.5万元价格购得毒品海洛因5块，并共同将海洛因敲碎后放入5个真空杯夹层内藏匿。次日，杨某将上述藏有毒品海洛因的真空杯邮寄回重庆市其住地。2006年12月20日下午5时许，杨某在重庆市沙坪坝区某大厦保安部取得其邮寄的纸箱后被公安人员抓获，当场从纸箱中查获真空杯5个，其夹层内藏有毒品海洛因共计净重1700克（含量73.5%）。同时，公安人员在沙坪坝区将王某抓获归案。2006年12月23日，叶某被公安人员抓获归案。

经审查，杨某、叶某均供认上述事实，但是王某一直否认上述事实。王某辩解：（1）我和杨某到云南的目的是赌博，并一直和杨某在一起，机票是杨某订的，住的宾馆是杨某开的房。（2）赌博的23万元钱是我前妻代某汇的，我都输了，我让代某把钱汇到杨某的卡上，是因为杨某有云南的卡，打到他卡上可以免手续费。（3）我们赌博完后，杨某说他毒瘾犯了，他要注射毒品，他说去叶某那里买点海洛因，杨某在叶某家里买了500元的海洛因注射。（4）我没有叫杨某带过真空杯，也没摸过真空杯，没叫杨某邮寄过东西，我和杨某都没有托运过东西。（5）某大厦的房子是杨某租的。（6）我没有正当收入，平时靠赌钱生活。（7）回重庆后，我和杨某通过3次话，但没有见过面，我是叫他还钱。

证实王某涉嫌运输毒品犯罪的证据，除了毒品海洛因、五个真空杯、机票、宾馆住宿登记、电话清单、银行汇款单等实物证据外，还有言词证据：（1）房东冯某证实杨某租的房子，租房的目的是杨某住。（2）司机宋某证实将杨某、王某从云南省某市某宾馆送到叶某家中。（3）代某证实王某打电话，要其往杨某卡上打了23万元，王某贩卖、运输毒品的事情其一点也不知道，他去云南后的情况也不知道，给他打的钱是当时离婚时放在自己这里的，一共有25万。（4）杨某、叶某的供述与辩解，均供认上述事实，并供述当晚三人共同将海洛因敲碎后放入5个真空杯夹层内藏匿时，叶某的妻子陈某看到了。

检察人员在审查逮捕时认为,由于犯罪嫌疑人王某辩解到云南是去赌博,不供认涉嫌毒品犯罪的事实,根据《刑事诉讼法》第53条第1款的规定,没有犯罪嫌疑人供述,证据充分确实的,才可以认定有罪,而本案证明王某涉嫌运输毒品的直接证据只有同案犯罪嫌疑人叶某、杨某的指证,没有提取真空杯上的指纹并对指纹进行鉴定,以及缺少证人陈某的证言,因此认为证明犯罪嫌疑人王某运输毒品的证据没有达到充分确实的程度,但是鉴于本案属于经过进一步侦查能够取得定罪必需的证据、确有逮捕必要的重大案件,根据最高人民检察院《人民检察院审查逮捕质量标准(试行)》第13条的规定,予以附条件批准逮捕。

(二) 多个犯罪事实案件的逮捕后引导侦查

对于多个犯罪事实的案件,若其中一个或几个犯罪事实已查清,其余犯罪事实尚需要进一步查证,则在批准逮捕时,根据《刑事诉讼法》第171条第1款的规定,人民检察院审查案件,可以要求公安机关提供法庭审判所必需的证据材料,运用《提供法庭审判所需证据材料意见书》引导侦查,按照提起公诉的要求,立足于法庭举证的需要,引导侦查机关完善、固定证据,扩大战果。

例如,犯罪嫌疑人黄某抢劫、杀人案。2006年11月25日晚,黄某在某县电影院附近骗租被害人邹某的摩托车,当摩托车行至田园花果园路时,黄某用随身携带的钢管猛击邹某的头部及背部,致其受轻微伤,抢走邹某的摩托车1辆、手机1部、现金20余元。2006年12月13日晚7时许,黄某为报复因赌博时发生过纠纷的魏某,在县体育馆附近骗租魏某的摩托车前往县城西途经四方收费站、麒麟寺寻找李五娃,未果。在返回途中,当车行至一偏僻公路转弯处时,黄某用事前准备的木棒猛击魏某的头部数下,致魏某当场死亡。作案后,黄某骑上该摩托车逃离现场。2006年12月31日,黄某被公安机关抓获归案。对于第一起犯罪事实,有物证摩托车、手机、作案工具钢管及被害人邹某陈述,犯罪嫌疑人黄某也供认不讳,因此证明黄某抢劫邹某的事实清楚、证据确定充分。

对于第二起犯罪事实,间接证据有:(1) 证人向某证实当晚快7点钟的时候魏某在体育馆路口出租摩的。(2) 死者魏某的妻子彭某证实,当晚7点多钟,给魏某打电话问他在哪里,还要多久回来,他在电话里说他现在在麒麟寺,马上就回来。并对当晚18时50分37秒一人骑摩托车搭乘另一人通过四方收费站的录像进行辨认后,辨认出骑摩托车的人是魏某。(3) 手机明细话单证明彭某在2006年12月13日19时11分与魏某通话。(4) 证人杜某证实,当晚7点多钟,天已经黑了,有一个男的骑一辆摩托车搭着一个男的问他李五

—— 231 ——

娃在屋里没有。他回答说他有几年没有在屋里了。问话的人有点像魏某。(5)证人李某证实,14日早上9点多钟在火盆村八组谭木湾公路边发现魏某的尸体,就报了警。(6)尸体鉴定书证明,魏某系带条形的钝器打击左枕部,致颅骨骨折、大脑及小脑损伤、蛛网膜下腔出血死亡。

直接证据只有犯罪嫌疑人黄某的供述,在侦查阶段作了4次有罪供述,口供稳定,指认了作案现场,辨认了死者魏某,侦查机关在第2次讯问时,作了同步录音录像。但是在审查逮捕环节翻供,其辩解:"在打听到李五娃不在家后就回县城,在回去的路上没有打摩的驾驶员,在我的暂住地大佛路粮修厂附近下的车。"翻供理由:(1)公安机关刑讯逼供。(2)公安机关诱供、指供。"公安人员跟我说了发案的过程,叫我编造了整个犯罪过程,然后作出假口供,让我签字、录像"。(3)在侦查机关的4次供述一致是因为公安机关第1次讯问时把案子都做好了,自己就照着以前的说法说了。

在审查逮捕中发现,本案还存在以下疑点:(1)彭某对四方收费站的录像进行辨认的照片中,魏某带有头盔,但是在现场没有提取到头盔或头盔碎片。(2)作案工具木棒,摩托车车牌、手机、摩托车,侦查机关已经多方调查,但都没有收集到案。(3)作案现场未提取到黄某留下的痕迹。(4)魏某死亡时间在2006年12月13日晚7点左右,李武华发现尸体的时间是第二天早上9点多,时间差约14小时。(5)魏某的衣着无破损,包内无物。

综合分析全案证据,本案只有一个直接证据犯罪嫌疑人黄某的口供,现其已翻供,侦查机关在作案现场未提取到犯罪嫌疑人黄某留下的痕迹,被害人魏某的头盔、犯罪嫌疑人黄某的作案工具木棒及抛弃的手机、摩托车车牌及摩托车等证据未收集到案,另外,魏某的衣着无破损,包内无物。现有证据体系存在诸多疑点,不能排除合理怀疑,需要进一步补查。鉴于第一起犯罪事实已查清,检察机关在批准逮捕黄某时,根据《刑事诉讼法》第140条第1款①的规定,要求侦查机关提供第二起事实在法庭审判时所必需的证据材料,向公安机关发出了《提供法庭审判所需证据材料意见书》。

---

① 该《提供法庭审判所需证据材料意见书》的发出时间为2007年2月5日,因此适用1997年《刑事诉讼法》第140条第1款。

附：

××省××县人民检察院
提供法庭审判所需证据材料意见书

×检侦监提证〔2007〕1号

××省××县公安局：

　　我院对黄某故意杀人案审查后认为：本案只有一个直接证据，即犯罪嫌疑人黄某的口供，但现已翻供，且在作案现场未提取到犯罪嫌疑人黄某留下的任何痕迹证据，被害人魏某的头盔、犯罪嫌疑人黄某抛弃的作案工具木棒、手机、摩托车车牌及摩托车等证据未收集到案，因此现有证据体系存在诸多疑点，根据《刑事诉讼法》第一百七十一条第一款的规定，需要提供法庭审判时所必需的证据材料，请进一步补查以下证据：

　　1. 侦破黄某杀害魏某的详细经过。

　　2. 第一次讯问黄某的办案民警刘某、李某在第一次讯问以前是否到过案发现场，何时收到"现场勘验检查工作记录"、"现场照片"及"尸体检验鉴定书"。

　　3. 查明黄某的作案动机。询问与黄某一起诈金花赌钱的李某等人，当时黄某与魏某是否在一起诈金花，是否发生冲突。

　　4. 对黄某进行精神病鉴定。

　　5. 补充讯问黄某为什么要去找李五娃，当晚坐魏某的"摩的"谈成多少钱的摩的费，是否给了钱；在向杜某打听得知李五娃不在家后，黄某坐魏某的摩托车继续往什么方向走，是否增加摩的费；杜某的家离作案现场有多远；在离开杜某的家后，魏某的手机是否响过，是否接过电话。

　　6. 询问杜某为什么知道李五娃不在家，李五娃的家离杜某的家有多远，杜某的家离作案现场有多远。

　　7. 魏某死亡后，黄某是否到过案发现场，是否知道现场情况，收集相关证人证言。

　　8. 补充制作××县体育馆、四方收费站、麒麟寺、李五娃的家、杜世平的家、作案中心现场梓潼镇火盆村谭木湾公路一转弯处、黄某的租房大佛路粮修厂的方位平面示意图。并进行侦查实验，确定骑摩托车搭乘一人途经以上地点分别需要多长时间。

　　9. 提取××县看守所收押黄某时的体检记录。

10. 进行狱内侦查，询问与黄某同舍房关押的人，以调查黄某在被刑事拘留后的身体状况、心理状态、言行举止，查明其在羁押期间是否对同舍房关押的人谈及其因何事实被羁押，以进一步确定黄某在侦查阶段口供的真伪。

××省××县人民检察院
二〇〇七年二月五日

第五节 侦、捕、诉的衔接技巧

检察人员在运用逮捕引导侦查机制时，既可以从宏观上引导，提高侦查人员的证据意识，转变他们的执法观念，也可以从微观上对具体案件证据的收集加以引导；既可以通过与侦查人员口头交流的形式进行引导，也可以通过《补充侦查提纲》的书面形式引导。不管是哪一种方式的引导，都要有明确的目的、方向和标准，对为什么要查这些内容，如何查，查到什么程度都应作出具体要求，使引导侦查具有可操作性。同时，检察机关应当跟踪监督，定期催办，及时与侦查人员交流取证过程中的困难和障碍，对侦查人员的违法活动依法进行监督，对遇到的障碍提出新的解决意见，保证逮捕引导侦查目的的完成，保证准确、及时、有力地追诉犯罪，最终使侦查机关收集的证据在法庭上成功地指控犯罪。

一、侦、捕的衔接

(一) 运用联席会议制度衔接侦、捕

检察机关与侦查机关通过定期召开联席会议，研究解决逮捕过程中遇到的问题，促进检察机关与侦查机关在逮捕工作中经常性的协作关系。具体方式：一是由各级检察机关、公安机关根据约定轮流筹备、主持联席会议。会议由双方的主要负责人和业务部门的负责人参加。二是双方分别将逮捕工作中遇到的法律政策问题整理成包括议题、解决措施及理由三部分内容的联席会议议案。三是双方负责人集中开会，就各家提出的议题逐个进行研究、讨论，尽量达成解决问题的一致意见。四是将联席会议中达成一致的逮捕工作意见写入《会议纪要》中，并由两家会签制作成文件，统一执行。如果是上级检察机关与侦查机关会签的《会议纪要》，应分别下发给各方的下级单位和部门执行。五是后一次联席会议的《会议纪要》内容如果与前一次的《会议纪要》内容有冲突，应当按照后一次《会议纪要》规定的内容执行。这种联席会议制度，有利于减少或防止逮捕工作中的扯皮或推诿情况，有利于提高逮捕案件的质量。

2000年8月4日，最高人民检察院审查批捕厅、审查起诉厅、公安部刑事侦查局联合下发了《关于公安机关刑侦部门、检察机关批捕部门、起诉部门加强工作联系的通知》。根据该通知规定，公安机关、检察机关应建立以收集和固定证据为主题的工作联系制度。一是明确要求刑侦部门要加强现场勘查工作，加强对各种证据的收集、固定和保全，重视捕后侦查工作，强化证据意识，做到批捕、起诉、破案、办案并重。二是要求检察机关在引导侦查的过程中，要就如何收集、固定和完善证据提出可行性和可操作性的建议，对于运用证据中所遇到的问题，要相互协商，共同研究对策，拿出引导侦查的具体方案，要坚持两个基本的原则，不要在细枝末节上做文章或相互扯皮推诿。要积极配合侦查部门的工作，既要防止以起诉标准代替批捕标准，又要防止以捕代侦。三是要求公安机关和检察机关都要以案件质量为重点，各司其职，各负其责，共同把好案件质量关。四是要求工作联系的内容应放在总结经验、吸取教训、法律适用上，侦查人员与检察人员应经常交流情况、总结经验教训，共同研究对策，制定工作方案，真正体现分工负责、相互配合和相互制约。

（二）检察人员分片与侦查部门联系机制衔接侦、捕

检察机关侦查监督部门要发挥主办检察人员的作用。根据本辖区公安机关侦查部门责任区的设置情况，对口划分相应的审查批捕责任区，每个片区落实主办检察人员负责该片区内刑事案件的审查批捕工作。代表检察机关与公安机关进行经常性联系，了解、掌握片区内案件情况，注意发现侦查工作中的薄弱环节，共同研究工作中遇到的疑难、复杂问题，寻求法律政策上的解决办法。同时，主办检察人员要主动加强相互间的联系，互通情况，交换意见，避免各自为战，以保持引导侦查的一致性。该项制度是检察引导侦查制度的组织保障，实质上将审查批捕的关口向侦查活动前移，在侦查取证问题上做到事前预防和同步引导。

（三）证据参考制度

检察机关侦查监督部门最重要的任务是审查证据，判断案件性质，运用证据证实犯罪。逮捕引导侦查主要是在收集和固定证据上进行引导，而检察人员又不可能代替侦查人员具体行使侦查权，因此有必要共同制定追诉犯罪的标准和逮捕的证据参考标准。追诉犯罪的标准实际上就是立案标准。逮捕的证据参考标准就是按照逮捕条件，从收集审查证据的角度对具体犯罪的构成要件进行分解和细化。

逮捕引导侦查应当从证据的数量和质量两个方面对侦查进行引导。侦查机

关常常过于关注证据在质量上的确实性，而忽视了证据在数量上所要求达到的充分性，或者虽然收集了大量证据，但是缺乏与案件的逻辑联系，难以达到证据确实、充分的要求。所以，检察机关可以有针对性地与侦查机关就案件证据收集的内容进行沟通，在证据能否指控犯罪的最低标准方面达成共识，增强侦查人员的证据收集意识，提高证据质量，突破诉讼阶段的限制，使整个证据收集活动围绕惩罚犯罪与保障人权这一诉讼目的进行。

附：

重庆市人民检察院第一分院侦查监督处
重庆市公安局文保处
关于逮捕涉嫌侵财型犯罪的在校大学生的证据要求

为进一步提高办案质量和办案效果，打击犯罪和保障在校大学生的合法权益，维护大学校园的教学、生活秩序，根据相关刑事法律及司法解释，结合司法实践，经两部门共同研究，制定《关于逮捕涉嫌侵财型犯罪的在校大学生的证据要求》，并在办案中具体实施。

一、程序证据

（一）报案登记

（二）立案决定

（三）破案报告

（四）刑事拘留等相关强制措施的法律文书

二、犯罪构成要件证据

（一）犯罪主体要件证据

1. 居民身份证、户口页；

2. 学籍、学历证明；

3. 家庭情况、生活状况、家庭帮教条件和学校意见；

4. 平时表现，受过何种奖励、表彰或处分。

（二）犯罪客体要件证据

1. 侵财对象的性质应有书证、物证、证人证言、被害人陈述或犯罪嫌疑人的供述，证明财物、资金的来源、用途、性质；

2. 侵财对象的价值金额应有价格鉴定意见、证人证言、被害人陈述或犯罪嫌疑人的供述，证明具体金额。

（三）犯罪主观要件证据

1. 犯罪的动机、目的、思想根源和发案诱因，应有犯罪嫌疑人的供述和辩解、被害人陈述及证人证言证明；

2. 犯罪后自首、立功、如实交代罪行、积极退赃、赔偿损失、具有悔改表现，应有犯罪嫌疑人的供述和辩解、被害人陈述及证人证言证明。

（四）犯罪客观要件证据

1. 盗窃应有刑事发案现场图、勘验检查笔录、作案工具、赃款、赃物提取笔录、犯罪嫌疑人的供述和辩解、被害人陈述及证人证言，证明秘密窃取财物的行为；

2. 诈骗应有伪造、变造的单据、凭证等书证、物证、犯罪嫌疑人的供述和辩解、被害人陈述、辨认笔录及证人证言，证明虚构事实、隐瞒真相的行为；

3. 属于犯罪预备、中止、未遂的，应有犯罪嫌疑人的供述和辩解、被害人陈述、证人证言及抓获经过证明；

4. 犯罪情节轻微、危害不大或者犯罪情节恶劣、后果严重等法定或者酌定从重、从轻、减轻以及免除处罚的情节，应有书证、物证、犯罪嫌疑人的供述和辩解、被害人陈述、证人证言、鉴定意见证明。

三、收集证据时的几个重点要求

（一）年龄证据

在一般情况下，犯罪嫌疑人实际年龄的认定应当以户口登记为基本依据。对年龄有异议、疑义或犯罪嫌疑人提出年龄有误的辩解时，特别是涉及边缘刑事责任年龄时，应当及时收集出生证明和父母、邻居、老师、同学等知道其真实年龄的人的证言，做到多方查证核实。如果有足够的证据证明户口登记上记载的年龄有误，应以查明的实际年龄来认定。如果经反复调查，确实查不清楚的，应当按照有利于犯罪嫌疑人的原则从宽把握。

（二）书证、物证

1. 收集、调取的书证应当是原件。只有在取得原件确有困难时，才可以是副本或者复制件。但需要注明提取的时间、地点、数量及提取人，并加盖被提取单位的公章或由被提取人签名。

2. 收集、调取的物证应当是原物。只有在原物不便搬运、不易保存或者依法应当返还被害人时，才可以拍摄足以反映原物外形或者内容的照片、录像。

3. 书证的副本、复制件，拍摄物证的照片、录像，只有经与原件、原物核实无误或者经鉴定证明真实的，才具有与原件、原物同等的证明力。

4. 制作书证的副本、复制件，拍摄物证的照片、录像以及对有关证据录音时，制作人不得少于2人。提供证据的副本、复制件及照片、音像制品应当附有关于制作过程的文字说明及原件、原物存放何处的说明，并由制作人签名或盖章。

（三）价格鉴定

价格鉴定应准确及时、客观公正。公安司法机关应为有资质的鉴定人进行价格鉴定提供必要条件，及时向鉴定人送交有关检材和对比样本等原始材料，介绍与价格鉴定有关的案情，并且明确提出要求价格鉴定解决的问题，但是不得暗示鉴定人作出某种价格鉴定意见。

以上证据要求自双方盖章之日起执行。如果与新的法律或司法解释相冲突，则执行新的法律或司法解释。如果在司法实践中遇到新情况、新问题，则经双方协商后及时修订。

重庆市公安局   重庆市人民检察院第一分院
文保处   侦查监督处
二〇〇八年九月二十二日 二〇〇八年九月二十二日

制定背景及效果：

经过调研，70%以上的大学校园犯罪案件为侵财案件，数量较大。涉案人员多为初犯，主观恶性不深，且多为在校学生，具有帮教条件。为贯彻国家相关司法政策打下证据基础，在该证据要求中，除按普通侵财案件的证据引导公安机关取证外，着重引导公安机关提取学籍、学历证明、家庭情况、生活状况、家庭帮教条件和学校意见以及平时表现、受到何种奖励、表彰或处分等证明涉案人员主观恶性、帮教条件等证据材料，以确认对其采取何种强制措施、从哪些方面进行帮教等。同时，这些证据也使得学校、家长参与到案件处理中来。这一引导机制也使侦查机关原有的仅围绕案件事实取证的意识得到了转变，使案件得到客观合理的处理。明确将犯罪动机、学习情况、家庭情况、表现情况等列入证据收集范围。

通过对上述证据情况的综合分析，在依法查处犯罪、促进高校秩序稳定的前提下，慎用逮捕措施，最大限度地保证违法学生学业不受影响，以减少社会不安定因素。通过近三年的实践，依照该证据标准，该院对在校大学生财产犯罪采用不捕决定的有一半以上，同时有选择地走访大专院校开展重点帮教活动。对于确因生活困难，初次犯罪的学生进行重点帮扶，采用谈心、回访等方式对不捕学生进行跟踪教育，为他们解决实际困难。联合公安机关、学校、家长共同参与学生的帮教工作,切实起到了"帮教一个人,感动一大片"的效果,由于证据标准明确易行,这类案件没有出现一件案件质量问题。

(四)交流培训制度

通过人员交流,在角色转换中换位思考。检察机关与侦查机关经过协商,可在侦查监督部门与刑侦部门之间分期分批选派干警进行交流。通过交流,侦查人员能够在审查逮捕的位置上,从符合逮捕标准的角度审视侦查活动,对证据收集、固定和完善的重要性有切身体会,对如何收集、固定和完善证据也有明确认识。检察机关侦查监督部门与公安机关刑侦部门在人员培训中,可以采取专题讲座、业务研讨、知识竞赛等形式共同开展,强调符合庭审要求,符合定罪量刑要求,是检验侦查的最终标准,在潜移默化中引导侦查人员的诉讼理念从侦查中心论向审判中心论转变。

附:

重庆市人民检察院第一分院侦查监督处
重庆市公安局刑事侦查总队
《关于建立新型检、侦关系,加强配合与监督,提高案件质量工作的纪要》

根据党的十六大关于建立公正司法、严格执法、保障社会实现公平和正义的要求,《刑事诉讼法》[①] 关于刑事诉讼分工负责、互相配合、互相制约、人民检察院依法对刑事诉讼实行法律监督的规定,以及2000年8月4日,最高人民检察院审查批捕厅、审查起诉厅、公安部刑事侦查局联合下发的《关于公安机关刑侦部门、检察机关批捕部门、起诉部门加强工作联系的通知》,为推进司法公正、严格执法、提高案件质量,加大对犯罪的打击力度,为保障我市完善社会主义市场经济体制,加快城镇化建设,促进经济发展和社会进步,经两部门共同协商,决定在重庆市公安局刑事侦查总队(以下简称刑警总队)和重庆市人民检察院第一分院侦查监督处(以下简称侦监处)之间就案件的侦查、逮捕工作建立新型的检、侦关系,并就以下问题达成共识,在今后的办案工作中予以遵照执行:

---

① 该《纪要》形成于2004年4月2日,因此引用的《刑事诉讼法》条款均为1997年《刑事诉讼法》条款。

一、关于新型检、侦关系的含义

新型检、侦关系是以分工负责、互相配合、互相制约为原则，以维护公平正义为方向，以提高案件质量、提高办案效率为核心，依照刑事案件的立案、逮捕的条件和标准，建立符合现代司法理念的长效机制，加大打击犯罪的力度，充分保障人权，共同履行好法律赋予的职责，以维护社会的公平与正义。

二、关于新型检、侦机制的主要内容

（一）建立检、侦人员换岗交流制度

刑警总队与侦监处可互派、互邀人员换岗交流，以促进侦查人员、检察人员在侦查意识和审查意识方面的互补，共同提高应用证据分析和论证是否有证据证明有犯罪事实及应当追究刑事责任的能力，达到侦查与审查的协调一致，实现"加强沟通、相互理解、求同存异、携手共进"的目的。

（二）建立定期的联席、联系制度

双方除应保持经常性的工作联系外，原则上每半年由刑警总队组织召开一次联席会议，特殊情况可延期，联席会议主要就一个时期办案工作中带有普遍性、突出性的难点、疑点、热点问题，及时沟通，达成共识。必要时可邀请双方及法院的分管领导参加，形成会议纪要，共同遵循，使侦查活动与审查活动能紧密围绕指控犯罪、证明犯罪开展工作。

（三）建立案件及情况通报制度

刑警总队应每季度定期将一分院辖区内的特大案件的发案、破案的相关情况向侦监处通报；公安部、市公安局关于各类专项行动、专项治理涉及侦查监督工作的也应向侦监处通报；侦监处也应定期将审查案件中存在的问题及如何解决的建议向刑警总队通报。对最高人民检察院以及市院的有关工作部署应及时向刑警总队通报，以利双方沟通情况、相互支持，从而进一步提高案件质量和办案效率。

（四）建立联合调研制度

双方每年组织一次联合调查研究，对办案中遇到的新情况、新问题，尤其是刑事案件的证据规则、标准以及一些特殊案件的处理原则进行共同调查研究，联合制定类案提请逮捕的基本证据要求，为打击刑事犯罪提供依据。另外，双方应对捕后存疑不诉、绝对不诉及宣判无罪的案件进行个案分析总结，共同增强执行法律、司法解释及刑事政策的能力，共同提高执法水平。

三、关于案件质量及办案时效问题

案件质量是刑事诉讼的保证，所有案件的办理都应符合法律的规定，立案应当符合立案的条件，逮捕应当符合批捕的条件，对于不符合条件的案件亦应当依法处理。

1. 刑警总队立案侦查的案件应当符合有犯罪事实发生、需要追究刑事责任及有管辖权的法定条件。对应当立案而不立案，或不应当立案而立案的应当接受侦监处的监督，并依法立案或撤案。

2. 侦监处对刑警总队提请批捕的案件应依法审查是否有证据证明有犯罪事实、是否可能判处徒刑以上刑罚及是否有逮捕必要。对符合条件的应当在法定期限内批准逮捕；对不符合条件，且有补充侦查条件的可建议撤回，补充侦查后重新提请批捕（无法补充侦查的应向侦监处反馈情况）；对不涉嫌犯罪的应作出不构成犯罪不批准逮捕决定，并附《不捕理由说明书》；对涉嫌犯罪，但有取保候审、监视居住条件或其他不适宜羁押的轻刑种案件可以作出没有逮捕必要不批准逮捕的决定，建议直接移送起诉。

3. 刑警总队对不批准逮捕的案件应当根据不批捕理由以及案件的事实、证据情况，认为不批捕理由不充分的可以依法在五日内提请复议；对维持不批捕决定仍有异议的可以在五日内向上一级检察机关提请复核；但不论复议、复核均应依照《刑事诉讼法》第六十九条第三款规定改变强制措施。

复议、复核主要应针对案件的罪名、证据以及有无逮捕必要提出理由。

4. 对批准逮捕的案件，刑警总队应当继续侦查、完善、固定相关证据，在法定期限内侦查终结移送起诉。移送起诉时应将起诉意见书或不起诉意见书副本分送一份给侦监处。对批准逮捕后不能在法定期限内侦查终结、且符合《刑事诉讼法》第一百二十四条、一百二十六条规定的案件，刑警总队应当制作《提请批准延长侦查期限意见书》，于届满前七日向侦监处提出，以报上级检察机关批准。

对依照《刑事诉讼法》第一百二十八条规定重新计算侦查羁押期限的，刑警总队应当在期限届满前三日内告知本院备查。

对批捕后，刑警总队认为需要释放犯罪嫌疑人或变更强制措施的应当通知侦监处，以接受监督。

四、关于审查逮捕引导侦查的问题

为保证准确、及时查明犯罪事实，打击犯罪，刑警总队对一分院辖区内的重大、复杂、疑难案件认为有必要时，可邀请侦监处引导侦查、共同研究案件的性质，制订收集、固定、完善证据的方案，为案件的侦查、逮捕及后续诉讼环节奠定基础。

（一）审查逮捕引导侦查的案件范围

1. 重大刑事犯罪案件；
2. 作案手段新型、复杂的犯罪案件；
3. 刑警总队管辖的其他疑难案件。

（二）审查逮捕引导侦查的方式

刑警总队认为有必要邀请检察机关介入侦查时，应当由刑警总队法制部门通知侦监处内勤，由侦监处指派检察人员两人以上及时介入，检察机关认为需要介入而未接到通知的，侦监处可主动商请介入。

（三）审查逮捕引导侦查的内容

引导侦查的检察人员首先应当认真听取刑警总队主要承办人关于案情的介绍，并对案件来源、立案过程、侦查中遇到的难题、据以定案的证据的采信、固定以及相关法律法规进行认真的记载，其次应当就案件的管辖、定性、相关法律法规的适用以及证据的分析按照批捕要求提出意见，对个别定性难度较大的案件可提出引导取证的具体要求和建议，最后应当就介入的情况向侦监处负责人报告，并将引导侦查的情况归卷。

（四）审查逮捕引导侦查的处理结果

刑警总队应当合理采纳侦监处在介入时提出的意见和建议，刑警总队负责人应督促侦查人员及时落实，在刑拘期内难以完成的应当在提请批捕时书面说明。

重庆市公安局　　　重庆市人民检察院第一分院
刑事侦查总队　　　　　侦查监督处
二〇〇四年四月二日　　二〇〇四年四月二日

制定背景及效果：

《关于建立新型检、侦关系，加强配合与监督，提高案件质量工作的纪要》本着分工协作的原则，针对侦查监督部门与公安机关主要刑侦部门建立起了一个检侦双方共同遵循和维护的规则体系。它主要由以侦、捕协作机制为基础的案件通报制度、联席会议制度、联合调研制度、学习交流制度以及相关的考核机制等构成，同时还包括引导侦查取证的范围、引导的形式、引导的程序等内容，实现了检侦互动共同为庭审指控服务的大格局。

依照会议纪要，该院建立了良好的外部协作机制——案件通报制度、联席会议制度、联合调研制度。同时规范了合理的内部工作机制——组织领导机制、培养专业人才机制、规范和完善引导取证的工作机制、目标考核机制。以上述机制为基础，开展了对重大疑难案件适时介入的工作，指派业务骨干，提前阅卷，积极参加公安机关的现场勘查和案情的讨论等活动，对公安机关的侦查方向，对案件证据的收集、完善、固定等及时提出意见。审查逮捕工作的前移为准确及时地进行立案监督、侦查监督、审查逮捕打下了良好的基础。审查逮捕工作的向后延伸又为庭审的顺利进行做好了准备。介入时间从立案前到起诉前，介入方式从简单的参加案件讨论到参与具体引导取证，共同为庭审服务的意识与格局已初步形成，这种格局在案件处理中收到了很好的效果。

一是使一批重大、复杂案件顺利地批捕，从快、从严地打击了犯罪。依托这种关系，侦查部门对重大、疑难、有影响的全国性专案均要求检察机关提前介入，就立案、强制措施、相关证据逐一研究统一认识，极大地提高了效率和打击力度。如公安部挂牌督办的德恒公司涉嫌非法吸收公众存款250多亿元的案件，从2004年9月8日到10月21日侦查监督部门先后7次与公安机关研究案情，确定侦查方向，与公安机关交换意见，最终对公安机关报捕的7人中有6人作了批准逮捕决定，1人因证据不足作了不予批准逮捕决定。

二是强化了监督职能，使立案监督、侦查监督更为具体、深入、有效。由于检察机关引导取证具体、深入，在这种机制下，侦查部门基本上不存在有案不立的问题，并较好地解决了在是否应当立案上存在的认识不一的问题。如侦监处介入的一起公安部交办的跨国犯罪案件，经研究后确认是一起国际劳务纠纷。造成10余名中国制衣工人在某国务工不成、食宿无靠的后果系澳门老板的个人行为所致，嫌疑人的行为既不是组织偷渡，也不是合同诈骗，已刑拘的4名嫌疑人不应当承担刑事责任，遂建议公安机关撤销案件，及时释放了4人。

三是公安机关取证能力得到加强，批捕案件质量有所提高。按照制度的要求，公安机关各办案部门分期、分批派侦查人员到侦监处学习办案、参与案件研究，了解检察机关对证据的基本要求及如何分析、判断、采集证据和适用相关法律等问题。侦监处也时常派检察人员深入侦查部门共同研究取证方案，出差跟班取证，达到了加强沟通、相互理解、求同存异、携手共进的目的。

在紧密的协作关系中，公安机关各办案部门主动要求侦监处与其正式建立以引导取证为核心的检侦关系。禁毒总队是与侦查监督处最早建立检警机制的部门，依托该机制，检察院除了用上述办法组织相互学习以外还制定了《毒品犯罪案件提请逮捕的证据标准》供总队办案时参考，并在实践中收到了满意的效果。大大节约了诉讼成本，案件质量也得到了提高，同时最大限度地减少了因对证据的认识不同与公安机关产生的分歧，侦监部门也有更多的时间和精力引导重大、复杂案件的取证工作。

二、捕、诉的衔接

（一）将《提供法庭审判所需证据材料意见书》抄送公诉部门衔接捕、诉

逮捕固然是对犯罪嫌疑人采取的一种强制措施，但从程序上讲又是为起诉

做准备的。在犯罪嫌疑人被逮捕后至案件移送审查起诉前，相当多的案件还需要补充完善证据材料，但是目前检察机关对这一阶段的预审工作缺乏有力的制约和监督，加之侦查机关在案件批捕后，怠于继续收集证据，将批准逮捕时的证据直接移送起诉，造成时过境迁，无法收集到必要的证据，导致无法起诉或起诉困难的情况屡见不鲜。如徐某等人共同盗窃案，徐某参与盗窃两次，其中一次盗窃的摩托车经估价鉴定确定价值为770元，另一次盗窃的摩托车已追回但没有估价鉴定，批捕时检察机关向公安机关提出必须补充该估价鉴定。批捕后公安机关将该摩托车返还事主，没有再行补查。起诉时，由于没有估价鉴定，并且无法再找到该车，徐某盗窃的犯罪金额无法确定，致使对徐某案存疑不诉。

检察机关引导侦查，对外是作为一个整体，涉及检、警关系；对内则涉及捕、诉关系。逮捕引导机制要求检察机关在审查批捕阶段对证据的要求不能只满足于"有证据证明有犯罪事实"，而是要对批准逮捕的案件，根据起诉、审判阶段的证据要求，针对案件具体情况，制作《提供法庭审判所需证据材料意见书》，与批准逮捕决定书同时送达侦查机关，提出在执行逮捕后需要继续收集的证据；同时还应将《提供法庭审判所需证据材料意见书》副本送达有管辖权的公诉部门，便于公诉部门了解侦查机关收集、固定和补充证据的情况。对于取证不力的侦查人员，可以向该部门的主管人员反映，从而使检察机关的侦查监督与审查起诉两个部门互相联结，弥补在侦查机关侦查终结前的侦查监督空白，引导侦查工作合法进行。

（二）建立信息反馈机制衔接捕、诉

在检察机关内部，侦查监督部门、公诉部门应当定期相互通报办理重特大案件情况，交流各自的办案经验、规范性文件等。特别是公诉部门要将不起诉决定、审判机关的无罪判决等终止诉讼的情况及时告知侦查监督部门，重点就相关案件在侦查、批捕环节存在的质量问题与侦查监督部门进行沟通，共同探索引导侦查、提高案件质量的路径。

三、职务犯罪案件侦、捕、诉的衔接

与普通刑事犯罪相比，国家工作人员职务犯罪涉及面广、社会影响大、犯罪复杂、取证困难，侦查、批捕、起诉的难度更大。在控、辩、审三方组成的刑事诉讼构造中，侦、捕、诉作为承担控诉职能的大控方，其关系如何直接影响到刑事诉讼根本目的的实现。司法实务中职务犯罪案件的侦、捕、诉却常常脱节，侦查部门对庭审举证、质证及证据规则缺乏理性认识，认为侦查监督、审查起诉部门对证据的要求是吹毛求疵，而侦查监督、公诉部门对侦查工作的"案难破、人难找、证难取"也缺乏切身体会。双方不能换位思考，侦查人员

按照自己的思路去收集证据，结果收集的证据达不到批捕、起诉的要求。尤其是有些原本在侦查阶段可以收集的证据却因为错失良机未及时有效地保全而灭失，使案件陷入困境。为此，不少地方对侦、捕、诉协作机制进行了有益的探索。

附：

重庆市人民检察院第一分院
《关于加强自侦案件侦捕诉协作机制的实施办法》

总　　则

第一条　为进一步加强我院自侦部门、侦查监督部门及公诉部门在办理自侦案件工作中的协作配合，强化侦查监督，引导侦查取证，形成侦捕诉联动制约的整体办案格局，根据《中华人民共和国刑事诉讼法》、《人民检察院刑事诉讼规则（试行）》、《关于省级以下人民检察院立案侦查的案件由上一级人民检察院审查决定逮捕的规定（试行）》及《重庆市检察机关公诉引导自侦案件侦查取证实施办法（试行）》等规定，结合工作实际，制定本实施办法。

第二条　自侦案件侦捕诉协作包括侦捕协作和侦诉协作。

侦捕协作是指在自侦案件逮捕权上提一级后，本院侦查监督部门在办理本院自侦案件的报请逮捕、报请延长侦查羁押期限等工作中认真审查、严格把关，就侦查取证相关问题协助本院自侦部门与市院侦查监督部门衔接沟通、做好下情上达工作；在办理辖区基层院职侦案件审查逮捕过程中，与本院职侦部门密切配合，共同对辖区报捕案件质量进行动态管理，对重大、疑难、复杂案件的认定及取证等问题进行共商研究，指导、督促辖区基层院提高办案质量的工作机制。

侦诉协作是指本院公诉部门提前介入并引导自侦部门的侦查活动，对证据的收集、固定、补强及取证方向提出意见和建议，并对侦查活动是否合法实行法律监督的工作机制。

第三条　实施自侦案件侦捕诉协作机制应当遵守下列原则：

（一）合法性原则。侦捕诉协作必须依据现行刑事诉讼法律法规及"两高"司法解释进行。

（二）协作配合与监督并重原则。侦捕诉协作必须严格遵守分工负责、互相配合、互相制约的刑事诉讼基本原则，在监督中加强配合，在配合中强化监督。

（三）效能原则。侦捕诉协作的目的在于整合诉讼资源，节约诉讼成本，提高诉讼效率和办案质量及水平。

第一章 侦捕协作

第一节 本院自侦案件协作

第四条 侦查监督部门发现本院自侦部门对应当立案侦查的案件不报请立案侦查的，应当建议自侦部门报请立案侦查；建议不被采纳的，应当报请检察长决定。

第五条 侦查监督部门对本院自侦部门侦查或者决定、执行、变更、撤销强制措施等活动中的违法行为，情节较轻的，可以直接向自侦部门提出纠正意见；情节较重的，应当报告检察长决定。

第六条 侦查监督部门在办理本院自侦案件的报请逮捕、报请延长侦查羁押期限等工作中，应认真审查、严格把关；案件报请市院审查逮捕过程中，侦查监督部门应协助本院自侦部门就侦查取证相关问题与市院侦查监督部门衔接沟通、做好下情上达。

第七条 侦查监督部门应将其在履行审查逮捕职责过程中，发现的属于本院自侦部门办理的案件线索及时移交本院举报中心并告知本院自侦部门，自侦部门收到该线索后，应将线索处理情况及时反馈给侦查监督部门。

第二节 辖区基层院自侦部门报捕案件协作

第八条 自侦部门和侦查监督部门可以联席会议的形式督促、指导辖区自侦案件，提高报捕质量。

联席会议以本院侦监处和职侦局为参会主体，必要时辖区基层院相关人员可参会共同讨论。

第九条 联席会议中，本院职侦局可以将其在开展个案指导工作中发现的辖区捕前、捕后案件质量等问题与侦监处沟通，听取侦监处意见；侦监处可以将其在审查逮捕中发现的普遍问题或亟需解决的个案提出，与职侦局交换意见。

联席会议对上述问题的意见，由职侦局汇总整理后以《整改意见》的形式传达基层院，指导、督促、跟踪基层院整改落实，并将整改情况及时告知侦监处。

第十条 联席会议对审查逮捕中发现的普遍性问题的探讨，由侦监处提出议题，适时启动。

第十一条 联席会议对审查逮捕中个案中相关事项的探讨，辖区基层院请示侦监处的，由侦监处适时启动；辖区基层院请示职侦局的，由职侦局适时启动。

第十二条　侦监处遇有下列情形时，应及时与职侦局沟通联系，共同监督、指导辖区基层院办理：

（一）对重大、疑难、复杂的案件，经辖区基层院提请，或本院侦监处认为必要，需要介入侦查、引导取证的；

（二）对附条件逮捕的案件，需要提出进一步收集、完善、固定相应证据的；

第十三条　职侦局遇有下列情形时，应及时与侦监处共同探讨研究：

（一）对边缘性案件，辖区基层院立凑数案、夸大逮捕必要性的，或有继续深挖，增大侦查可能性的；

（二）辖区基层院取证遇阻，证据材料不符合逮捕条件，需上级院指导侦查的；

（三）辖区基层院在立案过程中遇到罪与非罪、此罪与彼罪困惑，需要解答的。

第二章　侦诉协作

第一节　一般案件协作

第十四条　本院自侦部门移送审查起诉的职务犯罪案件，公诉部门应当优先办理。

第十五条　自侦部门办理一般案件侦查终结前，可以邀请公诉部门参加侦查终结会议，公诉部门可以派员参加并对案件能否侦查终结提出意见。

第十六条　案件移送审查起诉后，公诉部门承办人应至迟于二十个工作日内向自侦部门提出初步审查意见，需要自侦部门补充证据材料的，自侦部门应在十个工作日内补充完毕。非因证据发生变化、遗漏罪行、遗漏同案犯罪嫌疑人等情形，一般不作退查处理。

第二节　提前介入案件协作

第十七条　需公诉部门提前介入的自侦案件范围：

（一）重大、疑难、复杂的案件；

（二）有较大社会影响的案件；

（三）人民群众或者社会舆论较为关注的案件；

（四）检察长或自侦部门认为有必要提前介入的其他案件。

第十八条　公诉部门提前介入侦查，一般应当在批准逮捕后移送审查起诉前，必要时可以提前到立案后审查逮捕阶段。

第十九条　自侦部门遇有本办法第十七条规定情形的案件,需要提前介入引导侦查取证的,由自侦部门和公诉部门协商一致后,公诉部门负责人指派工作人员介入侦查。

第二十条　经双方同意提前介入侦查的案件,自侦部门应当向公诉部门发出《提前介入通知书》,公诉部门应当在收到通知书后三个工作日内指派公诉部门工作人员介入侦查引导取证。

第二十一条　公诉部门提前介入人员应当履行下列职责:

(一)及时、主动了解自侦部门所办案件情况,审查现有证据的相关性、客观性和合法性,可以参加自侦部门对案件的讨论;

(二)从控诉需要出发,对下一步侦查方向和侦查重点,收集、固定和补强证据,完善证据体系等提出具体建议,应当通过制作《完善证据建议书》要求侦查人员收集、补充、固定和保全有关证据;

(三)发现有遗漏犯罪嫌疑人或遗漏罪行的,建议自侦部门开展侦查;

(四)发现不属于检察机关自侦案件管辖范围的,建议自侦部门移送有管辖权的机关办理;

(五)对侦查活动是否合法进行审查,发现侦查人员有违法或不适当侦查行为时,应当向自侦部门提出纠正意见;

(六)参加侦查终结会议,对案件主要事实、定性、适用法律以及现有证据是否符合起诉条件或应不起诉、撤销案件等提出具体建议意见。

第二十二条　自侦部门侦查人员应当履行下列职责:

(一)及时、主动向提前介入人员介绍案件情况,提供拟定的侦查计划、方案和作为证据的全部案件材料,为提前介入人员全面了解案情,正确引导侦查取证提供保障;

(二)邀请提前介入人员参与案件分析会、讨论会;

(三)对提前介入人员提出的意见和建议仔细研究,认真办理;

(四)对提前介入人员提出的违法和不当侦查行为,及时纠正。

第二十三条　公诉部门提前介入人员履行本办法第二十一条第(二)款、第(三)款、第(四)款、第(五)款规定的职责时,应形成书面材料交侦查人员附侦查内卷。

第二十四条　公诉部门提前介入人员提出的引导侦查意见为指导性意见,自侦部门如有异议,应报自侦部门负责人与公诉部门负责人协商,如仍有异议则分别报分管领导协商。

第二十五条　侦查人员和提前介入人员对案件能否终结等重大事项有分歧的,由自侦部门负责人和公诉部门负责人研究解决,仍不能解决的,由两部门分管领导协商，必要时提请检察长决定。

第二十六条 案件侦查终结移送审查起诉后，应当由公诉部门提前介入人员承办。提前介入人员同意侦查终结的案件在审查起诉过程中，除因证据发生变化等情况外，一般不进入退回补充侦查程序，特殊情况须报两部门分管领导同意。

第二十七条 公诉部门对提前介入的案件提起公诉后，应当将起诉书副本送达自侦部门，并在开庭前通知自侦部门案件承办人旁听审理。公诉部门根据案件情况向法院申请侦查人员出庭作证的，侦查人员应当出庭作证。

第二十八条 公诉部门在收到法院一审判决书或裁定书后，应当在二个工作日内将判决书、裁定书复印件送达自侦部门。自侦部门认为判决、裁定确有错误的，应当在收到法律文书的二个工作日内将意见反馈公诉部门。自侦部门与公诉部门意见不一致的，提请检察长或检察委员会决定。

第二十九条 公诉部门提前介入人员应当依法履行职责，严格遵守办案纪律，保守案件秘密，不得干预正常的侦查活动。自侦部门发现类似违法违纪情况后，应当及时向公诉部门负责人提出，公诉部门应当及时处理。

第三十条 公诉部门应将其在审查起诉过程中发现的属于本院自侦部门办理的案件线索及时移交本院举报中心并告知本院自侦部门，自侦部门收到该线索后，应将线索处理情况及时反馈给公诉部门。

第三十一条 公诉部门与自侦部门建立联席会议制度，定期互相通报工作情况，交流工作信息，共同研究解决工作中存在的问题。

第三章 附 则

第三十二条 本办法自 2012 年 12 月 24 日公布之日起试行。

第三十三条 本办法由本院检察委员会解释。

制定背景及效果：

2009 年 5 月 1 日，重庆市人民检察院第一分院率先在辖区 10 个区县院进行职务犯罪案件审查逮捕上提一级的改革试点。截至 2012 年 12 月 25 日，该院共审查逮捕职务犯罪案件 451 件 499 人，其中决定逮捕 414 件 457 人，不捕 37 件 41 人。已有 372 件 415 人被法院做出有罪判决，没有无罪判决。同时，移送职务犯罪线索 41 件 55 人，立案监督 12 件 23 人。该院对辖区基层院既加强监督又积极配合，从逮捕引导侦查、逮捕必要性、附条件逮捕、捕后案件跟踪、不捕理由说明、犯罪线索移送、立案监督等方面做好捕前、捕中、捕后衔接，建立了侦捕诉协作机制，确保了职务犯罪案件查办质量，取得了良好效果。

图书在版编目（CIP）数据

侦查监督实务与技巧/刘晴主编．—修订本．—北京：中国检察出版社，2013.8
ISBN 978－7－5102－0925－3

Ⅰ.①侦…　Ⅱ.①刘…　Ⅲ.①侦查－司法监督－中国
Ⅳ.①D926.34

中国版本图书馆 CIP 数据核字（2013）第 127498 号

侦查监督实务与技巧
（修订版）
刘　晴/主　编

出版发行：	中国检察出版社
社　　址：	北京市石景山区香山南路 111 号（100144）
网　　址：	中国检察出版社（www.zgjccbs.com）
电　　话：	（010）68630385（编辑）　68650015（发行）　68636518（门市）
经　　销：	新华书店
印　　刷：	三河市西华印务有限公司
开　　本：	720 mm × 960 mm　16 开
印　　张：	16.25 印张
字　　数：	296 千字
版　　次：	2013 年 8 月第二版　2013 年 8 月第四次印刷
书　　号：	ISBN 978－7－5102－0925－3
定　　价：	40.00 元

检察版图书，版权所有，侵权必究
如遇图书印装质量问题本社负责调换